행복

희복

ⓒ 김성옥, 2022

초판 1쇄 발행 2019년 8월 15일
개정증보판 발행 2022년 2월 19일

지은이   김성옥
펴낸이   이기봉
편집   안순진
교정   헤세드 공동체 가족들
디자인   김은미, 삼흥기획 055)264-7674
펴낸곳   도서출판 좋은땅
주소   서울특별시 마포구 양화로12길 26 지월드빌딩 (서교동 395-7)
전화   02)374-8616~7
팩스   02)374-8614
이메일   gworldbook@naver.com
홈페이지 www.g-world.co.kr
도서문의 010-3566-7521

ISBN   979-11-388-0704-3 (03230)

하나님 안에서 존재화 되어 가고 있는 존재로의

회복

본래대로
BEING IN
BECOMING

김성옥 지음

회복 안식 기름 부으심
Being in becoming

하나님 안에서 존재화 되어가고 있는 존재

회복

정체감 회복

1. 나는 하나님의 영광입니다.

2. 나의 가치는 예수님의 생명 값만큼 소중합니다.

3. 나는 이 세상 누구와도 같지 않은 독특한 존재입니다.

4. 나는 나의 능력과 소유에 상관없이 소중한 존재입니다.

5. 하나님은 나의 있는 모습 그대로를 사랑하십니다.

6. 나는 가치 있는 존재가 되기 위해서 다른 사람과 같아야 할 필요가 없습니다.

여호와는 네게 복을 주시고 너를 지키시기를 원하며

여호와는 그의 얼굴을 네게로 비추사 은혜 베푸시기를 원하며

여호와는 그 얼굴을 네게로 향하여 드사 평강 주시기를 원하노라

그들은 이같이 내 이름으로 이스라엘 자손에게 축복할지니

내가 그들에게 복을 주리라(민 6:24-27)

몸으로 체득한 주체적인 보고서

김성옥 소장의 책 『회복』을 기쁘게 그리고 진심으로 추천합니다. 저자는 고등학생 시절에 품었던 소명을 30여년간 실천하여 많은 이들을 말씀과 성령으로 회복시켰습니다. **그의 회복 사역은 언약의 하나님의 헤세드를 스스로 체험하고 실천하여 필요한 이들에게 임상적으로 하나님의 사랑을 나누는 사역입니다.** 하나님의 **헤세드**가 그리스도 안에서 구체적으로 나타난 인애와 인자로서 죄인을 회복시킨다면, 긍휼은 이 **헤세드**를 나타나게 하는 동력입니다. 저자는 **본서에서 하나님의 긍휼과 인애를 듬뿍 담아 우리 내면에 있는 거절감, 열등감과 분노, 외면에 드러나는 언어를 치유하고 용서의 능력을 함양하여 자아와 관계의 회복을 통한 참된 자유를 선사합니다. 이런 삼위일체론적 관계 회복의 정점으로 여성의 정체성 회복을 마지막으로 정리합니다.**

구어체를 그대로 옮긴 본서는 아주 평이하여 읽기 또한 쉽습니다. 그렇지만 깊이와 배려는 깊습니다. 본서는 허다한 상담학이나 내적 치유 서적들과는 달리 성경 말씀으로 담백하게 상한 관계를 들추어내어 치유 사역을 전개하고 있기 때문입니다. 그래서 본서는 저자가 그런 책들에 의존하지 않고 오랜 세월 동안 기도와 말씀으로 치유 사역을 실천하면서 몸으로 체득한 온기가 담긴 주체적인 보고서입니다. 저자의 치유 사역에 무한한 덕담을 돌리면서 이 책이 더 많은 이들에게 회복을 선물하기를 간절히 소원합니다.

유해무 교수_고려신학 대학원 / 『개혁 교의학』의 저자

우리 시대의 아름다운 증거

30여년간의 신실한 사역이 책으로 나와서 강의 현장을 넘어 독자들에게 회복의 은

혜가 미치게 되어 기쁩니다. 약속대로 사역의 후원을 잘 하신 소장님 남편분께도 감사하며, 우리 시대의 귀한 사역의 아름다운 증거가 되길 바랍니다!

정근두 목사_ 에스라성경대학원 총장 / 『계시록 강해』 저자

모든 회복의 십자가적 단초

이 책의 제목이기도 한 회복의 정의를 "본래대로(Being in becoming)"라고 한 것은 저자의 회복에 대한 복음적 영성의 탁월성을 드러냅니다. 일찍이 **토마스 머튼** 은 "하나님과 자연스러움 안에서의 일치"를 주장했습니다. 우리의 모든 모습과 상황 안에서 자연스럽게 하나님의 형상과 일치하는 다양성의 자리를 깨달을 때 저자가 모든 이들을 향하여 계속 되뇌이듯 "당신은 하나님의 영광입니다"라고 진심으로 고백할 수 있을 것입니다.

이것은 연약한 자보다 강건한 사람의 마음 안에서 먼저 변화가 일어나야 하는 모든 회복의 십자가적 단초가 된다 할 것입니다. 십자가야 말로 흠 없고 전능하신 하나님께서 먼저 변하심으로 우리를 구원으로 이끄신 역사입니다.

저자는 관계치유에 대하여 **"가족 중 보다 건강한 사람이 치유되고 삶의 태도가 변화될 때 치유의 흐름이 온 가족에게로 확산되어 흐르게 된다"**라고 하였습니다. 우리의 삶이 어떤 방식으로 복음화되어야 진정한 회복이 이루어질 수 있는지에 대한 핵심을 설파하는 명언이 아닐 수 없습니다.

옳은 사람, 건강한 사람, 착한 사람이 먼저 변해야 된다는 것이 탈원죄적 산상수훈의 핵심이요 십자가적 회복원리임이 분명하기 때문입니다. 저자는 진정한 생명의 샘이 타인을 위한 자신의 목마름 속에 있다는 행복한 진리를 발견한 것입니다.

마음의 병을 치료한다는 전문가들은 넘치도록 많이 있습니다. 그러나 저자처럼 복음을 마음으로 깨닫고 몸과 마음이 나그네가 되어 방황하는 영혼들을 위하여 환대의 집 **헤세드**를 세우고 영육간의 양식과 쉼을 베풀며 함께하는 경우는 흔치 않습니다. 나는 오래전부터 **헤세드**와 저자의 이런 마음이 책으로 나와서 오래 오래 전해지기를 바랐습니다.

독자들은 아무쪼록 이런 마음으로 이 책을 읽고 행복한 바이러스를 널리 널리 그리

고 오래토록 펼치시기를 바랍니다. 비바 헤세드!

이재영 장로_오두막 공동체 대표 / 『오두막』의 저자

하나님 나라의 삶에 필요한 '회복'

예수 그리스도는 사람들의 구원, 즉 하나님 나라의 삶을 위해 이 땅에 오셨습니다. 그러므로 그리스도인들이 믿는 믿음의 목적은 마땅히 구원, 즉 하나님 나라의 삶을 누리는 것입니다. 그러나 실제로 그리스도인들은 이 땅에서 하나님 나라의 삶을 충분히 누리지 못하고 있습니다. 저자는 이러한 안타까운 현실을 배경으로, "어떻게 하면 하나님의 구원을 삶의 구체적인 현장에서 맛보며 살 수 있을까?" 하는 간절한 마음으로 그리스도인이 본래대로 존재하게 하여 하나님 나라의 삶을 충분히 누릴 수 있도록 돕는 회복의 사역을 시작하였습니다.

'회복'은 저자가 30여 년간 하나님 나라의 삶과 그 삶을 누리기 위해 회복되어야 할 문제들을 강의하고 훈련한 사역의 내용들을 정리한 책입니다. 전반부에서는 그리스도인들이 이 땅에서 구원의 삶, 즉 하나님 나라의 삶을 충분히 누려야 한다는 것을 일깨워줍니다. 또 **"인간은 관계로만 해석될 수 있는 존재"라고 하여, 하나님 나라 삶의 내용이 관계인 것을 명확하게 밝히고 있습니다.** 하나님과의 관계를 회복하여 변화된 좋은 인격은 좋은 파트너, 좋은 부모, 좋은 사회인으로 하나님 나라의 삶을 살아갑니다. 그리고 하나님은 우리를 '사랑의 정원사'로 부르셔서, 우리를 통하여 이러한 하나님의 나라를 채워가기를 원하신다고 말합니다.

후반부에서는 그리스도인들이 하나님 나라의 삶을 누리지 못하게 하고, 생명의 관계를 이루지 못하도록 방해하는 요소들을 지적하고 그것을 제거하는 방법을 제시합니다. **저자는 하나님 나라의 삶과 관계를 방해하는 요소로 내면의 문제들, 즉 거절감, 열등감, 죄책감, 분노, 언어사용, 용서 등을 지적합니다. 그리고 그 문제의 본질을 정의하고, 문제의 원인을 분석하며, 그 문제를 회복하는 방법을 실제로 적용할 수 있도록 구체적으로 제시합니다.**

본서 '회복'은 그리스도인들이 이 땅에서 하나님 나라의 삶을 충분히 누리도록 돕는 책입니다. 그리고 하나님 나라의 정의, 평화, 기쁨, 자유의 삶을 누리기 위해 내면의 문제들을 회복하도록 구체적으로 안내하는 책입니다. 성경의 원리와 실천 방법, 그리고 필요한 도구들이 포함되어 있으며, 현장감 있게 서술되었기 때문에, 치유와 회복을 목적으로 하는 소그룹 활동 현장에서 교재로 사용할 수 있습니다.

정태일 목사_한국공동체교회협의회 상임대표 / 『코이노니아를 지향하는 교회』의 저자

최종적으로 도달할 지점은

하나님의 형상을 따라 지어진 인간이 최종적으로 도달해야 할 지점은 분명히 '회복'일 것입니다. 그 형상은 이미 더 이상 성장·발달·개발·양성 같은 것이 필요 없는 최상의 상태이기 때문입니다. 김성옥님의 글을 읽고 나니 오랜 영적 여정을 거쳐 우리가 도달해야 하는 지점을 친절하게 설명하고 있다는 생각이 들었습니다.

저자는 진정한 회복이 하나님과의 관계를 통하여 이루어지고, 그 관계는 인격과 태도를 변화시키며, 변화된 인격은 인간에게 본질적으로 주어진 역할, 배우자와 부모와 이웃의 삶을 바르게 살아가도록 한다는 사실을 아주 쉽고 재미있게 풀어내었습니다.

저자는 자세한 성서적 자료제시와 함께 섬세하고 민감한 촉각으로 영감적 통찰을 설명하고 있습니다. **내가 알고 있는 것은 저자가 이러한 깨달음을 공동체 안에서 찾아오는 사람들과 함께 삶의 방식으로 나눔으로써 회복을 체험하게 한다는 사실입니다.**

관계는 실제요 삶입니다.

그래서 복음으로 맺어진 관계는 가르치거나 충고하지 않고 정죄하거나 판단함 없이 함께 머물러 기쁨을 얻게 하며 내면의 고통을 극복하여 마침내 그 형상의 인격으로 변화되어가도록 작용합니다.

이 책은 오랫동안 이러한 생각들을 관념의 영역에서 경험의 세계로 끌어내었던 여러 사례들을 통해서 더 강한 설득력을 갖고 있습니다. 이 책을 통하여 회복의 역사가 더욱 많은 사람들에게 확산될 것을 기대하며 기쁨으로 추천합니다.

유장춘 교수_한동대학교 / 샬롬공동체 대표

복음은 실제여야 한다!

하나님은 지금 여기에 나와 함께 살아계시는 분이시다! 어떻게 하면 하나님의 구원을 삶의 구체적인 현장에서 맛보며 살 수 있을까? 절망적인 온갖 다양한 문제를 가지고 오는 많은 이들에게 복음은 길이어야 하지 않을까? 저는 모든 현장에서 하나님을 향한 이 질문이 끊이지 않았습니다.

35여 년 전 서부경남의 목회자 사모님들과의 모임을 시작으로 여성들의 모임은 점점 확산되었습니다. 나오미 모임, 어머니교실, 미스 모임, 굿파트너 교실과 각종 세미나에 이르기까지 소그룹 모임의 현장과 다양한 부류의 구체적인 삶의 현장이 저를 성장시켰습니다.

성령님께서는 복음의 실제! 하나님의 현존! 을 향한 저의 갈망을 외면하지 않으셨습니다. 조용하게 변화되는 참여자들을 통하여 하나님을 알아가고 사람을 알아가면서 현장 속에서 제 자신이 가장 많은 것을 배웠습니다.

초기부터 지역 곳곳에서 진행되었던 소그룹의 현장은 아마 브리스 길라의 집에서 모였던 교회처럼 큰 격식은 없었지만 복음의 본질을 접할 수밖에 없었던, 아픔과 절망의 그곳에 성령님이 함께 계심을 보았습니다. 또한, 만지시고 고치시며 모두를 회복하게 하셨던 다윗의 성소와 같았습니다.

저에게 있어 이러한 이들은 어떤 사역이라기보다 삶의 장이었습니다. 저희 집으로 사람들을 초대하여 식탁 교제를 하고 말씀과 삶을 나누는 일들이 어느덧 사역이 되어 있었고, 각종 세미나를 하게 되었고, 필요에 따라 상담소를 열고, 또 더 큰 필요에 따라 시골로 인도받다 보니 이곳 사천 땅에 회복 공동체로 자리하게 되었습니다. 제가 무슨 일을 해보겠다거나, 어떤 사람이 되어 보겠다는 계획을 한 적은 없는 것 같습니다. 고교시절 여성의 회복에 대한 뜨거운 소원이 가슴 속에 부어진 채 그냥 한 걸음씩 그분을 따라 여기까지 왔을 뿐입니다.

지난 30여 년 역사 동안 함께 해 오셨던 분들의 삶의 모양은 나를 여기까지 키워주었던 교사들이었습니다. 그들의 눈물과 고통의 삶과 강의의 다양한 현장을 통하여 하나님의 **헤세드**를 배우게 했고, 나에게 하나님의 얼굴을 보여준 훌륭한 교사요, 멘토들이었습니다. 그들의 눈물 속에 예수님을 보게 되었고 곳곳의 소그룹의 현장은 나의 초대교회였고 하나님을 만나는 성소였습니다.

무엇보다 묵묵히 30여 년의 사역을 뒷바라지 해오면서 표현된 예수로, 아비의 마음으로, 숱한 영혼들을 섬기고, 수시로 이 책을 수정해준, 나의 사랑하는 남편, 나의 동역자, 나의 울타리, 나의 사랑 조이에게 이 열매를 드립니다.

나의 동역자, 나의 탁월한 영적 교사, 수잔 간사와 정연수 목사님께 감사를 드립니다. 긴긴 고난의 여정을 신실한 믿음의 중보로 버티며 섬겨온 25년 지기 나의 사랑하는 간사들, 박영희, 박은혜, 박순옥, 김정숙, 에스더, 김원영, 신향숙, 박석남, 최수희, 정영희, 김옥분, 유점순 님께 감사를 드립니다. 겸손히 말씀 앞에서 경청해 주신 귀한 목사님들, 강의 녹음, CD 작업, 테이프 작업 등으로 섬겨준 하정민, 임기택 간사님, 십수 년 전부터 녹취록 정리를 해준 전봉선 간사님, 책의 가본을 정리해준 최수희 간사님께 감사를 드립니다. 탁월한 실력으로 그 많은 강의 녹취록을 만들고 편집과 디자인을 맡아준 북디자이너 안순진, 그 바쁜 중 윤문과 수정을 위해 많이 땀 흘려 준 미술치료사 한정화, 전반적인 책의 디자인을 맡아준 김은미 팀장, 마지막 시대를 살아가는 소망의 꽃이 되어 이 책 〈회복〉이 하루빨리 출간될 수 있도록 기도로 도운 DTE 훈련생들과 간사 훈련생들에게 감사를 드립니다.

책 쓰는 중 여러 모양으로 섬겨준 이혜라, 소영과 브니께 감사를 전합니다. 이 책이

출간되기 위해 요구되는 모든 인적 자원의 필요가 '**헤세드**' 가족 안에서 온전히 채워졌다는 것에 주님께 감사와 영광을 돌립니다.

회복Ⅱ 출간된 '**이 비밀이 크도다**(도서출판 예영커뮤니케이션)'를 소개합니다.

1부 : 비밀
성경 속에 숨겨진 결혼의 비밀 / 이 비밀을 알게 하소서 / 비밀이 흐르다
/ 비밀의 시작 / 나는 너와 결혼하였다

2부 : 웨딩스토리와 교회
왕의 신부로 초청된 피투성이 : 교회의 정체성1 / 어린 양의 아내: 교회의 정체성2
/ 사람과 함께 살고 싶으신 하나님의 열정

3부 : 여성의 존재론적 정체감
여성의 창조론적 탁월성 / 최후의 걸작품, 여성

4부 : 부부 연합의 원리
떠남으로 시작되는 결혼 / 부부의 연합 / 한 몸이 되기까지(육체적 연합)
/ 애정 어린 접촉(육체적 연합 - 실천편) / 결혼생활도 예배다

5부 : 연합의 비밀
연합의 열쇠 / 아름다운 여성의 영성 / 남편 안에 있는 하나님의 영광
/ 그리스도를 따라 / 그리스도를 본받는 남편의 영성

6부 : 복음의 능력으로 살라
대언의 능력 / 보혈의 능력으로 / 생수의 강가에서 마음껏 마시라!

7부 : 성숙으로 이끄는 결혼
부도난 결혼 생활 / 결혼 속에 숨겨진 복음의 신비 / 코이노니아(친밀한 교제) / 코이노니아의 회복

8부 : 신부의 영성으로
신부의 정체성을 갖기까지 / 신부의 영광(하나님의 임재 가운데)
/ 전쟁하는 신부 / 신부를 찾으시는 하나님

● 이 책 '회복'은 **헤세드** 회복 사역 35년여 기간 동안 강의 해온 내용 중 일부인 1과정 녹취록입니다. 다듬지 않은 구어체, 그대로 책에 담은 것은 세미나 현장 가운데서 성령의 일하심을 조금이라도 옮겨 담고 싶은 심정에서입니다.

● 복음의 내면화와 실제적인 은혜의 누림을 위하여 한 주제의 강의를 시작하면서 앞 주제간의 내용을 요약하고 적용을 확인하는 형식으로 강의 시작된 것임을 양지하시기 바랍니다.

● 그렇게 하므로 소그룹의 책나눔 현장에서 동일한 은혜를 누릴 수 있도록 배려한 것입니다.

● 인간은 관계를 통하여 해석될 수 있는 존재이기에 또한 가족 관계 안에서 병이 나기도 하고 관계 안에서 회복 되기도 합니다.

● 그러므로 중보적 치유(관계 치유)는 **헤세드** 사역의 중요한 부분입니다. 가족 중 한 사람이 정서적 정신적으로 치유가 필요한 때 가족 중 건강한 한 분이라도 하나님을 바로 만나고 치유되고 삶의 태도가 변할 때 치유, 회복의 흐름은 온 가족에게로 흐르게 됩니다.

● 이 책에 실은 간증은 짧지만 한 개인의 스토리 가운데 역사하신 성령님의 일하심이 함축된 글입니다.

● 특히 이 책은 출판의 전문인이 한 분도 개입되지 않은 치유 받고 회복된 분들의 수고를 통하여 이루어진 순수 아마추어 산물입니다. 그래서 여러 면에서 서툴지만 의미로운 것입니다.

Discipleship Training for Escher 회복세미나의 심화훈련과정

● 리더는 **헤세드 회복세미나**와 훈련과정을 이수한 분이면 좋습니다.

● 꼭 그렇지 않더라도, 성실히 책을 읽고 가르치는 자세가 아닌 배우는 자세와 섬기는 자세로 임하면 누구나 리더가 가능합니다.

● 리더는 너무 형식을 갖출 필요는 없지만 핵심에서 벗어나지 않도록 하십시오. 미리 예습하여 충분히 이해하세요.

● 시간이 걸리더라도 그룹원들이 돌아가면서 읽으세요. 도중에 특별히 받은 감동이 있을 때는 핵심 주제를 벗어나지 않는 선에서 짧게 나누고 그날 정해진 과를 충분히 읽는 것을 우선으로 하세요.

● 생각나눔과 질문을 서로 나누십시오.

● 성령님의 인도하심과 주시는 감동을 따라 솔직하게 자신을 표현하세요.

● 누구도 다른 그룹원을 가르치거나 충고를 해주려고 하지 마십시오.

● 성령님만이 그에게 말씀하시도록 그 자리를 성령님께 내어드리세요.

그리스도의 평강의 바다에 잠겨

2006년 2월 안식년을 보내기 위하여 한국에 돌아오게 되었습니다. 어느 날 아파트의 엘리베이트 안 거울 속에 비친 나의 모습에 놀라지 않을 수 없었습니다. 딱딱하게 굳은 안면 근육과 냉기 흐르는 눈빛의 자신을 보면서 심각한 문제를 비로소 보게 되었습니다. "주님! 저를 도와주세요. 주님의 평강과 기쁨을 부어주세요!" 눈물 맺힌 신음의 기도로 헤세드 회복센터의 김성옥 소장님을 만나게 되었습니다.

과거 영혼 구원과 제자 양육에 힘 쏟던 내 자신이 소장님의 강의를 통해 내 안을 들여다보기 시작했습니다. '나는 하나님의 나라 안에 거하고 있는가? 하나님의 통치 아래 살아가고 있는가?' 양들을 돕고자 쏟아 부어주기 바빴던 내 자신을 돌아보는 좋은 시간이었습니다.

> 백성들아 시시로 그를 의지하고 그의 앞에 마음을 토하라 하나님은 우리의 피난처시로다 (셀라) (시 62:8)

사역 중심의 생각으로 굳어 있던 나의 마음을 토하는 귀한 시간이었습니다. 내 자존감이 회복되고 있는 것을 느끼게 되었습니다. 내 존재가 지금 있는 그대로 존귀하고 하나님의 기쁨의 대상이라는 사실을 확인하며 평강과 기쁨이 충만해져갔습니다. 김성옥 소장님의 잔잔한 미소와 웃는 모습에서, 그 찬양 소리와 기도의 음성을 통하여 성령께서 내 마음을 만져주셨고 평안과 하늘의 기쁨이 흘러넘쳐 내 안을 가득 채워 주셨습니다. 찬양과 기도를 인도하실 때 하나님 아버지의 긍휼과 자비의 마음이 전해져왔습니다. 하나님 아버지의 마음을 느낄 수 있게 되었고 십자가 보혈의 은혜와 능력을 배우게 되었습니다.

강의 중에 만짐을 받은 것들이 많지만 그 중에서도 특히 가정생활의 강의를 통해서 나의 삶이 구체적인 변화를 경험하게 되었습니다. 창세기에서 결혼으로 시작된 성경이 계시록에서 결혼식(어린 양의 혼인잔치)으로 마무리되는…하나님과 우리의 관계의 표현이 신랑과 신부의 관계로 표현되고 있는 충격적인 울림은 우리 부부의 삶을 변화시켰습니다. 깨끗하게 되어가고 회복되어 가면서 그리스도 안에서 에덴의 가정을 주 안에서 조금씩 세워가도록 도우셨습니다.

> 아내들이여 자기 남편에게 복종하기를 주께 하듯 하라 이는 남편이 아내의 머리 됨이 그리스도께서 교회의 머리 됨과 같음이니 그가 바로 몸의 구주시니라 그러므로 교회가 그리스도에게 하듯 아내들도 범사에 자기 남편에게 복종할지니라(엡 5:22-24)

왜 이렇게 복종해야 하는가? 복종하는 목적이 무엇인가? 사랑 없는 복종은 잠시 잠깐 순종할 뿐 지속적일 수 없습니다. 엡 5:26-27 말씀에서 시원한 답을 얻었습니다.

> 이는 곧 물로 씻어 말씀으로 깨끗하게 하사 거룩하게 하시고 자기 앞에 영광스러운 교회로 세우사 티나 주름 잡힌 것이나 이런 것들이 없이 거룩하고 흠이 없게 하려 하심이라(엡 5:26-27)

하나님께서 독생자를 피 흘려 죽는 데까지 내어주시어 나를 깨끗하게 하시고 거룩하게 씻어주시고, 정결한 신부를 만들어 주사, 티나 주름 잡힌 것이나 이런 것들이 없이 거룩하고 흠이 없는 가정을 세워가길 원하시는 하나님의 소원을 보았습니다.

나의 목적이 성공한 선교 사역이 아니라 거룩하고 흠이 없는 가정 교회를 만들어 가는 것임을 온 마음으로 영접하게 되었습니다. 1년의 안식년을 마치고 2007년 2월 다시 선교지로 돌아가게 되었습니다. 저희 가정은 조금씩 회복되어 갔고 남편도 점점 더 하나님께 집중하며 말씀 연구와 기도에 전념하실 수 있었습니다. 그리하여 자연스럽게 가정교회는 점점 더 많이 개척되어 가고 있습니다. 사역을 하기 위한 사역이 아니라 하나님의 꿈인 영광스러운 주님의 몸을 세워가고자 순종하며 나아갈 때 주님께서 친히 사역하시고 구원받을 자를 보내어 주시고 주님이 선교하시는 교회를 세워가게 인도하셨습니다. 외적인 열매보다도 가정에서 부부가 서로 용서와 긍휼의 눈으로 바라보게 되었습니다.

또한 세미나에 참석한 후 나의 본질적인 문제를 생각하게 되고 존재의 변화, 자존감의 회복, 가정의 거듭남 그리고 부부관계의 회복으로 놀라운 감동과 변화의 역사가 은혜로 나의 마음에 넘쳐서 현장의 사역까지 흐르게 되었습니다.

선교지 현지의 가정교회의 사모님들을 대상으로 이 강의를 하게 되었습니다. 한국에서 들었던 소장님의 강의 CD를 여러 번 반복하여 듣고 현지 사모님들에게 알맞게 강의를 하였는데 강력한 성령님의 임재하심이 있었습니다. 한 실례로 거절감의 치유를 강의할 때 어릴 적 딸이라는 것 때문에 부모님과 조부모에게 심한 거절과 학대로 인하여 심각한 병적인 열등감에 빠져있던 한 사모님이 기도하였는데 입에서 검은 물이 쏟아져 나오고 눈물, 콧물 토하며 강렬한 치유의 기도를 하게 되었습니다. 그 후 그 사모님의 얼굴의 여드름이 없어지고 천사같이 평안한 아이 같은 모습으로 변화되었습니다.

그 후로 선교지에서 강의한 내용을 중국어로 책을 만들어 우리가 개척한 교회들에 나누었습니다. 먼 거리로 인하여 갈 수 없는 교회들은 이 책을 현지의 사모님들이 읽고 소화해서 그들 교회의 실정에 알맞게 강의하게 했습니다. 김성옥 소장님의 강의안을 중국어로 번역한 책으로만 읽고 기도하며 나눔을 하는데도 성령님의 임재와 치유와 회복의 역사가 곳곳에서 일어났습니다.

영광의 주님을 만나는 그때를 기다리고 소망하며 하나님 나라를 위해, 하나님의 집을 건축하기 위해 작은 벽돌로 쓰임 받고자 하나님께 자신을 드리며 오늘도 주님 손 붙잡고 초원을 걷는 어린 소녀같이 주님의 인도하심과 주님의 목자 되심을 믿으며 한 걸음 한 걸음 나아가고자 합니다. 어느덧 김성옥 소장님을 만난 지 10년이 지났습니다. 중국에서 힘들고 지쳐 눈물이 날 때 소장님의 강의 CD를 들으며 하염없이 눈물이 흐를 때면 어느새 그리스도의 평강의 바다에 잠기게 됩니다.

- 김○○ 선교사

딸의 문제가 아닌 나의 문제들이 하나씩 풀리면서

병원이 떠나갈 정도로 우는 소리를 뒤로하고 나올 때 나에게 이런 일이 생길 줄은 꿈에도 생각하지 못했습니다. 어떻게 내 아이를 정신병원에다… 큰아이의 잦은 경기, 작은 아이의 심한 아토피 아이를 키운다는 게 참으로 쉽지 않았던 시간이었습니다.

원래 우울증적인 기질이 있었던 나, 이러한 모든 것들이 시간이 갈수록 큰아이에게는 분명 힘든 시간이었음을 이제는 알지만, 그때는 나의 문제에 묶여 아이가 아파간다는 것을 알지 못했습니다. 결국, 정신적인 문제로 병원에 입원을 하게 되고 이로 인한 죄책감은 단지 숨어야겠다는 생각뿐 이었습니다. 나의 답답함으로 찾았던 기도자리 말씀자리가 아무것도 아닌 시간이었습니다. 이렇게 해서 **헤세드**를 만났습니다.

절박한 가운데 누구라도 만나면 매달릴 수밖에 없는 것이 그때의 마음이었습니다. 어떻게 하든 아이만 고칠 수 있다면 하지만 지금 생각해보면 하나님은 이 아이를 통해서 저를 만나기를 원하셨습니다. 마음으로 느껴지지 않았던 하나님.

헤세드의 모든 시간 시간이 어색하고 마음에 와닿지 않은 시간이었습니다. 2020년은 코로나19로 인해 온 가족이 시간이 많았던 때였습니다. 누구로부터의 시작인지는 생각나지 않지만 회복책으로 매일 몇 장씩 나눔을 하기 시작했습니다. 여전히 큰아이와는 마음이 불편한 관계였지만 나눔을 하면서 처음으로 각자의 마음을 나눌 수 있는 귀한 시간이었습니다. 같은 공간에서 살았지만 이렇게도 서로를 모르고 있었는지 놀라울 정도로 이 책을 통해 나눈 순간은 마음이 풀어지는 가슴 찡한 공감의 시간이었습니다. 사는 것이 왜 이렇게 우울한지를 몰라 그 답을 찾고자 시작한 교회생활에서 기도자리 말씀자리에 정말 열심은 있었지만 오랜 시간 마음으로 느껴지지 않아서 답답했던 나에게 헤세드는 하나님이 나의 눈높이에 맞춰 하나님의 사랑을 증거한 시간 시간이었습니다. 몇 번의 어려움과 답답함 가운데 소장님이 계심이 감사했고 이러한 가운데에서 회복책을 읽으며 내 영혼의 눈이뜨이고 살아나기 시작했습니다.

이제는 깨닫습니다. 나를 묶고 있었던 문제들이 하나님과의 소통을 막아왔었다는 것을 딸의 문제가 아닌 나의 문제들이 하나님 안에서 하나하나 풀리면서

이제는 내가 나를 수용할 수 있음에 감사합니다. 평생 자신을 부끄러워하고 살았던 내가 나뿐만 아니라 아이들까지 저렇게 만들었구나 이 문제를 정말 해결 받고 싶었는데 이제는 하나님의 방법을 깨닫습니다. 하나님 없이 산 인생이 나의 무의식을 지배했고 그 무의식이 나를 끌고 왔다는 것을 이제는 생명의 광합성을 하면서 생명을 느낍니다. 여전히 큰 아이의 회복은 느립니다. 하지만 새벽이면 자는 아이의 방으로 가서 두 손으로 다리를 주무르면서 하나님의 사랑 하나님의 빛 하나님의 생명으로 회복되기를 생명의 광합성 기도를 합니다. 날마다 하게되는 생명의 광합성기도는 내 영혼의 근력을 기쁨과 소망으로 채웁니다. 이제는 하나님이 사랑이고 빛이고 생명임을 봅니다. 관계 회복이 구원임을 고백합니다. 내가 하나님과의 관계가 회복되니 딸의 회복 또한 동일하게 하나님이 담당하시리라는 확실한 믿음이 생깁니다. 감당치 못한 문제로 숨으려고 할 때 만난 분들과 모임을 시작한 지 벌써 4년이라는 시간이 흘렀습니다.

각자의 어려움을 어떻게 해야 할지 몰라 혼자서 고민하며 울었던 혼자만의 시간을 공동체 안에서 조금씩 조금씩 내어놓으면서 함께 했던 시간 그곳에 예수님이 함께 계셨습니다.

회복책으로 모임을 하면서 분량보다 더 많은 나눔으로 항상 시간을 오버했던 시간 속에 내가 나의 어려움을 이야기할 때 상대는 나의 예수님이었습니다. 이제는 우리 모임을 흩을 생각을 하고 있습니다. 지금까지 내가 받은 은혜를 이제는 우리가 나눌 수 있음에 감사하며 하나님께 감사합니다.

어제 아이들과 밥을 먹으면서 엄마 예전에 나에게 이랬어 하며 부끄러웠던 그때의 이야기

를 아이가 잊어버리지 않고 꺼냅니다. 기억을 지우는 지우개가 있으면 지우고 싶은 그때를, 하지만 이제는 편하게 이야기 합니다. 그래 엄마가 그땐 그랬지 지금이라도 엄마가 사과할게 참 미안하다고 이야기 하고나니 정말 사랑스러운 눈으로 지금 엄마는 그런 엄마가 아니잖아 아이의 표정 속에서 하나님의 음성을 듣습니다.

관계 회복이 구원임을 한 번 더 고백합니다. ^^

- 박○○ 집사

긴급 수혈

교회 다니게 된 2년쯤에 귀 하나 없어도 믿음 좋은 사람에게 시집갈 거라고 친구들 앞에서 이야기했었다. 왜 이런 말을 했는지는 잘 모르겠다. 믿음이 좋았다기보다 내 안에 하나님을 향한 갈망을 표현했던 것 같다.

믿음 좋은 남편과의 결혼 생활 25년째이다. 너무 다른 두 사람이 만나 25년의 생활 기적이라고 생각한다. 일상이 곧 예배라는 마음으로 나름 노력하며 최선을 다한 결혼 생활 속에 의미 있고 행복한 시간도 많았지만, 남편과의 관계 안에서 소진되어 가는 나를 알게 되었다. 겉으로 드러나는 모습은 그럴듯해 보이고 괜찮은 것 같았지만 속에서는 살짝만 건드려도 터져 버릴 듯한 압력이 차오르고 있었다. 좋은 게 좋은 거라고 속은 아닌데 겉으로만 덮어 두고 피했던 감정들이 임계점에 도달한 것이었다.

이 문제를 해결하고 싶었지만, 방법을 잘 몰랐던 나는 몸도 아프기 시작했다.

이러다간 죽겠구나 싶었고 살고 싶다는 마음이 간절하던 차에 2019년 남편의 권유로 헤세드를 방문하게 되었고 회복 세미나에 참석했다. 털썩 주저앉아 있는 나에게 어깨를 토닥이시며 '그래, 여기까지 오느라 고생했어. 힘들었지', '내가 너를 사랑한다'라고 말씀하시는데 눈물이 하염없이 주룩주룩 흘러내렸다. 하나님의 손길, 하나님의 임재를 경험했는데 그때의 느낌과 감정은 표현하기가 어렵다.

온몸에 힘이 빠지고 기운이 없어 한참을 누워있다가 일어났는데 스르르 눈 녹듯 마음이 정화되고 아기가 엄마 젖을 배부르게 먹고 만족한 듯한 기쁨과 평안함으로 가득했다. 6주간의 **헤세드** 생활과 세미나를 통해 **긴급 수혈받은 사랑으로 인해** 힘을 얻었고 이레 강아지 눈 뜬 만큼 하나님을 알게 되었다. 회복책에서 묘사하고 있는 것처럼 깨지고 상한 마음이 수면 위로 드러난 것은 치유의 기회이고 내가 너와 살고 싶다. 너와 친밀하게 지내고 싶다는 하나님의 프로포즈와 회복의 시작이 되었다는 것도 알게 되었다.

우리 부부는 서로 사랑은 하지만 사랑을 어떻게 해야 하는지 방법을 몰랐다. 내가 하고 싶은 대로 사랑을 했기 때문에 상처가 되었던 것이다. 남편과는 한 발자국씩 서로 다가가고 있고 사랑을 연습하고 있다. 부부관계에서, 가족 안에서, 인간관계에서 사랑을 연습하는 것이 우리가 평생 해야 할 영성의 훈련이라고 생각하니 서로의 다름이 힘들지만은 않다.

주님 아니면 살 수 없는 존재이기에 마음으로 주님을 바라며 그 분의 임재를 갈망한다. 회복책은 내 곁에 두고 보는 거울과도 같다. 거울을 통해 나의 얼굴을 보듯 나의 내면을 비춰주고 있기에. 또한 하나님 나라의 길잡이가 되어 주는 지도와도 같다. 길을 잃고 헤매는 나, 방향을 잃고 헤매는 나를 안전하게 안내하고 있기 때문이다. 우리의 관계 안에서 서로의 민낯과 상처들이 오롯이 드러날 수밖에 없지만, 용기를 내어 보자. 그리고 연습하고 연습하자!!! 우리의 내면에 하나님 나라를 이루기까지.

– 박○○ 사모

놀라운 비밀

"회복"이라는 책을 읽어나가면서 얼마나 놀랐는지, 아무도 모르실 거예요. 저에게 하나님이 주셨던 놀라운 은혜가 거기에 다 적혀 있었거든요.^^ 세상에 이걸 다 글로 정리해 놓으셨다니 너무나 놀라웠습니다. 그래서 저는 신앙의 여정 가운데 함께 가는 이들에게 회복책을 꼭 선물합니다. 내가 어떤 존재인지, 하나님과 어떻게 동행하는지, 고통 속에 있을 때 어떻게 회복하는지, 성경을 이 외의 책들 중 나에게 가장 실제적인 책이었습니다. 또한 책 나눔을 하면서 모두가 너무나 깊고 넓은 이 은혜의 여정을 한 걸음씩 걸어가며 **복음 속에 담겨진 놀라운 비밀들을 누려가는 기쁨으로 충만합니다.**

– 신○○ 사모

나는 하나님의 영광

이 책의 세미나에서 '**나는 하나님의 영광입니다**'라는 나의 정체감이 선포될 때 하나님께서 창조하신 본래의 존재로 회복된다는 것이 너무 경의롭게 느껴졌고 비진리로 무질서해진 창조세계에 다시 첫 단추가 채워지는 것만 같았습니다.

자신을 닮은 이 영광스러운 존재로의 전인적인 회복!!

제사장의 가슴에 '도장에 새김 같이 12개의 보석을' 새겨 놓으신 창조주 하나님의 **헤세드**의 마음을 발견하게 되었습니다. 또한 이 땅에서 다 이해할 수 없는 고난으로 아파하는 이들을 하나님 나라에서 영원히 빛날 왕관의 보석으로 다듬어 가시는 존재로 바라볼 수 있게 되어 이제 소망으로 가득합니다.

나를 왕 같은 제사장으로 부르신 하나님의 뜻을 기억하며 나의 가슴에도 예수 그리스도의 마음을 품고 하나님의 사람들을 새기고 품어 이들이 보석으로 빛나기까지 사랑하기로 결정합니다.

신부가 자기 보석으로 단장함 같이(사 61:10) 새기고 품어 사랑한 보석들로 아름답게 단장되어지기를... 정결한 신부로 준비되어지기를... 소원합니다.

- 강○○ 집사

빛의 존재로 사랑의 정원사로

구원 그 이후의 삶이 왜 이렇게 무거울까? 하나님 나라를 누리지 못하는 이유가 무엇일까? 열심히 새벽기도 하면 될까? 성경을 읽으면 될까?... 나의 그 열심에도 불구하고 내 영혼의 고갈됨을 느끼고 있었을 때 "회복"책을 선물 받았습니다.

나의 정체감! 내가 하나님 보시기에 이토록 존귀한 존재인지를 알게 되었습니다.

이 책과 더불어 은혜를 누리며 나를 지으신 원래의 모습이 하나님 보시기에 심히 아름다웠음을 받아들이고 소리내어 고백하고 선포하는 중 어느덧 저 자신이 점점 원래 하나님이 지으신 빛의 존재로 사랑의 정원사로 회복되고 있음을 보게 되었습니다.

하나님 안에 있기만 하면 되는데... 하나님 앞에 머물면서 그분의 사랑을 누리면 되는 건데... 그동안 너무 큰 노력을 했습니다.

이젠 남과 비교하지 않고 열등감과 상처로 슬퍼할 이유도 없이 주님 사랑 만끽하며 하나님의 나라를 살겠습니다.

- 김○○ 집사

나의 영혼이 소성케 되는 감격의 눈물

결혼을 하고, 아이를 낳고 기르며 당면하는 여러 감정과 문제들에 힘겨워하며, 예전에 감격했던 복음이 나의 현장에서 왜 이리 작고 힘이 없는 걸까... 고민하던 중 만나게 된 회복책과 회복 세미나는 **가뭄에 단비를 만난 식물과 같이 제 영혼이 소성케 되고** 복음의 생명력으로 인해 나의 삶의 현장에서 얼마나 **감격의 눈물을 글썽였는지** 모릅니다. 이 은혜가 너무 벅차서 제가 인도하던 그룹에서 회복책으로 책 나눔을 시작했습니다. 읽고 회복 강의도 들으며 힘겹게 붙들었던 복음이 저의 삶 속에 실제가 되어 일상으로 스며드는 것을 느꼈습니다.

회복은 내면의 치유를 넘어 진정한 복음적 가치관을 아니라 책으로 이해되어 일상에 복음을 누리며 복음을 삶 속에서 실제화하는 법을 알려주는 정말 귀한 책입니다. 지금도 저에겐 읽고 또 읽어 마음속에 간직하고 싶은 책입니다.

- 김○○ 집사

고난 속에 감추어진 비밀을 깨달아

헤세드의 세미나를 들으면서 하나님을 구체적으로 알게 되었고 내 인생의 고난 속에 감추어진 놀라운 은혜들을 깨달았습니다. 그 세미나의 내용이 오롯이 담긴 회복 2쇄의 발간이 참 기쁘고 감사하게 여겨집니다.

저는 부산에서 주변의 심리적인 문제나 가정적인 어려움으로 주님을 느끼지 못하는 분들과 이 책으로 책 나눔을 합니다. 우선 '나는 하나님의 영광입니다'라는 시작부터 존재의 큰 울림이 있습니다. 이 책 속에 담긴 생생한 성령의 역사는 강의를 듣는 것 같은 현장감이 넘치게 합니다.

읽으며 나누는 가운데 역사하시는 성령님으로 인하여 치유와 회복을 경험하며 더 큰 회복의 소망으로 뚜벅뚜벅 이 책을 통한 교제를 계속해 나가겠습니다.

- 엄○○ 권사

1부: 하나님의 나라

나는 하나님의 영광입니다

하나님 안에서 존재화
되어가고 있는 존재

Being in becoming

1강
하나님의 임재

예수님은 나에게 보이지 않는 손님이신가...
예수님이 나의 가정을,
나의 교회를 방문해 주신다면 얼마나 영광일까?
어떤 사역자가 기도 중에 예수님이 방문하셨다는
얘기를 들을 때 몹시 부러웠다.
그런데 잘 생각해 보라. 주님은 나의 집을
가끔 방문하시는 손님이시기를 원하지 않으셨다.
나를 그분이 사시는 집으로 삼으시지 않았는가?
집주인은 자기 집을 방문하지 않는다. 그는 그 집에서 산다.
내가 그 영광스러운 하나님이 사시는 집이라니!!
그러나 주님이 자신의 집을 떠나 배회하고 계시지 않은가?
주님은 머리 둘 곳을 나로 지정하셨는데...
예수 안에 가득한 신성의 모든 충만으로 나도 그 안에서 이미 충만하여졌다.
지금!! 여기!! 내 안에 주님이 계신다.
우리 함께 주님의 임재 안으로...

1강
하나님의 임재

예수께서 이르시되 내가 곧 길이요 진리요 생명이니…(요 14:6)

"여러분! 사랑합니다. 사랑합니다. 사랑합니다."

주님! 하고 조용히 하나님의 이름을 한 번 불러봅니다. 지극히 높으신 곳에 계시는 영광스러운 그분이 나와 함께 사시기 위하여 육화되시고 나의 전압으로 오셔서 지금 나의 곁에 계신 모습을 그려봅니다. "내가 너를 사랑한다."라고 부드럽게 속삭이는 하나님의 음성에 귀 기울여봅니다. 나를 만지시며 안아주시는 하나님의 포근한 품에 기대어 봅니다.

우리가 어떠함에도 불구하고 사랑의 빛을 보내시는 하나님의 마음. 그 마음까지 느껴지시나요? 구약에서 하나님의 성품을 이야기할 때 제일 많이 표현되는 단어는 **헤세드** 즉 언약에 근거한 사랑입니다. 예수님의 피로 맺어진 그 언약에 기초한 사랑입니다. 그 사랑은 하나님의 인자요, 인애요, 그리고 우리를 향한 긍휼하심 입니다. 그 언약 때문에 지금도 하나님께서는 우리에게 그 신실하신 **헤세드**를 부어주고 계십니다.

그 **헤세드**를 통해 우리가 그 은혜의 동산에서 하나님의 얼굴을 보며 하나님의 영광을 먹고 마시는 은혜가 있기를 바랍니다.

하나님의 나라

> 하나님의 나라는 먹는 것과 마시는 것이 아니요 오직 성령 안에 있는 의와 평강과 희락
> 이라(롬 14:17)

하나님은 언제나 우리와 함께 거하기를 원하십니다. 하나님은 우리와 교제하고 싶어 하십니다. 하나님께서 우리를 지으신 이유가 바로 그것입니다. 흙덩이에 하나님의 성품인 숨, 즉 생명이 들어간 존재입니다. 우리는 독립된 존재가 아닌 하나님의 속성에서 출발된 하나님 닮은 존재입니다. 우리가 하나님을 닮았습니다. 우리는 하나님의 형상이요 영광입니다. 하나님은 빛이시고 조금의 어둠도 없으신 분입니다. 그리고 우리를 빛의 자녀라고 칭하십니다. 밤하늘에서 빛을 발하는 달도 햇빛을 받은 만큼 빛을 냅니다. 우리도 빛이신 하나님으로부터 생명을 공급받아야 합니다. 우리의 일상에서 빛이신 하나님과 함께 교제하는 삶이 이루어져야 합니다.

너의 짐이 무겁지 않은가?

> 수고하고 무거운 짐 진 자들아 다 내게로 오라 내가 너희를 쉬게 하리라 나는 마음이 온
> 유하고 겸손하니 나의 멍에를 메고 내게 배우라 그리하면 너희 마음이 쉼을 얻으리니
> 이는 내 멍에는 쉽고 내 짐은 가벼움이라 하시니라(마 11:28-30)

주님은 우리가 어깨에 무거운 짐 진 인생들임을 아십니다. 주님께서 무거운 짐 진 자들을 다 불러 주셨습니다. 그리고 쉬게 해 주신다고 하십니다. 우리 마음에 쉼을 주신다고 합니다. 그런데 우리가 예수님 안에 왔음에도 불구하고 더 많은 짐을 지고 있는 모습을 발견하게 됩니다. "주님! 이 짐을 주님의 십자가에 모두 내려놓겠습니다!!" 분명히 짐을 내려놓고 하나님 안에서 안식을 얻기 위해 왔는데 여전히 어깨가 무겁습니다. 참된 안식을 주시기 원하시는 그분이 이미 이루어 놓으신 모든 일들을 우리는 지금 하

나씩 하나씩 만나보면서 우리 어깨를 조금씩 주님께 가까이 기대어봅니다. 주님은 분명히 우리 마음이 쉼을 얻으리라고 하셨습니다.

이 글이 오늘 너희 귀에 응하였느니라.

예수님께서 왜 오셨습니까? 누가복음 4장에서 그 답을 찾을 수 있습니다.

> 예수께서 그 자라나신 곳 나사렛에 이르사 안식일에 늘 하시던 대로 회당에 들어가사 성경을 읽으려고 서시매 선지자 이사야의 글을 드리거늘 책을 펴서 이렇게 기록된 데를 찾으시니 곧 주의 성령이 내게 임하셨으니 이는 가난한 자에게 복음을 전하게 하시려고 내게 기름을 부으시고 나를 보내사 포로 된 자에게 자유를 눈 먼 자에게 다시 보게 함을 전파하며 눌린 자를 자유롭게 하고 주의 은혜의 해를 전파하게 하려 하심이라 하였더라…(눅 4:16-19)
> …이 글이 오늘 너희 귀에 응하였느니라(눅 4:21)

이 장면을 우리가 한번 생생하게 그려봅시다. 예수님께서 평소처럼 회당에 들어가십니다. 그리고 성경을 펴시고 이사야서 61장을 찾아 사람들에게 읽어주십니다.

> 주 여호와의 영이 내게 내리셨으니 이는 여호와께서 내게 기름을 부으사 가난한 자에게 아름다운 소식을 전하게 하려 하심이라 나를 보내사 마음이 상한 자를 고치며 포로된 자에게 자유를 갇힌 자에게 놓임을 선포하며 여호와의 은혜의 해와 우리 하나님의 보복의 날을 선포하여 모든 슬픈 자를 위로하되 무릇 시온에서 슬퍼하는 자에게 화관을 주어 그 재를 대신하며 기쁨의 기름으로 그 슬픔을 대신하며 찬송의 옷으로 그 근심을 대신하시고 그들이 의의 나무 곧 여호와께서 심으신 그 영광을 나타낼 자라 일컬음을 받게 하려 하심이라(사 61:1-3)

저는 이 장면을 상상할 때마다 가슴이 벅차오르고 심장이 뜁니다. 하나님이셨던 자신이 직접 인간의 모습으로 이 땅에 오신 이유를 말씀해 주시고 계십니다. 2천 년 전 말씀하셨던 예수님의 그 외침이 지금 생생하게 들리십니까? **이 말이 오늘날 여러분들 귀에 응하였습니다.**

"내가 온 이유는 너희에게 기쁨의 소식을 전하기 위해서이다. 문제 속에 갇혀 눌려 있는가? 지금 신음하고 있는가? 아파하고 있는가? 힘겨워하고 있는가? 내가 왔다. 너 희의 아픔과 고통과 신음을 위해 내가 왔노라."

우리를 만드신 그분이 우리가 아파할 때 친히 와주십니다. 기쁨의 소식을 가지고 와 주십니다. **예수님께서 오신 것이 희년이요, 은혜의 해입니다.** 하나님께서 인간으로 오 신 예수님께 그 기름 부으심으로 하나님의 일을 할 수 있게 하는 능력을 주셨습니다. 기름 부으심은 그 직무에 능력을 부여주시는 것입니다. 우리가 삶을 살아갈 때 아내는 아내로서, 남편은 남편으로서, 목회자는 목회자로서, 심지어 가정이나 직장의 작은 일 에도 하나님의 기름 부으심이 필요합니다. 인간으로 오신 예수님께서도 기름 부으심이 필요했습니다.

그 날에

그 날에 그의 무거운 짐이 네 어깨에서 떠나고 그의 멍에가 네 목에서 벗어지되 기름진 까닭에 멍에가 부러지리라(사 10:27)

'기름진 까닭에'의 기름진(anointing)은 기름 부으심이란 말씀입니다. '메시야' 이름 의 뜻 또한 '기름 부으심'입니다. 기름 부음 받은 메시야, 그분께서 부어주시는 그 은 혜로 인하여 그 멍에가 부러지는 것입니다. 그 날은 예수 그리스도께서 오셔서 우리에 게 은혜주실 그 날입니다. 그 날이 언제인가요? **그 날이 지금입니다. 이 순간입니다.**

우리에게 기름 부으심이 있으면 우리의 가족에게도 흘러가게 됩니다. 기름은 살짝 만 닿아도 묻어나고 전해지는 특성이 있습니다. 우리가 기름으로 촉촉이 젖어있으면 옆에 오는 분들에게 스며들지 않을 수가 없습니다. 이 강의를 듣거나 글을 읽고 있는 여러분 또한 부름을 받은 축복의 통로입니다. 우리로 인하여 열방이 복을 얻고 주께 돌아오는 그 축복을 받은 자들인 것입니다.

임마누엘

하나님의 임재가 있는 곳에 기쁨이 있습니다. 하나님의 임재가 있는 곳에 슬픔이 달아납니다. 하나님의 임재가 있는 곳에 태산 같은 문제가 더 이상 문제가 되지 않습니다. 하나님의 임재가 없다면 우리에겐 모든 것이 문제입니다.

하나님께서 지금 우리에게 다가오셔서 교제하시기를 원하십니다. 임마누엘 하시길 원하십니다. 우리는 우리의 내면과 외면 모두 하나님으로 충만해야 합니다. 우리는 본래 그렇게 지음 받은 존재입니다. 하나님께서 에덴동산에서 우리를 지으실 때 하나님의 형상을 닮도록 지으셨습니다. 그 에덴동산에서 지음 받은 첫 사람인 아담에게 하나님의 신이 부어졌습니다. 하나님의 영광으로 충만했고 하나님의 형상 그대로였습니다. 그래서 하나님과 대화하고 교제하기에 알맞았습니다.

우리는 어떤 사람과 친구 하나요? 말이 통하는 사람입니다. 신앙 안에도, 영적인 세계 안에도 통하는 게 있습니다. 우리가 한 성령을 받았다면 아무리 모양과 색깔이 달라도 통하게 되어있습니다. 하나님께서 하나님을 닮도록 그리고 통하도록 인간을 만드셨기 때문입니다. 그래서 **우리는 하나님과 통할 수 있는 '하나님과(科)'** 입니다. 우리가 **에덴동산으로 돌아가서 하나님이 본래 지으셨던 아담의 범죄 이전의 그 관계로 회복되어야 합니다.** 하나님과의 관계가 회복되는 축복을 누려야 합니다. 그 관계가 회복되면 우리에게 어떤 일이 일어날까요?

그 때에 이리가 어린 양과 함께 살며 표범이 어린 염소와 함께 누우며 송아지와 어린 사자와 살진 짐승이 함께 있어 어린 아이에게 끌리며 암소와 곰이 함께 먹으며 그것들의 새끼가 함께 엎드리며 사자가 소처럼 풀을 먹을 것이며 젖 먹는 아이가 독사의 구멍에서 장난하며 젖 뗀 어린 아이가 독사의 굴에 손을 넣을 것이라 내 거룩한 산 모든 곳에서 해 됨도 없고 상함도 없을 것이니 이는 물이 바다를 덮음 같이 여호와를 아는 지식이 세상에 충만할 것임이니라 그 날에 이새의 뿌리에서 한 싹이 나서 만민의 기치로 설 것이요 열방이 그에게로 돌아오리니 그가 거한 곳이 영화로우리라 (사 11:6-10)

그 날에 그의 무거운 짐이 네 어깨에서 떠나고 그의 멍에가 네 목에서 벗어지되 기름진 까닭에 멍에가 부러지리라(사 10:27)

이날이 언제입니까? 저는 제 가슴이 미어지도록 이 말씀이 이 땅 가운데 성취될 날을 기다리고 있습니다. **이리가 양과 함께 살며, 사자가 소처럼 풀을 먹고, 독사의 굴에 어린 아이가 손을 넣을 수 있는 날…**

때론 나의 주변 사람들이 '이리' 같아 보일 때가 많이 있습니다. 나는 순한 양인데 이리하고 함께 지내고 있습니다. 이리가 자꾸 괴롭힙니다. 본래 성경 말씀처럼 함께 더불어 사는 것이 가능했는데, 그 모든 것이 깨어졌습니다. 에덴동산에 죄가 들어온 그때 하나님과 나와의 관계, 나와 너, 나와 나 자신과의 관계가 다 깨어졌고, 자연관계도 깨졌습니다. 사람과 사람과의 관계, 사람과 자연과의 관계가 깨어진 것입니다. 그러나 우리에게 은혜가 있으면 이리와 양이 함께 뒹굴어도 양이 해를 당하지 않습니다.

하나님의 나라를 회복하는 일은 관계가 회복되는 일입니다. 죄로 인해서 하나님과 나, 나와 너, 나와 세상의 관계가 깨어진 것이 회복되는 일이 구원입니다. 이 구원이 지금 이루어져야 합니다. 지금 우리에게 그 날이 다가오고 있습니다. 그 날을 준비하고 있는 우리 개인의 삶에, 우리 가족 안에 이 일이 먼저 일어나야 하는 것입니다. 구원은 천국에 가서 받는 일로만 생각하면 안됩니다.

보라 지금은 은혜 받을 만한 때요

지금이 구원의 날입니다. 지금 바로 이 순간입니다. 지금 바로 이 곳입니다. 그럼 이 구원이 우리의 삶에 구체적으로 어떻게 만지며 경험할 수 있을까요? 하나님은 인간 인격의 전부를 구원하기 원하십니다. 단순히 생명을 구원(saved) 받는 것에 그치는 것이 아니라 하나님 아들로서의 신분을 회복(salvation)시켜 주시길 원하십니다. **복음의 영향력은 의식 세계를 넘어섭니다. 나도 모르는 나를 알아가는 것입니다. 무의식의 세계까지 복음의 소식이 임해야 합니다.**

하나님이여 나를 살피사 내 마음을 아시며 나를 시험하사 내 뜻을 아옵소서(시 139:23)

예수님과 같은 시대를 살았던 사람들이 그토록 고대하던 하나님 나라는 예수님이 말씀하시는 하나님 나라가 아니었습니다. 찬란하고 멋진 왕의 나라에 대한 외적 기대가 허물어졌기 때문에 그들은 분노하여 예수님을 처형하였습니다. 그들의 눈에 초라해 보이기만 했던 예수님은 묵묵히 자신의 사명을 감당하셨습니다. 구약의 전통을 허무셨습니다.

…하나님의 나라는 너희 안에 있느니라(눅 17:21)

하나님은 우리와 인격적인 관계를 맺고 교제하기를 원하셔서 우리를 자신의 형상과 성품으로 지으셨습니다. 또한 우리를 긍휼히 여기셔서 우리의 고통을 대신 져주실 예수님을 보내사 우리에게 자유와 안식을 주셨습니다. 하나님과의 관계가 회복된다는 것은 창조 때처럼 하나님의 자녀로서의 본래 내 신분이 회복되는 것이며, 나와 나, 나와 너, 나와 세상과의 관계가 회복되는 것과 같습니다. **구원은 지금 이 순간 내 안에서, 내가 맺는 관계 속에서도 일어나야 합니다. 우리의 무의식까지도 거듭나서 하나님의 임재를 누릴 수 있으면 태산 같던 문제도 더 이상 문제가 아닙니다. 지금이 바로 은혜의 때입니다.**

1. 당신의 짐이 무겁지 않습니까? 당신의 무거운 짐을 세 가지 생각해 보고 나누어 봅시다.

2. 사 61:1-3 말씀이 오늘 당신에게 응하였음을 어떻게 확신할 수 있습니까?

3. 사 10:27 말씀의 그 날이 당신에게 오늘일 수 있겠습니까?

4. 임마누엘! 날마다 당신에게 임마누엘이라면 당신의 삶은 어떻게 변화하리라고 생각합니까?

5. 지금이 당신에게 은혜의 때가 되기 위하여 당신은 어떻게 하시겠습니까?

나의 가치는 예수님의 생명 값만큼 소중합니다

하나님 안에서 존재화
되어가고 있는 존재
Being in becoming

2강
관계 회복(GOOD PARTNER) = 성령 충만

목회, 정말 "이대로는 못하겠다. 그만하자"
우리 부부는 자주 이렇게 탁구공을 쳐댔습니다.
어떻게 내 마음이 치유될 수 있을까? 정말 치유받고 싶었습니다.
세미나의 말씀 한마디 한마디가 나를 위한 주님의 음성이었습니다.
나는 예기치 않게 나의 속을 다 털어 놓게 되었습니다.
함께 참석한 사모님들과 섬겨주시는 간사님들이
특별한 사랑으로 나의 아픔을 보듬어 안고 함께 울어 주었습니다.
나를 지옥 고통으로 몰고 갔던 모든 현장이 남편이 아니라
다른 정체였음을 확인하며 용서를 결정하고 내가 먼저 하나님의 사랑에
녹아지기 시작하면서 남편이 이해되고 사랑스럽기까지 하였습니다.
나의 작은 변화에서부터 사랑과 평안이 남편에게까지 흐르기 시작했습니다.

어두움과 죽음의 그늘에 앉은 자에게 빛이 비취고 우리 발을 평강의 길로 인도하시리로다

(눅 1:79)

* * 사모

2강
관계 회복(GOOD PARTNER) = 성령 충만

4P 원리(Person-Partner-Parent-People)

하나님의 나라가 우리 안에 있다고 하십니다. 하나님의 나라가 여러분 마음 속에 임하였습니까? 우리의 내면 안에서 하나님의 나라를 누리며 살아야 합니다. 즉 복음이 내적으로 적용되어야 합니다.

마음 → 가정 → 교회 공동체 → 사회

Good Person : 찬송, 감사, 피차 복종

술 취하지 말라 이는 방탕한 것이니 오직 성령으로 충만함을 받으라 시와 찬송과 신령한 노래 들로 서로 화답하며 너희의 마음으로 주께 노래하며 찬송하며 범사에 우리 주 예수 그리스도의 이름으로 항상 아버지 하나님께 감사하며 그리스도를 경외함으로 피차 복종하라(엡 5:18-21)

성령 충만을 받는다는 것은 좋은 인격자(Good Person)가 되는 것입니다. 성령 충만의 제일 큰 변화는 인격의 변화입니다. 우리는 성령 충만을 잘못 이해하는 경우가 많습니다. 은사를 받고, 기적을 행하고, 병을 고치는 것만 성령 충만이라고 생각할 때가 많습니다. 성령의 은사는 Doing이고 성령의 열매는 Being, 즉 존재의 회복을 말합니다. **성령이 충만하게 되면 먼저 우리의 인격이 변하게 됩니다. 즉 Good Person이 되는 것입니다.** 그리고 Good Person은 Good Partner, Good Parent, Good People 이 됩니다.

Good Partner : 성령 충만한 인격자는 좋은 아내, 좋은 남편, Good Partner가 됩니다.

이 말씀은 성령충만을 받으라는 말씀이 전제됩니다.

> 아내들이여 자기 남편에게 복종하기를 주께 하듯 하라 이는 남편이 아내의 머리 됨이 그리스도께서 교회의 머리 됨과 같음이니 그가 바로 몸의 구주시니라 그러므로 교회가 그리스도에게 하듯 아내들도 범사에 자기 남편에게 복종할지니라 남편들아 아내 사랑하기를 그리스도께서 교회를 사랑하시고 그 교회를 위하여 자신을 주심 같이 하라 이는 곧 물로 씻어 말씀으로 깨끗하게 하사 거룩하게 하시고 자기 앞에 영광스러운 교회로 세우사 티나 주름 잡힌 것이나 이런 것들이 없이 거룩하고 흠이 없게 하려 하심이라 이와 같이 남편들도 자기 아내 사랑하기를 자기 자신과 같이 할지니 자기 아내를 사랑하는 자는 자기를 사랑하는 것이라 누구든지 언제나 자기 육체를 미워하지 않고 오직 양육하여 보호하기를 그리스도께서 교회에게 함과 같이 하나니 우리는 그 몸의 지체임이라 그러므로 사람이 부모를 떠나 그의 아내와 합하여 그 둘이 한 육체가 될지니 이 비밀이 크도다 나는 그리스도와 교회에 대하여 말하노라 그러나 너희도 각각 자기의 아내 사랑하기를 자신 같이 하고 아내도 자기 남편을 존경하라(엡 5:22-33)

Good Parent : 좋은 인격자는 좋은 부모가 됩니다.

또 아비들아 너희 자녀를 노엽게 하지 말고 오직 주의 교훈과 훈계로 양육하라(엡 6:4)

Good People : 성령 충만한 자는 Good Person이 되고
Good Person은 Good People이 됩니다.

종들아 두려워하고 떨며 성실한 마음으로 육체의 상전에게 순종하기를 그리스도께 하듯 하라 눈가림만 하여 사람을 기쁘게 하는 자처럼 하지 말고 그리스도의 종들처럼 마음으로 하나님의 뜻을 행하고 기쁜 마음으로 섬기기를 주께 하듯 하고 사람들에게 하듯 하지 말라 이는 각 사람이 무슨 선을 행하든지 종이나 자유인이나 주께로부터 그대로 받을 줄을 앎이라 상전들아 너희도 그들에게 이와 같이 하고 위협을 그치라 이는 그들과 너희의 상전이 하늘에 계시고 그에게는 사람을 외모로 취하는 일이 없는 줄 너희가 앎이라(엡 6:5-9)

정체감 : 나는 누구인가?

하나님의 인간을 향한 한결같이 변함없으신 **헤세드** 사랑 이야기를 알고 계신가요? 하나님의 나를 향한 러브스토리는 아직도 진행 중입니다. 우리가 이 사랑을 먹으면 우리도 다른 사람에게 이 사랑을 흘려보낼 수 있습니다. 우리의 정체감이 새로워지게 됩니다. '자존감 세우기'는 하나님께서 우리에게 주신 본래의 모습을 선포하며 회복하는 것입니다. 내가 누구인지를 아는 것이고, 하나님이 누구인지를 아는 것입니다. 하나님과 나와의 관계를 회복하기 위해서 우리는 하나님이 어떤 분이신지를 알아야 합니다.

우리가 가진 모든 문제의 저변에는 낮은 자존감이 있습니다. 나는 어떤 존재인가요? 이 질문에 대한 대답은 하나님께서 나를 어떤 존재로 만드셨는지를 생각해 보면 됩니다. 하나님께서는 나를 어떤 사람이라고 생각하고 계실까요?

우리 다함께 선포해 봅시다.

나는 하나님의 영광입니다.
나의 가치는 예수님의 생명 값만큼 소중합니다.
나는 이 세상의 누구와도 같지 않은 독특한 존재입니다.
나는 나의 능력과 소유에 상관없이 소중한 존재입니다.
하나님은 나의 있는 모습 그대로를 사랑하십니다.
나는 가치 있는 존재가 되기 위해 다른 사람과 같아야 할 필요가 없습니다.

하나님께서는 우리를 어떤 존재라고 말씀하고 계시나요? 우리는 이렇게 소중한 존재입니다. 우리 존재 그 자체가 하나님의 영광입니다. 나를 회복시키기 위하여 그 값으로 예수님의 생명을 십자가에서 지불하셨습니다. 나를 만드실 때 이 세상 누구의 모습과도 같지 않은 유일무이하고 독특한 존재로 만드셨습니다. 내가 능력이 많아서, 소유가 많아서 소중한 존재로 여겨지는 것이 아닙니다. 지금 내 모습 이대로를 사랑해 주십니다. 다른 사람과 비교할 수 없는 나의 가치를 이미 알고 계십니다.

여러분은 이렇게 소중한 존재입니다. 내가 하나님의 영광인 것을 알기 위해서는 하나님의 은혜가 어떤 것인지, 주 예수 그리스도의 은혜가 우리에게 어떻게 왔는지 알아야 합니다. 은혜는 받을 자격이 없는 자들에게 거저 주시는 하나님의 호의입니다. 은혜를 받기 위해서 우리는 아무런 지불을 하지 않아도 됩니다. 은혜는 돈을 주고 살 수 있는 것이 아닙니다. 주님께서 그 영광을 버리고 우리가 있는 낮은 곳으로 오신 것 그 자체가 은혜입니다. 하늘 영광의 보좌를 뒤로 하고 땅으로 내려오신 것이 은혜입니다. 이제는 나에게 부으신 그 은혜를 누리는 것을 배워야 합니다.

이미 부어진 하나님의 사랑

하나님의 사랑은 이미 우리에게 부어졌습니다. 그것을 깨달아 알고 누리는 일은 우리에게 주어진 축복입니다.

하늘에는 영광 땅에는 평화

> 지극히 높은 곳에서는 하나님께 영광이요 땅에서는 하나님이 기뻐하신 사람들 중에 평화로다 하니라(눅 2:14)

평화와 영광, 이 두 단어의 본질적인 의미는 같습니다. 영광은 하나님의 존재 그 자체를 말합니다. 평화는 하나님의 존재가 우리에게 임할 때 느껴지고 깨달아지는 결과입니다. 하늘에서는 영광으로 표현되고 땅에서는 평화로 표현됩니다. 하늘에 있는 영광이 우리에게 내려올 때 평화로 임하게 됩니다. 우리가 하나님의 응답을 받았을 때 평강이 임하게 됩니다. 마음이 편안합니다. 모든 걱정, 두려움과 근심이 사라집니다. 하늘의 모든 영광과 찬송을 받으실 하나님께서 그분의 자리를 버리고, 영광을 감추시고 우리가 가진 낮은 전압으로 오셨습니다. 하나님께서 가지신 본래의 전압으로 이 땅에 오시면 어떻게 될까요? 우리는 견딜 수가 없습니다. 그래서 모세가 "원컨대 하나님의 영광을 내게 보이소서."라고 구하였을 때 하나님께서 등만 살짝 보여주신 것입니다. 하나님께서는 "나를 보고는 살 자가 없으리라."라고 하셨습니다. 이사야도 하나님을 만나자마자 "화로다. 내가 망하게 되었도다."라고 하였습니다.

사람의 전압으로 낮추어오신 성육신의 사건

하나님의 영광은 너무나 거룩하셔서 이 땅에 있는 우리가 그대로 볼 수가 없는 것입니다. 하나님께서 이것을 아시고 우리의 전압으로 내려오신 분이 아기 예수님이십니다. 전압이 맞지 않는 것을 콘센트에 꽂으면 터져버립니다. 하나님이 우리와 함께 더불어 *코이노니아*(교제)를 가지시기 위해서 우리의 전압으로 오신 그 성육신 사건이 바로 은혜입니다. 그분의 영광을 다 버리시고 이 땅에 완전히 내려오신 것이 놀라운 은혜입니다. 그래서 우리는 이제 영광을 볼 수가 있습니다. 하늘에서는 영광이 임하고 땅에서는 평화와 안식이 임하게 되는 것이 바로 은혜입니다. 이 은혜를 제대로 누리기 위하여 우리는 이 강의를 통하여 성전 뜰에서 성소로, 지성소까지 하나님을 만나는 과정을 경험하게 될 것입니다.

"나는 왕 같은 제사장입니다."

제사장의 정체감을 가지고 제사장의 역활을 감당하는 자는 왕의 정체감으로 살 수 있습니다. "나는 왕 같은 제사장입니다"라고 선포합시다. 왕으로서의 정체감을 가지면 다른 사람도 왕으로 대접할 수 있게 됩니다. 이렇게 될 때 함께 살아나는 것입니다. 그 다음 우리가 하나님의 영광을 보게 됩니다. 하나님께서 시내산 율법의 보좌에서 모세를 만나실 때 그때는 모세 외에 아무도 하나님께 근접할 수가 없었습니다.

그러므로 우리는 긍휼하심을 받고 때를 따라 돕는 은혜를 얻기 위하여 은혜의 보좌 앞에 담대히 나아갈 것이니라(히 4:16) 이제는 은혜의 보좌가 펼쳐진 것입니다. 은혜의 보좌가 바로 지성소입니다. 지성소에는 법궤가 있고 하나님의 영광이 임하는 곳입니다. "들어오라 지성소로 오라" 여러분은 이 소원을 가지십시오. 여러분의 소원이 무엇입니까? 우리의 가치관이 세상과 똑같아져서 이름만 다를 뿐, 교회가 세상과 똑같은 가치관으로 변해버렸습니다. 그러나 우리는 물살을 거슬러 힘차게 올라가는 연어처럼 펄떡거리며 세상을 거슬러 살아야 합니다. 교회 안에도 세상의 가치관이 그대로 들어와 있습니다. 교회 마저도 돈 있는 사람이 대접받고 많이 배운 사람이 대접받고 있습니다. 이것은 교회가 아닙니다. 세상을 옮겨 놓은 것과 같습니다. 우리가 *코이노니아*(교제)의 공동체를 만들어 가야합니다. 우리의 내면에, 우리의 교회에 이 공동체가 만들어져야 합니다.

하나님의 성령께서 마음껏 운행하셔서 여러분을 만지시도록 자신을 완전히 내어드리십시오. 때로는 방언이 임하게도 하시고, 회개가 임하여 하나님께 부르짖어 기도할 수도 있고, 비명을 지를 수도 있고, 온갖 은혜가 우리에게 임할 수 있습니다. **그러나 그보다 훨씬 더 깊은 은혜와 영성은 지성소에서의 하나님과의 만남입니다.** 하나님의 임재가 있을 때 찬양을 크게 해야겠다고 여겨질 때는 찬양을 크게 하시고, 어떤 때는 하나님의 임재가 너무 강해서 입을 벌리는 것조차 못할 수도 있습니다. 때로는 그냥 나의 모든 몸을 하나님께 맡기고 가만히 있는 것이 하나님의 임재가 더 깊어진다고 느껴지시면 그렇게 하면 됩니다. 자연스럽게 하나님께서 우리를 만지실 수 있도록 우리가 할 수 있는 건 가만히 우리 자신을 내어드리는 것입니다. 우리가 이것을 경험하고 우리의 세포가 배우고 그 지식까지도 새롭게 함을 입어서 우리의 삶의 가치관 또한 완전히 변화되어야 합니다. 그래서 지성소 안에서 하나님의 영광의 거룩함에 참여할 수 있어야 합니다. 하나님이 너무 좋아서 단독으로 그 깊은 자리에서 하나님의 영광을 누리고 싶은 마음만 있으면 됩니다. 지성소에서의 하나님과의 만남을 사모해 봅시다.

하나님의 임재가 있다는 것은 하나님의 다스림이 우리에게 있다는 것과 같은 것입니다. 나의 모든 영역에서 주님의 통치가 이루어지기를 선포합시다. 하나님이 이미 십자가에서 다 이루셨다고 하셨습니다. 나의 주변 상황들이 내 눈 앞에서 달라지지 않았음에도 불구하고 믿음으로 취하고 바라보는 것입니다. 그런 믿음은 억지로 안될 것을 끌어당기는 것이 아니라 이미 이루어놓으신 것을 선포하는 것이며 집행하는 것과 같습니다. 참 사랑과 기쁨의 그 나라, 하나님이 다스리는 그 나라가 지금 여기에 왔습니다. 지금 그 하나님의 통치가 우리 안에 이루어지고 있습니다. 다 같이 선포해 봅시다. 우리가 주님 앞에 나를 내어드린다는 마음으로 간절히 외쳐봅시다.

사랑하는 주님! 나를 다스려 주소서. 내가 여기 있습니다. 날 다스려주소서.

하나님과의 관계회복

하나님과의 관계 회복은 하나님 나라를 누리는 기초입니다.

> 모든 사람과 더불어 화평함과 거룩함을 따르라 이것이 없이는 아무도 주를 보지 못하리라
> (히 12:14)

내면의 치유는 나와 하나님과의 관계회복을 위한 필수 작업입니다. 구원받았다는 것은 하나님과 나의 관계가 원수되었던 것에서 화목한 것으로 회복되었다는 것입니다. 우리는 화목하게 하는 직책을 받았습니다. 그럼에도 불구하고 우리는 화목하지 못한 삶을 살아갑니다. 나와 이웃과의 관계에서 화목이 제대로 되어있습니까?

하나님 사랑 = 자기 사랑 = 이웃 사랑

하나님

나　　　너

> 예수께서 이르시되 네 마음을 다하고 목숨을 다하고 뜻을 다하여 주 너의 하나님을 사랑하라 하셨으니 이것이 크고 첫째 되는 계명이요 둘째도 그와 같으니 네 이웃을 네 자신 같이 사랑하라 하셨으니 이 두 계명이 온 율법과 선지자의 강령이니라(마 22:37-40)

나와 타인과의 관계를 보면 나와 하나님의 관계가 어떤지를 해석할 수 있습니다. 이것은 영성의 기초이기도 합니다. 영성이라는 것은 관계를 말하는 것입니다. 방언을 하고 병을 고치고 예언을 하는 것은 영성이 아닙니다. 그것은 은사이고 영성이 부족해도 은사는 있을 수 있습니다. 은사와 영성을 같은 것으로 생각하면 안 됩니다. 참된 영성

은 관계 안에서 이루어지는 것입니다. 하나님과의 관계의 회복입니다.

우리 안에 내주하시는 성령 하나님을 통해 우리의 영성이 발전하게 됩니다. 그리고 나와 너와의 관계에서 영성이 드러나게 됩니다. 참 영성은 "내가 다른 사람을 얼마나 사랑할 수 있는가?"입니다. 성경은 그것을 말하고 있습니다. 요한1서에서 보이는 사람을 사랑하지 않으면서 보이지 않는 하나님을 사랑하는 것은 거짓말이라고 했습니다. 나와 하나님과의 관계가 다른 사람과 나와의 관계로 표현되는 것입니다.

> 술 취하지 말라 이는 방탕한 것이니 오직 성령으로 충만함을 받으라 시와 찬송과 신령한 노래들로 서로 화답하며 너희의 마음으로 주께 노래하며 찬송하며 범사에 우리 주 예수 그리스도의 이름으로 항상 아버지 하나님께 감사하며 그리스도를 경외함으로 피차 복종하라(엡 5:18-21)

에베소서 5장 18절을 보면 술 취한 것과 성령충만을 대비시켜 말씀하고 있습니다. 술에 취하면 술이 사람을 끌고 다니듯 성령님이 나를 이끄신다는 것입니다. 반대로 하나님의 영으로 충만되지 않을 때는 술 취한 것처럼 악한 것에 끌려다닐 수 있습니다. 성령충만은 우리 모두에게 필요한 것이지만, 정작 우리는 성령충만이 무엇인지 잘 모릅니다. 성령충만은 내 영이 하나님의 통치 안에 들어가는 것이고 하나님의 임재 가운데 들어갈 때 가능한 것입니다. 또한 성령충만하다는 것은 인격의 변화를 말하는 것입니다. 우리의 인격의 변화는 성령의 열매로 드러납니다. 성령의 열매는 사랑, 희락, 화평, 인내, 충성, 온유, 절제이며 인격이자 존재, 본질입니다.

성령의 은사 즉, 방언, 예언, 병고침, 통변, 축사를 받으면 영성이 깊다고 말할 수 있을까요? 은사는 하나님께서 서로 섬기라고 주신 선물입니다. 내가 받은 것으로 다른 사람들을 섬기는 것입니다. 그리하여 교회를 잘 세워나갈 수 있도록 말입니다.

인격의 변화를 동반하지 않고 은사만 받으면 고린도 교회처럼 미워하고 싸우게 됩니다.

은사는 Doing이고 성령의 열매는 Being입니다. 이 열매가 바탕이 되어 은사까지 더해질 때는 섬김에 유용하게 쓰일 수 있는데 은사만 있으면 관계를 깨뜨리기도 하고 은사를 권위 삼아 상처를 주기도 합니다. 하나님께서는 우리 내면 안에 들어오셔서 내 영이 하나님의 영으로 채워지길 원하시고 내 인격 자체가 하나님을 닮기를 원하십니다. 성령의 열매는 한 마디로 사랑이며 사랑에는 모든 것이 다 들어있고 율법의 완성이기도 합니다.

성령의 열매는 인격에 관계된 것이며 존재에 대한 이야기입니다. 존재화 변화된다는 것은 내 존재가 하나님이 지으신 본래대로 회복된다는 것입니다. 이것을 놓치면 항상 밑 빠진 독처럼 뭔가 결핍이 되게 되어 있습니다. 하나님의 사랑을 통해서 변화된 인격이 아니라면 성령의 열매가 있다는 것은 거짓말입니다.

> 내가 사람의 방언과 천사의 말을 할지라도 사랑이 없으면 소리 나는 구리와 울리는 꽹과리가 되고 내가 예언하는 능력이 있어 모든 비밀과 모든 지식을 알고 또 산을 옮길 만한 모든 믿음이 있을지라도 사랑이 없으면 내가 아무 것도 아니요 내가 내게 있는 모든 것으로 구제하고 또 내 몸을 불사르게 내줄지라도 사랑이 없으면 내게 아무 유익이 없느니라(고전 13:1-3)

지금 우리는 하나님께서 마련해 주신 사랑을 연습하는 훈련장에 있습니다. 사랑의 대상들은 멀리 있지 않고 가까이에 있습니다. 가족 안에서 사랑을 연습하고 미운 사람과의 관계에서도 사랑을 연습하기를 바라십니다. 이것이 우리가 평생 해야 할 영성의 훈련입니다.

> 사랑하는 자들아 우리가 서로 사랑하자 사랑은 하나님께 속한 것이니 사랑하는 자마다 하나님으로부터 나서 하나님을 알고 사랑하지 아니하는 자는 하나님을 알지 못하나니

이는 하나님은 사랑이심이라(요일 4:7-8)

사랑은 오로지 하나님으로부터 온 것입니다. 우리 내면 안에 있는 어두움과 상처가 하나님으로부터 온 이 사랑을 거부하게 만들고 성령을 쉽게 소멸시킵니다. 내 안의 욕심, 교만, 분노로 내 안의 은혜를 소멸하고 내 입이 생명의 말 대신 죽음의 말을 해서 성령을 소멸합니다.

그러므로 성령충만은 반복적으로 계속 받아야 합니다.

'받고, 받고 또 받으라.'는 말씀입니다.

항상 기뻐하라 쉬지 말고 기도하라.

범사에 감사하라 이것이 그리스도 예수 안에서 너희를 향하신 하나님의 뜻이니라(살전 5:16-18)

항상 기뻐하고 쉬지 말고 기도하고 범사에 감사해야 하는 것은 이를 통해 성령님과 내가 친밀해지므로 종국에는 내 인격이 변화되어, 회복되는 것을 말하는 것입니다.

시간을 사라! 날이 악하기 때문이다

그런즉 너희가 어떻게 행할지를 자세히 주의하여 지혜 없는 자 같이 하지 말고 오직 지혜 있는 자 같이 하여 세월을 아끼라 때가 악하니라 그러므로 어리석은 자가 되지 말고 오직 주의 뜻이 무엇인가 이해하라(엡 5:15-17)

Redeeming the time, because the days are evil(NIV)

에베소서 5장 15절과 16절에 보면 지혜있는 자로 살아야 한다고 되어 있습니다. 지혜 있게 살려면 어떻게 살아야 합니까? **세월을 아끼라** 영어로는 **시간을 구원 받으라**고 표현되어 있습니다. 내가 지금 보내고 있는 시간이 헛된 시간, 악한 시간이 될 수 있습니다. 우리는 여러 가지 생각, 말, 문화, 관계들, 악한 것들로 우리 시간을 낭비하고 악으로 보낼 수 있습니다. 악을 묵상하고 타인의 허물을 묵상하고 미워하거나 정죄하고 있을 때 내 마음에는 평안이 있을 수 있겠습니까? 예배하는 자리에서도 악한 시간이 될 수 있으며, 예배와 관계 없는 자리에 있어도 우리의 시간이 구원받을 수 있습니다. 하나님은 영이기 때문에 하나님의 영으로 충만하다는 것은 사랑의 영, 기쁨의 영, 생명의 영으로 충만하게 된다는 것입니다. 성령충만한 시간과 악한 시간은 함께 할 수 없습니다.

17절 주의 뜻이 무엇인지 분별하라는 것은 항상 기뻐하고 쉬지 말고 기도하고 범사에 감사하는 것입니다. 쉬지 말고 기도하는 것은 어려운 부담이 아니라 주님의 임재 가운데서 항상 마음으로 주님을 바라보는 것입니다.

'주님 다스려주세요. 당신은 이 현장의 주인이십니다. 이 상황을 구원해 주세요.' 이렇게 늘 주님 바라보는 것입니다.

19절부터는 성령 충만을 받은 자의 인격의 변화를 설명하고 있습니다. 19절부터 21절까지가 Good Person입니다. 예수쟁이는 예수님 닮은 인격자가 되어야 합니다. 시와 찬송과 신령한 노래들로 서로 화답하며 즉, 영적인 노래들로 서로 조화를 이룹니다. 마음으로 주께 기뻐하고, 감사하며, 찬양할 수 있겠습니까? 이게 영적 전쟁을 승리하는 것이고 하나님의 뜻을 이루는 것입니다.

20절에서 항상 모든 일 모든 때 모든 상황에 감사하라고 합니다. 기도는 내가 원하는 것을 받는 것이 아닙니다. 하나님은 너희에게 있어야 할 것을 다 아신다고 하셨습니다. 하나님의 뜻을 먼저 행하는 것이 하나님께 드리는 기도입니다. 하나님의 선하심을 믿고 전적으로 이 모든 것의 통치를 맡겨드리면 우리가 할 일은 그렇게 이루어주시는 과정 중에 계심에 감사하는 것 뿐입니다. 이것은 성령충만한 자만이 할 수 있습니다.

21절은 서로 복종하는 종에 대해 말씀하십니다. 성령충만하지 않으면 결코 종노릇을 못합니다. 예수님은 종의 자리에 오셨습니다. 하나님이셨던 그분이 우리를 위해 완전히 종의 자리까지 낮아지셨습니다. 성령충만해야 진정한 종의 자리에서 서로에게 복종할 수 있습니다. '네가 뭔데 내가 네 말을 들어?' 이렇게 말하는 것은 성령을 거스르는 행위입니다. 성령충만한 자가 이렇게 하는 것은 온전한 충만이 아닐 수 있습니다. 일시적으로, 부분적으로 충만할 수 있습니다.

우리의 영성이 깊어지고 자라는 과정 중에, 성령충만 가운데서도 때로는 자존심 상하고 짓밟힐 때도 있습니다. 이럴 때 나의 못난 옛 자아가 죽었다고 하지만 실제로 죽었나 안 죽었나 볼 수 있습니다. 진정 옛 자아가 죽었다면 칭찬 받는다고 우쭐해지고 무시를 받는다고 비참해지지 않을 수 있습니다. **우리는 죄에 대하여는 죽은 자요 의에 대하여서는 산 자라는 이 말씀을 우리의 자아가 죽지 않고 꿈틀댈 때에 기억할 필요가 있습니다.**

> 이와 같이 너희도 너희 자신을 죄에 대하여는 죽은 자요 그리스도 예수 안에서 하나님께 대하여는 살아 있는 자로 여길지어다(롬 6:11)

자기를 부인하고 자기 십자가를 지라는 말씀은 내 안에 왕이 되고 싶고 인정받고 싶은 이런 욕구들을 내려놓고 종으로서 엎드려도 감사한 자가 되라는 뜻입니다. 이것이 성령충만한 그리스도인의 인격입니다. 우리는 우리가 자라는 과정에서 내 안의 들보는 보지 못하고, 타인의 죽지 않은 자아는 엄청 잘 보게 됩니다. 남의 허물은 확대경으로 엄청 크게 보고 나중에 또 현미경으로 보고 내 허물은 얼렁뚱땅 감추어 두는 것입니다. 그런데 하나님은 나를 보라고 했지 남의 허물을 보라고 하시지 않았습니다. 남의 허물이 잘 보인다는 것은 내 안에도 동일한 모습이 있다는 뜻이기도 합니다.

부부도 성숙하면 피차 복종할 수 있습니다. 자존심 때문에 복종 못하십니까? 치유가 되어야 멸시빨을 안 받습니다. 진정한 자기사랑을 하는 사람은 멸시에 영향을 받지 않습니다. 그런데 오히려 자기를 미워하는 사람은 멸시에 민감합니다. 자아를 죽일 수 있다는 것은 자존감이 높다는 뜻이기도 하지요. 자기 가치를 제대로 인정하고 있으면 자기가치를 보존할 필요가 없습니다. 하나님이 나를 존귀하게 하셨기 때문에 '난 왕같은 제사장이야, 하나님의 영광이야. 네가 밟는다고 하나님의 영광이 밟히나?' 이렇게 당당하게 말할 수 있는 것입니다. 자존감은 하나님이 보시는 대로 나를 보는 것, 자존감이 높다는 것은 하나님이 나를 보시는 관점에 가깝게 나를 보고 있다는 겁니다. **나를 하나님의 관점에서 사랑하는 사람은 나의 옛 자아가 죽는 것이 억울하지 않습니다.** 나를 하나님의 관점에서 사랑할수록 나의 옛 자아의 죽음을 쉽게 합니다. 하나님이 나를 사랑하시는 것처럼 나도 나를 귀하게 여기고 사랑해야 합니다.

겸손이란

교만은 거짓된 자기평가이고 겸손은 정직한 자기평가입니다. **겸손은 하나님 앞에서나 사람 앞에서 자신 앞에서 나를 증명해 보일 필요가 없는 모습입니다.** 증명해 보일 필요가 없으면 내가 잘난 척 안 해도 됩니다. 그런데 내 잘난 것을 알아주면 좋겠다 싶으면 잘난 척 합니다. 많은 분들이 겸손에 대해 오해하고 있는 경우가 있는데 겸손은 나 자신을 과소평가하는 것이 아닙니다. 겸손은 칭찬에 대해서도 감사히 받을 줄 압니다. 우리는 겸손한 척하면 겸손으로 생각하는데 내 안에 교만이 턱 밑에 와 있는데 내가 아니라고 하면 겸손한 것일까요? **겸손**은 하나님께서 보시는 그대로의 정직한 평가입니다. 하나님께서 놀라운 감사의 일들을 주시면 '감사합니다. 주님의 은혜입니다.' 하는 것입니다.

제 강의를 축약한 것이 에배소서 5장입니다. 성령충만을 받으면 좋은 인격자(Good person)가 되고, 굿파트너(Good partner)가 됩니다. 헤세드의 회복 세미나를 다르게 표현하면 굿파트너 교실입니다. 영성이 자라가고 깊어가면 하나님과 내가 서로의 굿파트너가 됩니다. 부부 안에서도 굿파트너가 됩니다. 성령충만하면 굿퍼슨이 되고 자연스럽게 굿파트너가 되고 또 자연스럽게 좋은 부모(Good parents)가 됩니다. 그리고 또 자연스럽게 훌륭한 사회인(Good people)이 됩니다. 하나님 나라의 훌륭한 백성은 이 사회의 훌륭한 백성이 된다는 것입니다. 출발은 가장 기본인 굿퍼슨부터입니다. 관계 안에서는 굿파트너, 우리는 참 좋은 파트너가 되고 싶습니다. 하나님의 영으로 충만한 자는 굿파트너가 되고 굿파트너는 하나님의 나라를 누려갈 수 있습니다.

굿파트너가 되려면 내면이 치유 받아야 합니다. 마음이 상한 자는 깨진 마음을 가진 자란 뜻으로, 깨진 마음에는 사랑도 은혜도 담겨지지 않습니다. 아무리 받고 또 받아도 다 샙니다. 나와 나와의 관계에서 굿파트너가 될 수 있습니까? 자기를 증오하고 학대하는 것이 자기부인이 아닙니다. 자기를 사랑해야 됩니다. 나와 나와의 관계에서 잘 지내야 합니다. 자신과 불화하면 다른 사람과도 잘 지내기 어렵습니다. 영성은 깊은데 사람 관계가 아니라면 틀린 것입니다. **하나님의 집(교회)은 건물이 아니라 관계입니다.** 내가 이미 하나님의 성전입니다. 하나님의 나라가 내 안에도 이루어지고 내 가정에서도 이루어지면 우리의 공동체 가운데도 이루어집니다.

영적 성숙

…긍휼은 심판을 이기고 자랑하느니라(약 2:13)

긍휼 없는 자에게는 긍휼 없는 심판이 있다고 했습니다. 영성이라는 것은 긍휼을 배우는 것입니다. 사랑할 수 없는 자를 사랑하는 것. 그것이 영성입니다. 내게 은혜 베푸는 자를 사랑하는 것은 이방인도 할 수 있는 것입니다. 그러나 나를 해하고 뺨 때리고 침 뱉은 자를 사랑하는 것이 영성이며, 그것이 바로 관계의 회복인 것입니다. 나와 너와의 관계를 통해 하나님과 나와의 관계가 증명됩니다. 교회 생활을 잘 하는 것, 십일조, 주일 성수, 새벽 기도 출석 등은 신앙생활의 표현이기도 하지만 하나님의 채점방식은 그런 것이 아닙니다. 이제 우리는 하나님이 나를 어떻게 보실지 하나님의 관점에서 보게 될 것입니다. 하나님과의 관계 회복은 나와 너와의 관계를 통해 증명되는데 그 속에 나와 나 자신과의 관계가 숨어 있습니다. 하나님과 나와의 관계, 나와 나 자신의 관계, 나와 너와의 관계 이 세 관계가 잘 되어있는 것이 영성입니다.

이 세 관계 회복을 위해 우리는 내가 나 자신을 얼마나 사랑하고 있는지 보아야 합니다. 우리의 정체성에 대해서 앞서 말씀드렸습니다. 다시 한 번 선포할까요? "나는 하나님의 영광입니다." 우리는 우리 자신을 먼저 사역해야 합니다. 다른 사람 사역하기 전에 먼저 나를 사역해야 합니다. 그래야 다른 사람을 사역할 수 있는 것입니다. 우리 대부분이 자기 자신에 대한 사역이 제대로 되어 있지 않으면서 남을 사역하고 있습니다. 우리가 나 자신을 잘 사역할 때 나와 너와의 사역이 이루어지는 것입니다. 그래서 제일 먼저 초점을 맞추어야 하는 관계가 나와 나와의 관계입니다. 그러므로 여러분은 자신을 격려하십시오.

내 영혼아 네가 어찌하여 낙심하며 어찌하여 내 속에서 불안해 하는가 어찌하여 무거운 짐을 지고 숨을 쉬지 못하고 있느냐(시 42:5)

내가 가지지 않은 것을 다른 사람에게 나누어 줄 수 없습니다. 먼저 주님의 사랑을 흡족히 받아 그 사랑을 먹고 마십시다. 그 사랑 안에 거합시다. 그 사랑을 누립시다.

생명의 광합성

주님의 사랑과 생명을 호흡하는 방법 중 하나로 생명의 광합성 기도의 일부분을 소개합니다. 이렇게 하나님의 임재 훈련에 관한 것을 먼저 소개드리는 이유는 우리가 아무리 많은 지식을 배운다 할지라도 성령님의 임재가 없는 가운데서는 하나님 나라의 구체적인 변화의 삶을 경험하고 누릴 수 없기 때문입니다.

생명의 광합성은 주님의 임재 가운데 사는 연습 중의 하나입니다. 식물이 햇볕에 가만히 자신을 맡기고 태양으로부터 오는 온갖 에너지를 빛과 더불어 영양을 만들어 뿌리, 열매에도 전달하는 것이 광합성입니다. 빛은 중요합니다. 하나님이 빛이십니다. 빛이신 그분이 오셨습니다. 그리고 우리도 빛이라고 하셨습니다. 우리는 이 세상을 비추는 빛들입니다. 하지만 우리가 빛을 생산해 낼 수는 없습니다. 하나님의 빛이 있어야만 빛을 낼 수 있는 존재입니다. 그 빛을 받는 작용을 저는 생명의 광합성이라 부릅니다.

식물이 날씨나 때에 상관없이 햇빛이 주는 모든 것을 다 받아먹는 것처럼 생명의 광합성의 기도를 할 것을 권유합니다. 걸어가면서도 운전하면서도 일을 하면서도 언제나 할 수 있는 것이 기도입니다. 하나님의 영을 지속적으로 먹고 마시면서 항상 임재해 계시는 그 분의 영을 우리는 언제든 받아들일 수 있습니다.

잠자기 전 온 몸을 편안히 하고 주님의 품에 안겨서 "주님. 제가 주님의 품 안에서 이 밤을 맞습니다. 오늘 하루의 모든 것들을 씻어 주시고 나의 무의식을 주님 손에 올려 드립니다." 무의식까지도 주님 손에 맡겨봅니다.

잠은 무의식세계의 시작입니다. 무의식을 주님 손에 드린다는 것은 꿈의 세계까지도 주님께 위탁한다는 것입니다. 우리의 모든 영역에서 주님의 통치 안으로 들어가는 것입니다. 잠자기 전에 생명의 광합성을 하는 것은 더욱 좋습니다. 마치 우리가 나뭇잎이라 생각하고 편안히 누워 주님의 빛을 흡수합니다. 내가 주님의 생명을 마신다 생각하며 길게 호흡해 봅니다. 주님의 빛이 나와 내 가족을 덮고 있다는 것을 그대로 받아들이십시오. 그리하여 우리는 언제 잠이 들었는지도 모르게 잠을 자게 됩니다.

아침에 자고 일어날 때도 "주님! 오늘 하루를 주님 손에 위탁합니다." 하며 서둘러 움직이기 전에 주님의 빛을 흡수합니다. "주님! 주님의 빛을 나의 온 영혼이 받아들입니다. 나의 코로 주님의 생명을 마십니다. 주님의 빛을 나의 온 세포가 마십니다." 특히 건강이 좋지 못한 분들이 이 광합성기도를 하면 치유가 임합니다. 지속적으로 꾸준하게 해보십시오. 하나님의 임재를 누리는 작은 습관 중의 하나가 될 수 있습니다.

무의식의 치유

바울도 자신의 내면의 갈등을 이 말씀 가운데 표현하고 있습니다. 성령의 법에 순종하려는 자신의 소원이 엄연함에도 불구하고 자기 속의 죄의 법이 자신을 죄의 포로로 만드는 것을 본다고 한탄합니다.

> 내가 행하는 것을 내가 알지 못하노니 곧 내가 원하는 것은 행하지 아니하고 도리어 미워하는 것을 행함이라…내가 원하는 바 선은 행하지 아니하고 도리어 원하지 아니하는 바 악을 행하는도다…내 지체 속에서 한 다른 법이 내 마음의 법과 싸워 내 지체 속에 있는 죄의 법으로 나를 사로잡는 것을 보는도다…오호라 나는 곤고한 사람이로다 이 사망의 몸에서 누가 나를 건져내랴(롬 7:14-24)

무의식의 세계도 복음을 들어야합니다. 의식세계는 10%이며 무의식세계는 90%입니다. 우리의 태아기 때부터 성장기까지 우리 내면에서 경험하는 모든 것들이 무의식의 바구니에 담깁니다. 평생 눈물을 흘려본 적이 없다는 50대 한 남성은 어릴 적 아버지로부터 남자는 울면 안 된다는 호된 훈계와 함께 뺨을 맞았던 경험이 분노와 함께 쓴 뿌리로 남아 있었습니다. 많은 남성들이 남성은 어떠해야한다는 고정관념을 가진 문화 속에서 감정의 자유로운 표현과 친밀감의 표현을 억압받으며 자라나 일반적으로 의사소통에 어려움을 가집니다. 모든 아내들이 느끼는 주된 어려움은 남편과의 친밀감의 결여와 의사소통의 부재로 인한 외로움입니다.

이러한 어린 시절의 아픈 경험은 실제의 삶 가운데 분노와 쓴 뿌리로 인해 사람과의 관계를 해칩니다. 어린 시절의 상처는 부부관계 속에서 드러나고, 사회생활 속에서도 드러나게 되어 있습니다. 그렇다고 모든 것을 어린 시절 속에서 찾을 필요도 없고 찾을 수도 없습니다. 필요할 때는 주님이 어린 시절을 생각나게 하셔서 그때로 돌아가서 만져주십니다. 세 살 때 받은 상처면 세 살로 돌아가서 주님이 그곳에 오셔서 만져주시는 것입니다. 그 상처부분이 치유되면서 묶여 있던 것이 풀리고 회복되는 것입니다.

나무가 상처를 받게 되면 거기서부터 성장이 멈추어 버립니다. 성인아이는 이렇게 해석할 수 있습니다. 몸은 어른이 되었지만 어느 나이, 어느 지점에서 상처를 받게 되어 거기서 묶여버려 그 부분이 자라지 못하게 됩니다. 대부분 많은 상처를 받은 사람은 거의 모든 부분에서 아이 같은 모습을 보입니다. 우리들은 저마다 조금씩은 치명적으로 상처받은 부분이 있을 수 있습니다. 우리의 의식이 잘 누르고 있습니다만, 가장 가까운 관계, 즉 가족관계 속에서는 통제되지 못한 모습으로 나타날 수밖에 없습니다. 평소에는 잘 통제하고 있으나 한계상황이 닥칠 때는 스스로의 통제를 벗어나게 됩니다. '어항을 던져 깨버리고 싶어!', '차를 들이받고 싶어!' 등으로 이런 충동적인 감정을 경험하게 됩니다. 우울증을 경험하기도 하고 자신도 어찌할 수 없는 내면의 분노 때문에 고민하기도 합니다. 평소에는 잘 통제하다가 한계상황을 만나면 우리는 흔들리고 감정은 소용돌이칩니다.

의식세계와 무의식 세계와의 관계

의식 세계 10%

무의식세계 90%

- 정상적인 사람들이 가진 불유쾌한 기억들을 의지의 힘으로 누름
- 의식적인 마음에 의해 잊혀지지만 의지적인 노력은 많은 에너지 소모

- 의지의 통제를 벗어남
- 피로, 질병, 충격 등으로 파묻혀있던 기억 근방으로 올라옴
- 우울증, 흥분, 까닭모를 분노, 자제력 상실

- 무의식의 빈터를 십자가로 메움
- 죄사함, 그리스도의 사랑으로 충만
- 하나님의 형상으로 회복되어 감

나도 모르는 나의 무의식 세계까지 하나님의 나라가 임하도록 구체적인 구원이 이루어져야 합니다. 나의 무의식 세계를 주님으로 가득 채우는 것입니다. 어느 날 갑자기 영성이 생기고 무의식이 변화되는 것이 아닙니다. 은혜의 비를 날마다 맞을 때 우리의 무의식이 차츰차츰 변하게 됩니다. 그리고 우리는 하나님께 계속해서 일하실 기회를 드려야 합니다. 은혜의 통로를 놓지 말아야 합니다. 그럴 때 우리의 무의식 세계는 하나님의 영으로 채워지게 됩니다. 툭 치면 불평과 원망이 나왔던 사람이 이제는 입만 열면 감사와 사랑과 기쁨의 고백이 나오게 되는 것입니다. **성령께서 만지시고 일하실 수 있도록 기회를 드릴 때 우리의 무의식은 거듭나게 됩니다.**

복음의 내면화를 위한 갈망

이 순간에도 "주님, 제가 주님의 빛 앞에 있습니다." 하며 우리의 몸 전체를 주님의 임재 앞에 내어드리고 주님의 임재하심을 받아들이십시오. 하나님의 만지심이 언제일

---

* 『하나님을 바라보라』, 아그네스 샌포드, 한국양서:1994, 177~179

지 모릅니다. 물론 하나님의 만지심은 한 번만 있는 것이 아닙니다. 우리의 갈망이 있는 만큼 배고픔이 있는 만큼 하나님의 은혜를 끌어당길 수가 있습니다. 이것은 영의 흐름의 법칙입니다. 배고픈 영혼들의 간절한 갈망이 있을 때 성령의 운행하심이 쉬워지는 것입니다. "주님, 목마릅니다. 나의 영을 채우소서." 이렇게 구원의 샘에서 계속 퍼 올려야 합니다. 예배와 기도 시간 뿐 아니라 산책을 하거나 책을 읽거나 모든 순간 속에 일하시는 하나님의 임재를 경험하시기 바랍니다.

삶의 모든 현장에서 만지시는 성령님

우리는 어떤 문제에 부딪치게 되면서 우리 안에 있는 감정의 쓴 뿌리가 올라올 때가 있습니다. 책을 읽는 중에 떠오를 수도 있고, 기도하는 중에 떠오를 수도 있고, 일상에서 배우자 또는 자녀와의 관계 속에서 나올 수도 있습니다. 지금부터 생겨나는 모든 일은 하나님의 은혜와 연결되어 있습니다. 싸움이 일어나도 괜찮습니다. 문제가 생겨도 괜찮습니다. 여러분이 하나님께만 안테나를 곤두세우고 성령님께서 자신을 만지시도록 내어드리기만 하면 이것은 모두 다 은혜를 경험하게 되는 통로로 사용될 것입니다.

상한 감정이 드러날 때는 치유의 기회

맹장에 염증이 생겼을 때, 염증이 표면에 드러났기 때문에 그 부분을 의사가 치료할 수 있는 것처럼, 우리의 상한 감정도 무의식 속에서 떠오를 때는 기회입니다. 성령님의 임재하심의 현장에서 성령님께서 우리를 치유하여 주십니다.

마찬가지로, **우리의 가족이나 지체의 상한 감정의 폭발을 우리가 수용하고 받아주면서 성령님께 위탁해 드릴 때 우리도 치유의 통로로서의 역할을 할 수 있습니다.**

이렇게 그리스도의 은혜가 우리에게 임하여 기름 부어주실 때 우리 안에 묶여있는 것들이 풀리게 되고 관계의 회복이 일어납니다.

나와 나 자신의 관계의 회복

나 자신을 미워하는 것이 제자의 도라고 생각하는 사람들이 있습니다. 나를 사랑해야 나를 버릴 수가 있는 것입니다. 나를 사랑하지 않는 사람은 이기적인 사람이 됩니다. 나를 진정 사랑하는 사람은 결코 이기적인 사람이 될 수 없고, 다른 사람을 사랑할 수 있고, 다른 사람을 위해 자신을 버릴 수가 있습니다. 자신을 사랑하지 못하는 사람은 결코 남을 사랑할 수 없습니다. 이것은 중요한 원리입니다.

한 율법사가 예수님께 와서 율법 중에서 어느 계명이 큰지 여쭤봅니다. 예수님께서는 네 마음을 다하고 목숨을 다하고 뜻을 다하여 주 너의 하나님을 사랑하라 하셨으니 이것이 크고 첫째 되는 계명이요 **둘째도 그와 같으니** 네 이웃을 네 자신같이 사랑하라 (마 22:37-39) 고 대답하셨습니다. 율법 중에 가장 큰 법은 하나님을 사랑하는 것입니다. 두 번째가 이웃 사랑입니다. 그런데 예수님의 대답에서 첫째와 둘째를 잇는 말이 **둘째도 그와 같으니**입니다. 즉, 하나님을 사랑하는 것과 이웃을 사랑하는 것은 같은 것이라고 말씀하십니다.

하나님을 사랑한다고 하면서 사람을 사랑하지 않고 그것이 무엇인지 모르고 있지는 않나요? 그것은 하나입니다. **우리 주변의 사람들은 모두 보이는 예수입니다. 하나님의 형상입니다. 사람을 사랑하는 것이 하나님을 사랑하는 것과 동일한 것입니다.**

하나님

나　　　너

(하나님 사랑 = 자기사랑 = 이웃사랑)
성경의 핵심

누구든지 하나님을 사랑하노라 하고 그 형제를 미워하면 이는 거짓말하는 자니 보는 바 그 형제를 사랑하지 아니하는 자는 보지 못하는 바 하나님을 사랑할 수 없느니라 우리가 이 계명을 주께 받았나니 하나님을 사랑하는 자는 또한 그 형제를 사랑할지니라(요일 4:20-21)

날마다 은혜의 해

예수 그리스도가 우리에게 임하여 기름 부으실 때 묶인 것이 풀어지는 은혜의 해, 곧 희년입니다. 희년이 '올 것이다'가 아니라 '예수님과 함께' 왔습니다. 예수님이 이미 다 이루셨기 때문입니다. '그가 채찍에 맞음으로 우리가 나음을 입었도다.' 이미 우리에게 나음을 주셨지만 구체적인 것을 취하는 행위가 우리에게 남아있는 것입니다. 그것은 기쁨의 해 희년인 것입니다. 희년은 50년마다 옵니다. 구약에서 6일을 지나면 안식일, 6년이 지나고 나면 안식년, 7년을 일곱 번 지나고 나면 희년, 곧 은혜의 해입니다. 예수님이 오신 것은 은혜의 해를 선포하시기 위해 오신 것입니다. 가난한 자, 눌린 자, 갇힌 자에게 은혜의 해를 선포하시기 위해 예수님이 오셨습니다.

은혜의 해가 선포되었습니다. 지금이 은혜의 해입니다. 날마다 은혜의 해입니다. 신원의 날입니다. 바꾸어 말하면 한을 풀어주는 날인 것입니다. 한 많은 우리 민족에게 한을 풀어주는 것이야말로 큰 복음 아닙니까? 이것이 희소식이며 은혜이며 복음입니다. 이 은혜가 이미 선포되었습니다.

희년이 되면 크게 세 가지 일이 일어납니다.

첫째, '시온의 영광이 빛나는 아침' 이 찬양은 희년을 선포하는 찬양입니다. 희년이 되면 매었던 종들이 돌아옵니다. 종은 한 부분만 종이 되는 것이 아니라 몸 전체가 종인 것입니다. 우리는, 우리의 내면은 누구의 종이 되어 있습니까? 매었던 종들이 풀려나는 것이 희년입니다. 희년에는 종들이 풀려나고 돌아옵니다.

둘째, 토지가 반환됩니다. 토지는 하나님 것입니다. 그런데 토지를 사유화함으로 인해 이 땅에 문제가 생기는 것입니다. 극소수의 10%이내의 사람들이 토지의 50~60%를 차지하고 있습니다. 이것은 가장 중요한 희년법의 위반입니다. 가진 자들이 더 많은 땅을 갖기 위해 투기하는 것은 엄청난 죄악인 것입니다. 돌려줘야 합니다. 희년이 오면 땅이 본래대로 반환되는 것입니다. 구원은 본래대로 돌아가는 것입니다. 범죄 하기 전의 에덴동산 본래의 모습으로 돌아가는 그것이 희년입니다.

셋째, 빚진 것이 탕감됩니다. 빚진 자는 종이 됩니다. 빚은 죄입니다. 헬라어로 '죄'는 '빚'과 같은 단어입니다. 빚을 탕감 받는다는 뜻은 죄를 용서 받는다는 뜻입니다.

희년의 양각 나팔소리가 우리에게 울려 퍼지고 있습니다. 지금이 희년의 때입니다. 이것을 우리가 받아들여야 합니다. 예수님이 오심으로 50년마다가 아니라 날마다 은혜의 해입니다. 순간마다 기쁨의 해입니다.

> 보라 하나님은 나의 구원이시라 내가 신뢰하고 두려움이 없으리니 주 여호와는 나의 힘이시며 나의 노래시며 나의 구원이심이라 그러므로 너희가 기쁨으로 구원의 우물들에서 물을 길으리로다(사 12:2-3)

우리의 삶이 희년의 축복을 누릴 수 있는 근거는 '예수' 그 분의 피흘림의 능력 때문입니다. 다음 페이지에서 보혈의 능력의 어떠함을 살펴 봅시다.

보혈! 그 능력

♫ 갈보리 산 위에 십자가 섰으니 주가 고난을 당한 표라 ♪

아브라함과의 언약체결	해가 져서 어두울 때에 연기 나는 화로가 보이며 타는 횃불이 쪼갠 고기 사이로 지나더라(창 15:17)

첫번째 반석 사건 : 반석을 치라 (출 17:5~7)	두 번째 반석 사건 : 반석에게 명령하여 물을 내라 (민 20:7~12)
여호와께서 모세에게 이르시되 백성 앞을 지나서 이스라엘 장로들을 데리고 나일 강을 치던 네 지팡이를 손에 잡고 가라 내가 호렙 산에 있는 그 반석 위 거기서 네 앞에 서리니 너는 **그 반석을 치라** 그것에서 물이 나오리니 백성이 마시리라 모세가 이스라엘 장로들의 목전에서 그대로 행하니라 그가 그 곳 이름을 맛사 또는 므리바라 불렀으니 이는 이스라엘 자손이 다투었음이요 또는 그들이 여호와를 시험하여 이르기를 여호와께서 우리 중에 계신가 안 계신가 하였음이더라.	여호와께서 모세에게 말씀하여 이르시되 지팡이를 가지고 네 형 아론과 함께 회중을 모으고 그들의 목전에서 **너희는 반석에게 명령하여 물을 내라 하라** 네가 그 반석이 물을 내게 하여 회중과 그들의 짐승에게 마시게 할지니라 모세가 그 명령대로 여호와 앞에서 지팡이를 잡으니라 모세와 아론이 회중을 그 반석 앞에 모으고 모세가 그들에게 이르되 반역한 너희여 들으라 우리가 너희를 위하여 이 **반석에서 물을 내랴 하고** 모세가 그의 손을 들어 그의 지팡이로 반석을 **두 번 치니 물이** 많이 솟아나오므로 회중과 그들의 짐승이 마시니라 여호와께서 모세와 아론에게 이르시되 너희가 나를 믿지 아니하고 이스라엘 **자손의 목전에서 내 거룩함을 나타내지 아니한 고로** 너희는 이 회중을 내가 그들에게 준 땅으로 인도하여 들이지 못하리라 하시니라

반석은 곧 그리스도시라 (고전 10:1~4)

형제들아 나는 너희가 알지 못하기를 원하지 아니하노니 우리 조상들이 다 구름 아래에 있고 바다 가운데로 지나며 모세에게 속하여 **다 구름과 바다에서 침례를 받고** 다 같은 신령한 음식을 먹으며 다 같은 신령한 음료를 마셨으니 이는 그들을 따르는 신령한 반석으로부터 마셨으매 **그 반석은 곧 그리스도시라**

말세를 만난 우리를 향한 큰 교훈 (고전 10:11)

그들에게 일어난 이런 일은 본보기가 되고 또한 말세를 만난 우리를 깨우치기 위하여 기록되었느니라

그 반석은 곧 그리스도라

처음 반석 사건인 출애굽 17장을 보면 하나님께서 '내가 그 반석 위 거기서 네 앞에 서리니 너는 반석을 치라'고 하십니다. 이것은 반석이신 그리스도 곧 하나님께서 너희가 언약을 어겼으니 곧 아브라함과의 언약대로 나를 치라는 말씀으로 다가옵니다. 아브라함과의 언약에서 하나님께서 쪼갠 고기 사이로 지나가셨듯 말입니다.

고대 사회에서는 언약을 체결할 때 쪼갠 짐승 사이로 언약의 당사자가 지나가든지 아니면 약자가 쪼갠 고기 사이로 지나가게 됩니다. 언약 위반시 이 짐승과 같이 죽으리라는 뜻이지요. 반석을 치는 사건에서 하나님 자신이 반석 위에 서시고 율법의 대표가 되는 모세가 지팡이로 그 반석을 칩니다.

아브라함과의 언약에서 하나님께서 쪼갠 고기 사이로 지나가셨듯이 하나님 자신, 즉 예수 그리스도께서 깨뜨려지시므로 반석에서 물이 나와 온 백성과 짐승이 마십니다. 이 사건은 율법을 지킬 수 없는 **나의 죄로 인해 그리스도께서 찢어지고 부서지는 십자가 사건**인 것입니다.

우리는 쪼갠 고기 사이로 지나가신 하나님, 깨뜨려지신 하나님, 여기에서 그 놀랍고도 충격적인 십자가 사랑을 발견하게 되는 것입니다.

그러나 모세는 두 번째 반석 사건에서 엄청난 실수를 저지릅니다. **첫 번째 반석 사건에서 '치라'고 말씀하신 명령과는 분명히 다르게 반석에게 '명하여 물을 내게 하라'고 하십니다. 첫 번째 사건이 상징이라면 두 번째 사건은 실제인 것입니다.** 이와 같은 상징과 실제를 모세는 구분하지 못하는 큰 과오를 저질렀습니다. 예수 그리스도의 단 한 번의 희생으로 온 인류가 구원받았기 때문에 반석은 또 깨뜨림을 당할 필요가 없었습니다.

다시 말해 예수님이 십자가에서 두 번 못박혀 죽으실 필요가 없다는 것입니다. 한 번의 죽으심으로 우리는 이제 주님의 이름으로 간구하기만 하면 구원을 얻게 되는 것입니다.

---

* 『가장 위대한 능력 보혈』, 마헤쉬 차브다, 규장:2007

바울은 고린도전서 10장에서 우리에게 이 사건을 큰 교훈 삼으라고 말합니다.

> 그들에게 일어난 이런 일은 본보기가 되고 또한 말세를 만난 우리를 깨우치기 위하여 기록되었느니라(고전 10:11)

말에는 영적 능력, 즉 권세가 있습니다. 말의 영역 뒤에는 치열한 영적 싸움이 있는데 우리는 이것을 잘 모르고 있습니다. 사람의 마음에서 잉태된 말은 사람의 혀에 의해 만들어지는데 사단의 능력을 생산하든지 하나님의 능력을 생산해 냅니다. 선포하는 말은 현실이 됩니다. 하나님은 우리에게 하나님의 능력을 선포하는 권세를 주셨습니다. 우리는 사단이 우리에게 속삭이는 죽음과 결박의 말을 거부하고, 매 순간 하나님의 사랑과 생명, 선하심과 축복을 선포하는 이 땅에서 하나님의 나라를 실현할 능력이 있는 그리스도인들입니다.

> 우리가 축복하는 바 축복의 잔은 그리스도의 피에 참여함이 아니며 우리가 떼는 떡은 그리스도의 몸에 참여함이 아니냐(고전 10:16)

복음은 실제입니다. 하나님은 실재하십니다. 하나님의 나라를 살아가는 그 나라 백성의 삶은 이제 그리스도 예수의 십자가 사건으로 인하여 명료한 실제가 되었습니다. **그리스도께서 갈보리에서 나를 위해 지금도 흐르고 있는 보혈은 실제입니다. 그 보혈의 피가 현재 내 삶에서 실제가 되어야 합니다.** 유월절 어린 양의 피가 문설주에 발린 집은 장자가 죽지 않았습니다. 그들은 출애굽하였습니다. 어린 양의 피를 통과한 그들은 구원받았습니다. 200만이 넘는 백성들은 그 동안의 노예생활로 인해 약해지고 병들어서 환자나 노인도 많았을 것입니다. 그러나 그들은 약한 자가 없었다고 하십니다. 광야길에서 옷도, 신도 해어지지 않는 삶을 살았습니다. 아마 그들은 문설주에 양의 피를 바를 때에 다 치유되지 않았을까요?

보혈은 놀라운 능력이 있습니다. **치유와 보호, 용서, 깨끗함, 구속, 의롭게 함, 화평, 원수를 이기는 능력, 하나님의 임재 안으로 들어가게 하는 능력** 등이 있습니다.

`치유` 마침내 그들을 인도하여 은 금을 가지고 나오게 하시니 그의 지파 중에 비틀거리는 자가 하나도 없었도다(시 105:37)

`용서` 율법을 따라 거의 모든 물건이 피로써 정결하게 되나니 피흘림이 없은즉 사함이 없느니라(히 9:22)

`깨끗함` 염소와 황소의 피와 및 암송아지의 재를 부정한 자에게 뿌려 그 육체를 정결하게 하여 거룩하게 하거든 하물며 영원하신 성령으로 말미암아 흠 없는 자기를 하나님께 드린 그리스도의 피가 어찌 너희 양심을 죽은 행실에서 깨끗하게 하고 살아 계신 하나님을 섬기게 하지 못하겠느냐(히 9:13-14)

`구속` 우리는 그리스도 안에서 그의 은혜의 풍성함을 따라 그의 피로 말미암아 속량 곧 죄 사함을 받았느니라(엡 1:7)

`의롭게 함` 그러면 이제 우리가 그의 피로 말미암아 의롭다 하심을 받았으니 더욱 그로 말미암아 진노하심에서 구원을 받을 것이니(롬 5:9)

`화평` 아버지께서는 모든 충만으로 예수 안에 거하게 하시고 그의 십자가의 피로 화평을 이루사 만물 곧 땅에 있는 것들이나 하늘에 있는 것들이 그로 말미암아 자기와 화목하게 되기를 기뻐하심이라(골 1:19-20)

`승리` 또 우리 형제들이 어린 양의 피와 자기들이 증언하는 말씀으로써 그를 이겼으니 그들은 죽기까지 자기들의 생명을 아끼지 아니하였도다(계 12:11)

`하나님의 임재 안으로` 그러므로 형제들아 우리가 예수의 피를 힘입어 성소에 들어갈 담력을 얻었나니(히 10:19)

---

* 『가장 위대한 능력 보혈』, 마헤쉬 차브다, 규장:2007

우리는 보혈의 능력 아래 실제를 살아가고 있는 자들입니다.

이 보혈을 우리의 모든 삶의 영역에 부어 적용합시다.

> 내가 곧 생명의 떡이니라(요 6:48)
>
> 예수께서 이르시되 내가 진실로 진실로 너희에게 이르노니 인자의 살을 먹지 아니하고
> 인자의 피를 마시지 아니하면 너희 속에 생명이 없느니라(요 6:53)

우리가 성찬 때 떼는 떡과 마시는 포도주는 주님의 몸과 피입니다. 상징설이든 화체설이든 실제를 살아가고 있는 우리는 갈보리 그 현장의 실제를 먹고 마십니다.

> 또 잔을 가지사 감사 기도 하시고 그들에게 주시며 이르시되 너희가 다 이것을 마시라
> (마 26:27)
>
> 이것은 죄 사함을 얻게 하려고 많은 사람을 위하여 흘리는 바 나의 피 곧 언약의 피니라
> (마 26:28)

보혈 광합성 (복음의 실체를 상징처럼 살고있는 현실)

지금 우리는 실제를 상징으로 받으므로 복음의 능력을 살지 못하고 있는 것 같습니다. 말씀이 육신이 되어 실제로 우리 가운데 오셨습니다. 우리는 내 안에 임마누엘 되어 오신 하나님과 지금 실제를 살고 있습니다. **앞 장에서 생명의 광합성을 소개해 드렸듯이 보혈의 광합성을 해 보시기를 권해드립니다.**

> 이 강물이 이르는 곳마다 번성하는 모든 생물이 살고 또 고기가 심히 많으리니 이 물이
> 흘러 들어가므로 바닷물이 되살아나겠고 이 강이 이르는 각처에 모든 것이 살 것이며(겔
> 47:9)

강 좌우 가에는 각종 먹을 과실나무가 자라서 그 잎이 시들지 아니하며 열매가 끊이지 아니하고 달마다 새 열매를 맺으리니 그 물이 성소를 통하여 나옴이라 그 열매는 먹을 만하고 그 잎사귀는 약 재료가 되리라(겔 47:12)

성전 문지방 밑에서 흐르는 물로 죽음의 바다가 살아나고 초목과 수많은 영혼이 살아납니다. 갈보리에서 흐르고 있는 그 보배로운 피가 지금 나에게 흐르고 있습니다. 나의 가족들, 나의 공동체, 이 땅과 열방에 흐르고 있습니다.

이 보혈의 비를 맞읍시다.

♫ 존귀한 주 보혈, 내 영을 새롭게 하네. 내 삶을 새롭게 하네 ♪

염소와 황소의 피와 및 암송아지의 재를 부정한 자에게 뿌려 그 육체를 정결하게 하여 거룩하게 하거든 하물며 영원하신 성령으로 말미암아 흠 없는 자기를 하나님께 드린 그리스도의 피가 어찌 너희 양심을 죽은 행실에서 깨끗하게 하고 살아 계신 하나님을 섬기게 하지 못하겠느냐(히 9:13-14)

율법을 따라 거의 모든 물건이 피로써 정결하게 되나니 피흘림이 없은즉 사함이 없느니라 (히 9:22)

그 후에 말씀하시기를 보시옵소서 내가 하나님의 뜻을 행하러 왔나이다 하셨으니 그 첫째 것을 폐하심은 둘째 것을 세우려 하심이라(히 10:9)

내가 곧 생명의 떡이니라 너희 조상들은 광야에서 만나를 먹었어도 죽었거니와 이는 하늘에서 내려오는 떡이니 사람으로 하여금 먹고 죽지 아니하게 하는 것이니라 나는 하늘에서 내려온 살아 있는 떡이니 사람이 이 떡을 먹으면 영생하리라 내가 줄 떡은 곧 세상의 생명을 위한 내 살이니라 하시니라 그러므로 유대인들이 서로 다투어 이르되 이 사람이 어찌 능히 자기 살을 우리에게 주어 먹게 하겠느냐 예수께서 이르시되 내가 진실로 진실로 너희에게 이르노니 인자의 살을 먹지 아니하고 인자의 피를 마시지 아니하면 너희 속에 생명이 없느니라 내 살을 먹고 내 피를 마시는 자는 영생을 가졌고 마지막 날에 내가 그를 다시 살리리니 내 살은 참된 양식이요 내 피는 참된 음료로다 내 살을 먹고 내 피를 마시는 자는 내 안에 거하고 나도 그의 안에 거하나니 살아 계신 아버지께서 나를 보내시매 내가 아버지로 말미암아 사는 것 같이 나를 먹는 그 사람도 나로 말미암아 살리라(요 6:48-57)

주님의 강이 우릴 즐겁게 해 / 주님의 강이 춤추게 해
주님의 강이 우릴 새롭게 해 / 기쁨으로 충만케 하네

보라! 세상 죄를 지고 가는 하나님의 어린 양이로다(요 1:29)

주님의 임재 안으로

주님이 우리의 구원의 하나님 되심을 선포합시다. 주님은 나의 구원이십니다. 현존하시는 하나님께서 우리를 만지심을 경험합시다. 아이가 엄마를 부르듯이 주님을 부르십시오. 이 시간 주님은 우리를 안고 만지시기를 원하십니다. 자신을 주님의 손에 내어드립시다. 하나님의 임재는 현존하시는 주님을 실제로 받아들이는 것입니다. 얼마나 힘들었는지 얼마나 고단했는지 자신의 어깨에 손을 얹고 말씀하고 싶어 하시는 주님을 바라보십시오. 자신의 내면의 소리를 들어보십시오.

> 내 영혼아 네가 어찌하여 낙심하며 어찌하여 내 속에서 불안해 하는가(시 42:5)

이 시간 주님이 빛으로 다가오셨습니다. 자신의 내면과 대화 나누기를 원하시는 주님을 환영하십시오.

"좋으신 성령님, 제가 성령님을 환영합니다. 지금 제게 오셔서 감사합니다." 우리의 영혼은 오직 하나님의 임재 속에서만 안식할 수 있습니다. 우리의 영혼은 하나님의 임재 속에 반응할 수 있습니다. 우리의 영혼은 우리의 가장 깊은 곳에 있습니다. 그 동안 그 영혼의 음성을 무시하고 우리의 겉사람이 보이는 현실의 세계를 바쁘게 달려가고 있었습니다. 이제 잠시 멈추고 나의 영혼의 소리를 들어보십시오. 하나님의 영광으로, 형상으로 지음 받은 우리는 하나님과의 교제를 통해서만 영혼의 만족을 얻을 수 있습니다. 내 영혼의 소리를 들어보십시오. 지금 나의 내부에서 일어나는 조용한 감동을 느껴보십시오. 지금 나의 영혼이 슬퍼하고 있는지, 기뻐하고 있는지 느껴보십시오.

시편의 기자가 "내 영혼아!"라고 부르며 나의 영혼을 불러 사역했던 것처럼 이 시간 내 영혼을 향해서 반응해 보십시오. 우리의 겉사람은 환경에 반응하지만 나의 영혼은 주님께 반응합니다. 내가 환경으로만 기뻐한다면 그것은 감정일 뿐 영혼의 반응은 아닙니다. **내가 환경으로 인해 슬퍼하고 있다면 그것 역시 감정의 반응일 뿐 영혼의 소**

리가 아닙니다. 나의 영혼은 영원하신 하나님의 세계와 교통할 때만 기뻐할 수 있으며 빛을 볼 수 있습니다. 나의 영혼이 어두운 곳에 있다면 아무리 나의 환경이 좋다한들 내 영혼은 깊은 곳에서 슬퍼하며 탄식하고 있을 것입니다. **내 영혼의 소리에 귀를 기울여 보십시오.** 내 영혼이 주님으로 먹고 마시도록 내 영혼을 격려하십시오.

이 시간 우리에게 오셔서 말씀하시는 주님의 음성을 들어 보십시오.

"사랑하는 딸아, 네가 너무 피곤하구나. 너는 나의 격려와 품음을 받을 필요가 있단다. 사랑하는 딸아, 내가 너를 얼마나 사랑하는지 아느냐. 일어나라. 함께 가자."

나의 영혼이 울고 있다면 주님과 더불어 자신을 위로해 보십시오. 우리는 영적인 존재로 지음을 받았습니다. 하나님과 교통해야 할 내 영혼이 하나님과의 교통이 단절됨으로 어둠 가운데 지쳐 힘들어 하고 있습니다.

"깨어라, 일어나라. 달리다굼 일어나라."

나의 머리를 쓰다듬으시는 하나님의 손길을 느껴보십시오. 피곤에 지친 나의 영혼을 주님의 품에 뉘여 보십시오. 나를 안으시는 그 주님의 품 안에서 감정을 절제하지 말고 표현하십시오. 잠자는 우리의 영혼을 향하여 주님이 깨우십니다.

"일어나라, 나와 함께 가자. 나와 함께 꽃이 핀 봄 동산을 거닐어 보자."

주님께 입술을 열어 표현합시다.

"주님, 사랑합니다.", "주님, 힘들어요.", "난 주님이 필요해요. 주님, 주님."

환경 속에서 나의 힘으로 참고 견디느라 지친 나를 주님이 위로하고 계십니다. 주님의 위로를 받아들이십시오.

"딸아, 내가 너를 안다. 나 때문에 얼마나 참아 왔는지 나 때문에 얼마나 눈물을 흘렸는지 너의 가슴에 얼마나 깊은 한숨이 차 있는지 내가 너를 안다. 내가 너를 구하리라."

"내가 그렇게 힘든 순간에 주님은 어디 계셨습니까?", "내가 그렇게 힘들어 할 때 주님은 무얼 하셨습니까?", "내가 너무 피곤했어요. 내가 너무 지쳤어요. 내가 부르짖을 때 주님은 내 기도를 듣지 않으시고 무얼 하셨습니까!"

"약한 나를 고치소서. 나를 살리소서. 주여 나를 치유하시고 만져주소서. 주여 나를 긍휼히 여기소서. 주의 성령을 우리에게 부으소서. 마른 막대기가 무엇을 하겠나이까? 진토가 무엇을 하겠습니까? 죽은 자가 무엇을 하겠습니까? 무덤이 무엇을 하겠습니까?"

절제하지 마시고 하나님께 소리를 지르십시오. 하나님을 찬양합시다. 지금 내 안에 임재하시는 하나님을 찬양합시다. 사랑한다고 고백합시다.

"주님, 사랑합니다. 주님, 사랑합니다. 주님, 사랑합니다. 우릴 이토록 사랑하시는 주님. 주님, 사랑합니다. 내가 주님을 바라보지 않고 주님을 외면하고 있었습니다. 주님, 사랑합니다. 나의 구원이십니다. 나의 생명이십니다. 나의 기쁨이십니다. 나의 안전이십니다. 나의 보장이십니다."

임재하시는 하나님의 생명의 기운을 두 팔로 그대로 받아들이십시오.

"감사합니다. 감사합니다. 우리에게 오셔서 감사합니다. 내게 오셔서 감사합니다. 주님. 사랑합니다. 주님."

> 그 날에 그의 무거운 짐이 네 어깨에서 떠나고 그의 멍에가 네 목에서 벗어지되 기름진 까닭에 멍에가 부러지리라(사 10:27)
>
> 그의 위에 여호와의 영 곧 지혜와 총명의 영이요 모략과 재능의 영이요 지식과 여호와를 경외하는 영이 강림하시리니(사 11:2)
>
> 그 때에 이리가 어린 양과 함께 살며 표범이 어린 염소와 함께 누우며 송아지와 어린 사자와 살진 짐승이 함께 있어 어린 아이에게 끌리며 암소와 곰이 함께 먹으며 그것들의 새끼가 함께 엎드리며 사자가 소처럼 풀을 먹을 것이며 젖 먹는 아이가 독사의 구멍에서 장난하며 젖 뗀 어린 아이가 독사의 굴에 손을 넣을 것이라 내 거룩한 산 모든 곳에서 해 됨도 없고 상함도 없을 것이니 이는 물이 바다를 덮음 같이 여호와를 아는 지식이 세상에 충만할 것임이니라(사 11:6-9)
>
> 보라 하나님은 나의 구원이시라 내가 신뢰하고 두려움이 없으리니 주 여호와는 나의 힘이시며 나의 노래시며 나의 구원이심이라 그러므로 너희가 기쁨으로 구원의 우물들에

서 물을 길으리로다(사 12:2-3)

"감사합니다. 주님 우리에게 친히 임재하셔서 감사합니다. 영광과 존귀를 주님께 올려드립니다. 그 영광스러운 주님이 내 안에 오셨고 내 몸을 성전 삼으시고 나와 함께 계심을 감사합니다. 이후로도 계속해서 충만히 나와 함께 계시면서 나에게 말씀하시며 나를 안으시며 나의 손을 잡고 이끄시며 주의 길로 인도하실 주님께 감사와 찬양과 존귀와 영광을 올려드립니다. 예수님의 이름으로 기도합니다. 아멘."

성령이 충만하면 인격이 변화하고, 변화된 인격자는 좋은 파트너, 좋은 부모, 좋은 공동체 구성원이 됩니다. 영성은 내가 타인을 얼마나 사랑할 수 있는지로 드러나며 사랑할 수 없는 사람을 사랑하는 것입니다. 나와 타인의 관계를 통해 나와 하나님과의 관계가 증명됩니다. 또한, 내가 모르는 내 무의식까지도 하나님의 임재로 채우는 것이 영성입니다. 하나님의 임재는 내 감정, 생각, 내게 일어난 사건 등 나의 모든 영역에서 하나님의 통치하심을 믿고 온전히 의지할수록 점점 더 누릴 수 있습니다. 우리는 우리 자신을 먼저 사역하고 내가 먼저 주님의 사랑을 충분히 누린 후에, 타인을 사랑하고 사역할 수 있습니다.

하나님의 은혜는 받을 자격이 없는 우리들에게 거저 주시는 호의입니다. 하나님은 우리를 너무 사랑하셨기 때문에 그분의 영광을 볼 수 없는 우리를 위하여 우리에게 맞추어 자신을 낮추셨습니다. 하늘의 영광이 우리에게 내려올 때 평화로 임하게 됩니다. 이미 우리를 위하여 다 이루신 것을 우리가 누리지 못하고 있을 뿐입니다.

생각나눔

1. 당신은 하나님, 나, 이웃과의 관계에서 GOOD PARTNER라고 생각하십니까?

2. GOOD PARTNER가 될 수 있는 말씀의 원리는 무엇입니까?

3. 당신의 감정이 구원되어야 할 필요를 느낍니까? 그렇다면 어떤 부분입니까? 당신의 무의식까지도 하나님의 만지심이 필요합니다. 이 과정들 안에서 하나님의 일하심을 기대하십시오.

4. 하나님의 나라는 성령 안에 있는 의, 평강, 희락인데 당신 안에 이러한 하나님의 나라가 있습니까?

5. 그렇지 못하다면 방해하는 것이 무엇이라고 생각합니까? 희년 때에 당신이 자유롭게 되어야 할 부분이 구체적으로 무엇이라고 생각하십니까?

우리는 날마다 희년을 살아갈 수 있는 축복을 가졌습니다.

6. 당신은 보혈의 의미와 능력을 이해하고 있습니까? 당신의 삶의 구체적인 현장에서 보혈의 능력을 어떻게 적용하고 있습니까?

나는 이 세상 누구와도 같지 않은 독특한 존재입니다.

하나님 안에서 존재화
되어가고 있는 존재

Being in becoming

3강
사랑의 정원사

나의 치유가 딸에게 흘러…

모범생이기만 했던 고3 딸이 갑자기 마음의
상처가 돌출되면서 환청과 환시에 시달리며
잠옷 바람으로 교회를 달려가서 크게 기도하기도 하는 이상한 모습을 보였다.
예수를 믿는 나를 핍박하던 남편과 나는 이 사실 앞에 망연자실…
딸은 축사 사역 등으로 전쟁을 치르다 입원까지 하게 되었다.
어둠과 절망!! 앞을 가늠할 수 없는 자욱한 안갯속에서…
이 상황에 헤세드 회복 세미나를 소개받았다.
회복이 더디기만 하던 딸을 보며 안절부절하던 내게
세미나의 말씀을 통하여 내 마음에 평강이 임하기 시작했다.
자유와 평강이 임하고 나의 내면이 회복되기 시작했다.
진리의 잣대로 가족을 닦달하고 요구하는 나의 모습이 사랑과 용납의 품이 되기 시작했다.
딸이 마음을 열지 않고 고립되어 있더라도 조급해 하지 않으면서 세미나에서 배운 대로
고통스러워하는 자체를 기다리며 품어 갈 수가 있었다.
때로는 강력하게 때론 폭발적으로 때론 잠잠하게 내 영혼의 필요를 만지시는 성령님을
경험하면서 내 안에 충만함이 딸에게 흘러 딸과의 관계가 회복되고
딸은 서서히 본래의 아름다운 모습을 되찾게 되었다. 지금은 결혼하여 행복하게 잘 살고 있다.
나는 지속적으로 훈련을 받으며 어느덧 이 사역에 스텝으로 섬기게 되었다.

** 권사

3강
사랑의 정원사

너희는 세상의 빛이라 산 위에 있는 동네가 숨겨지지 못할 것이요…이러므로 집 안 모든 사람에게 비치느니라 이같이 너희 빛이 사람 앞에 비치게 하여…(마 5:14-16)

그 안에 생명이 있었으니 이 생명은 사람들의 빛이라(요1:4)

하나님의 생명 = 빛

빛이 있으라!! 하실 때 이 빛은 해, 달, 별이 아닌 하나님의 창조 에너지입니다. 모든 에너지는 하나님의 창조 에너지로 가득 차 있습니다. 우리들의 존재를 통해 흐르는 분량만큼 우리를 위해 작용합니다. 하나님은 우리 안에도 밖에도 계십니다.

하나님은 생명의 원천이시며 창조주이십니다. 그분의 높고 깊음은 우리의 상상을 초월하는 영원한 실체입니다. 그러면서도 우리의 작은 몸 안에 거하시는 생명이라는 사실은 우리의 존재를 더욱 가치롭게 합니다.

전기시설이 완벽하게 갖추어져 있는 집이라 할지라도 콘센트에 연결해서 쓰지 못한다면 아무 소용이 없는 것처럼 하나님의 무한하고 영원한 생명의 빛도 지금 여기에 충만하지만 우리가 받아들이지 않으면 소용이 없습니다.

…하나님의 나라는 너희 안에 있느니라(눅 17:21)

이 지상에 있는 하나님의 나라는 우리 안에 있는 빛이며 하나님의 임재의 영역입니다. 하나님의 나라의 삶을 배운다는 것은 우리 안에 거하시는 하나님이 등불을 켜시도록 내어드리는 것을 배우는 것과 같습니다. 하나님은 우리를 통하여 이 땅의 하나님 나라를 채워가시기를 원하십니다.

생각이 우리를 지배한다

무의식이 우리의 내면 안에 몇%라고 했습니까? 90%입니다. 의식은 10%밖에는 안 됩니다. 10%밖에 안 되는 의식을 가지고 90%나 되는 무의식적인 마음에 대하여 자신을 통제하고 결심하고 결정해 나가려고 하는 것은 엄청나게 고통스럽고 힘든 것입니다. 이 부분을 어떻게 다스릴 수 있겠습니까?

무의식적인 마음은 우리의 이성에 대답하지 아니하고 암시에 대하여 대답합니다. 특별히 *'아그네스 샌 포드'*의 *'치유의 빛'*이라는 책에는 그분이 하나님의 놀라운 축복들을 이 땅으로 끌어 취하여 쓰는 아주 지혜로운 이야기들을 발견하고 이야기하고 있습니다.

이 무의식은 우리의 이성에 반응하는 것이 아니라 암시에 대하여, 우리의 사유에 대하여 반응하고 대답한다는 것입니다. 예를 들어 춥고 콧물이 나며 몸도 으슬으슬하게 추울 때 우리는 뭐라고 말합니까? '감기에 걸릴 것 같다' 합니다. 하나님이 우리의 육체에 백혈구를 주셨습니다. 백혈구는 특수한 임무를 맡았습니다. 백혈구는 우리 몸에 침입한 세균이나 이물질을 잡아 삼키고 분해하여 무독화 시키는 식균작용을 합니다. 이와 같이 하나님이 지으신 우리의 육체를 본래의 모습대로 보존하려는 하나님이 주신 자가 치료 장치가 우리 몸 안에 신비하게 많이 포함되어 있습니다.

그런데, 우리가 "아이고 감기 걸릴 것 같아. 아이고 추워"라고 말하면 우리의 무의식 세계가 그런 생각만 해도 우리 몸의 기능에 대해 능력을 발휘합니다. 무의식적인 마음이 '감기에 걸려라'하는 암시를 잡아끄는 것입니다. '감기에 걸릴 것 같다'라는 생각을 하면 우리의 내적 통제본부에서 실제로는 백혈구가 열심히 싸우고 있는데 "감기에 걸릴 것 같아요." 이렇게 말하면 혼돈이 일어난다는 것입니다. 백혈구는 바이러스를 잡아 먹으며 감기에 걸리지 않게 하려는데 나의 내적인 통제본부에 '감기 걸려라' 이렇게 얘기하는 셈이 되니까 이 두 가지 메시지에 대해 혼란이 온다는 것입니다. 그래서 감기에 걸릴 가능성이 훨씬 높아진다는 것이죠. 우리의 육체는 우리의 생각으로 통제를 받고 있습니다.

미국 하트매스 연구소의 닥 칠드리와 하워드 마틴 박사는 수년 간 세계인을 대상으로 최고의 보완 대체임상연구를 실시해 왔는데 사람의 DNA를 검사튜브 안에 넣고 실험 대상자에게 그 튜브를 들고 고통스런 생각을 하게 한 후에 그 대상자가 들고 있던 튜브 안의 DNA를 검사했더니 많이 손상되어 있었다고 합니다. 이어 그 동일한 DNA를 검사튜브 안에 넣고 실험 대상자에게 행복한 생각을 하게 한 후에 그 튜브 안의 DNA를 검사했더니 놀라운 결과를 얻게 되었습니다. 이미 손상되었던 DNA가 치유된 것을 발견하게 된 것입니다. 이 연구 결과로 신체적 요인보다 심리적 요인이 질병에 더 큰 영향을 미친다는 것을 알게 됐습니다.

이 실험의 결과가 말하는 것은, 우리가 어떤 생각을 하느냐에 따라서 그 생각은 우리의 몸에 영향을 미칠 수 있다는 것입니다. 그런 원리를 설명하면서 무의식적인 이 마음은 본래 하나님이 주신 것입니다. 슬픈 경험, 아픈 경험, 억울한 경험, 이 모든 것들을 무의식 속에 다 보관을 합니다. 이 때 우리의 상처도, 쓴뿌리도 무의식 안에 다 있습니다. 그렇기 때문에 하나님의 목소리와 정반대되는 목소리를 듣고서 하나님의 음성인 것처럼 착각할 수도 있습니다.

누구의 목소리에 귀를 기울이는가?

---

* 『힐링코드』 알렉산더 로이드, 벤 존슨 저, 시공사:2013

우리의 내면 안에 어두운 것들이 많이 들어 있을 때는 하나님의 목소리보다 사탄의 목소리를 들을 확률이 많습니다. 우리는 하나님의 음성을 들을 수 있고, 내 영도 하나님의 음성을 들을 수 있습니다. 우리는 하나님의 말씀을 통해서 하나님의 음성을 듣고 생활 가운데서도 하나님이 주시는 말씀을 들을 수가 있습니다. 하나님의 말씀을 한 번도 못 들어본 사람은 아무도 없습니다. 우리가 깨닫지 못했을 뿐입니다. 그런데 **우리의 무의식 안에 어두움의 기억들이 많이 있을 때는 어두움의 목소리를 많이 들을 수 있고 이것이 하나님의 목소리로 가장될 가능성이 많다는 것입니다.** 그래서 하나님의 목소리와 정반대되는 목소리를 듣게 됩니다.

네 안의 빛이 어둡지 아니한가?

> 그러므로 네 속에 있는 빛이 어둡지 아니한가 보라(눅 11:35)

또한 내 안에는 하나님의 빛이 있습니다. 이것은 하나님의 생명입니다. 이 빛은 하나님이 '빛이 있으라!' 할 때부터 온 우주 가운데 존재하던 그 빛이었습니다. 온 우주 가운데 가득 있는 그 빛을 우리는 끌어다 쓰는 것입니다. 그런데 그 빛을 끌어서 쓸 줄 모르면 우리는 항상 에디슨이 전기를 발견하기 이전에 촛불을 켜거나 호롱불을 켜고 살 수 밖에 없었던 그 시절처럼 살 수 밖에 없지 않겠습니까?

> 온갖 좋은 은사와 온전한 선물이 다 위로부터 빛들의 아버지께로부터 내려오나니 그는 변함도 없으시고 회전하는 그림자도 없으시니라(약 1:17)

생명의 광합성을 활용해 보세요.

빛들의 아버지로부터 모든 좋은 것들이 온다고 했는데 우리는 이것들을 하나도 취하여 사용하지 않고 억울하게 살아가고 있다는 것입니다. 그러면 우리는 어떻게 해야 할 지를 앞의 예들 중 감기에 걸리려고 할 경우를 봅시다.

나는 감기에 걸릴 것 같아 라는 생각이 들 때 주로 우리는 어떻게 해야합니까? 감기에 걸릴 것 같다는 느낌이 들어서 그렇게 느끼고 말하는 것은 자연스러운 것입니다. 춥고 떨리고 코가 맹맹하고 오한이 오고 분명히 감기가 오고 있음을 알 수 있습니다. 그렇게 감기가 오는구나 받아들이고 환영하면 감기에 걸립니다. 그러나 감기가 오지 않게 하려면 내 코나 내 목이나 나의 이 몸은 하나님의 불빛으로 가득 차 있는 것을 상상하며 "감기 바이러스가 목에 생기고 코에 생겼다 할지라도 지금 즉시 예수님의 이름으로 멸균될 지어다! 주님, 나는 지금 나의 모든 내부 기관을 새롭게 창조하시는 하나님께 감사드립니다!" 하고 선포하는 것입니다.

"내 몸은 지금 이 순간에도 하나님의 빛들로 충만하다!" 이것이 생명의 광합성입니다. 지금도 여러분은 생명의 광합성을 하고 있습니다. 우리는 이미 생명의 광합성을 하고 있지만 사용방법을 알지 못하여 사용하지 못하고 있는 것입니다. 이것은 전기 시설이 다 되어 있는 집에서 콘센트를 연결하지 않고 전기가 없다고 생각하고 다리미를 사용하지 못하는 것과 같습니다.

우리는 이미 하나님의 빛에 다 노출되어 있는 자들입니다. 이 얼마나 놀라운 일입니까!

지금 저와 여러분은 하나님의 생명의 빛에 노출되어져 있습니다. 우리의 영과 육이 생명의 광합성을 하고 있습니다. 내가 의식적으로 다림질을 할 때 전기코드를 꽂고, 온도를 맞추고 사용하느냐에 따라서 그 빛을, 그 전기를 마음대로 편리하게 쓸 수 있습니다. 그런데 전혀 전기가 나오는 상관이 없는 것처럼 살면 아무 상관이 없는 것입니다. 전기가 온 세상에 충분히 있어서 우리가 마음껏 컴퓨터도 쓸 수 있고 밥도 하고 전자레인지도 사용합니다. 할 수 있는 사람은 온갖 것을 다 사용합니다. 그것을 사용할 줄 모르면 시골의 할머니가 세탁기를 가져다 놓아도 한 번도 쓰지 못하는 것과 같습니다. 세탁기를 갖다 놓았지만 습관대로 우물 곁에 가서 손으로 빨래하고 사용법을 가르쳐 드려도 전혀 배울 생각도 않고 써볼 생각도 안하는 것입니다. 그러면 항상 손으로 빨래를 해야 하고 전기를 사용하는 편리함을 전혀 누릴 수 없습니다.

권능의 콘센트에 꽂아라

빛이신 하나님이 우주 가운데 충만합니다. 우리 몸에도 60mA의 전류가 흐릅니다. 몸 속에 흐르고 있는 전기 시스템에 문제가 생기면 건강에 악영향을 미친다고 합니다. 우리는 그냥 고깃덩어리가 아닙니다. 그냥 고체가 아닙니다. 우리 몸은 놀라운 생명의 에너지로 구성되어 있습니다. 그리고 하나님의 빛이 나에게 계속 흘러오고 있습니다. 거기에 내가 콘센트를 꽂는 작업을 해야 됩니다. 전기를 꽂는다는 것은 "주님! 주님 사랑합니다. 이곳에 오십시오." 하고 부르면 멀리 계시는 주님이 쫓아오는 것이 아니라 내 안에 계시는 주님이 그냥 응답하시는 것입니다. 그와 마찬가지로 내가 주님의 권능에 콘센트를 꽂는 것과 같은 것입니다. 그 다음에는 작동을 하게 하는데 이것이 우리에게 이미 주신 놀라운 축복입니다.

이것을 계속해서 되면 1단계, 2단계, 3단계 이렇게 따로 나누어서 생각하지 않아도 될 만큼 이미 우리 모든 사람 안에는 치유의 권능이 흐르고 있다는 것입니다. 이런 특별한 치유의 은사가 있는 분들이 있습니까? 그러나 성경은 우리 모두에게 뭐라고 이야기하고 있습니까?

…나를 믿는 자는 내가 하는 일을 그도 할 것이요…(요 14:12)

성경은 나를 믿는 자는 할 수 있다고 했습니다.
우리는 예수님을 믿는 자요, 빛의 아들들로서 빛의 삶을 그분이 하신 것처럼 우리도

---

* https://m.blog.daum.net/bestlaminin/525

살 수 있는데 우리는 자신의 정체성을 알지 못함으로 하나님의 말씀을 함부로 대하고 무시하기 때문에 이것이 내 것이 안 된다는 사실입니다.

거꾸로 법칙

만약에 코가 막히고 힘들 때 짜증을 내면 절대로 내 안의 무의식적인 마음은 긍정적으로 반응을 하지 못합니다. 하나님께서 가르쳐 주신 원리가 이와 같습니다. 악은 악으로 이기지 말고 악은 선으로 이기고, 왼쪽 뺨을 때리면 오른쪽 뺨을 내어놓고, 미운 사람은 사랑하고, 또 죽으면 산다입니다. **완전히 거꾸로 입니다. 거꾸로! 이 안에 진리가 있습니다.**

살아 있는 물고기는 물이 흐르는 대로 따라서 가지 않습니다. 죽은 물고기는 물이 흐르는 대로 그냥 떠내려갑니다. 이것은 우리가 이 세상을 살아가는 모든 부분의 이치를 점검해 볼 수 있는 기회가 됩니다.

나만 뒤쳐지는 것처럼 느껴져서 불안하니까 남들 사는 것처럼 살고, 남들 다 하는 것 안하면 나 혼자만 소외되는 것 같으니까 그렇게 살아갑니다. 이렇게 남 따라 살면 살아있는 영혼이라고 할 수 있겠습니까? 살아있는 사람은 거슬러 올라 갈 수 있는 힘이 있습니다. 물을 역행해서 갈 수 있는 능력이 우리 안에 있습니다.

하나님께서 여러분의 무의식적인 마음까지 치유하고 회복하기를 원하고 계십니다. 우리 내면에서 아플 때 짜증내면 더 아파집니다. 그래서 *아그네스 샌 포드*는 말합니다. 만약에 튀김을 하다가 기름이 튀어서 손을 데였습니다. "아이, 네가 이것을 이렇게 놔서 어쩌고 저쩌고..." 막 화를 내면 더 많이 아프다는 것입니다. 그럴 때 살짝 덴 거라면

---

* 『치유의 빛』아그네스 샌포드, 한국양서:1994

찬물에 손을 헹구면서 잡아주면서 "축복한다!" 그러면 우리의 내면에서 우리의 목소리에 순응하게 된다고 말합니다. 그런데 짜증을 내거나 화를 내면 더 심하게 아파진다고 합니다.

사랑의 정원 가꾸기

믿음은 미리 보는 것, 바라는 것들의 실상입니다!

사랑의 정원사! 우리는 이렇게 살아갈 수 있는 자들입니다. 우리 안에는 굉장한 능력이 있습니다. 우리는 사랑의 정원사라고 표현할 수 있습니다.

지금 하나님의 치유의 빛이 우리의 연약한 부분으로 흘러 들어오고 있고 또 우리가 그 빛을 계속 받아들이므로 우리의 본래의 모습대로 회복되어 가고 있습니다. 우리의 눈으로 그것을 보고 그것을 생각하는 것입니다. 우리가 집을 지을 때 내 마음에 이미 그 집의 설계도를 그립니다. 여기는 연못을 만들고 여기는 화단을 만들고 이런 것들을 내 머릿속에 그려놓고 그것을 미리 보는 겁니다. 믿음은 그것을 미리 보는 것입니다. 우리가 미리보는 그것은 실상이며 나의 연약한 부분, 위장, 혹은 췌장, 혹은 나의 연약한 관절, 나의 이 연약한 부분에 이미 하나님의 빛이 임하고 있습니다. 그럴 때에 여러분 손을 한 번 만져 봅니다. 여러분의 손을 그 자리에 얹고 '주님! 하나님의 치유의 빛이 내 몸에 임하고 있음에 감사합니다.'

그렇게 여러분의 손은 진동을 합니다. 그 진동은 우리의 육신적인 감각으로 느낄 수가 없더라도 빛의 역사는 일어나고 있습니다.

예수님이 떡과 물고기를 축복하시고 제자들에게 떼어주셨습니다. 우리는 음식물도, 사람들도 축복해야 합니다. 제가 우리 아이들이 어릴 때 코가 막히고 열이 나고 할 때 따뜻한 물 한잔에 소금을 살짝 넣고 축복한 다음 마시게 하고 어루만져 주면 감기가 떨어졌습니다. 손을 얹어 주면 너무 뜨겁다고 하면서 "엄마의 건강에 이상이 있는 것 같다"라고 말했습니다. 엄마 손이 뜨거워질 수도 있고 안 뜨거워질 수도 있습니다. 안 뜨거워졌다고 해서 아무 일이 일어나지 않는 것은 아닙니다.

하나님이 이미 그곳에서 역사하고 계십니다. 그것을 그대로 받아들이고 취하면 되는 것입니다. 그러면서 1단계를 나 자신에 대해 그렇게 하시면 됩니다. 다른 사람을 위해서도 그렇게 하시면 됩니다. 이 진리를 꼭 기억하시면 좋겠습니다.

사랑과 용서

> 내가 천국 열쇠를 네게 주리니 네가 땅에서 무엇이든지 매면 하늘에서도 매일 것이요 네가 땅에서 무엇이든지 풀면 하늘에서도 풀리리라 하시고(마 16:19)

치유를 위한 처음 단계는 사랑하고 용서하는 마음으로 상대를 대하는 것입니다.

그러나 내 안에 치유가 먼저 있어야 합니다. 어떤 사람에 대하여 미워하고 분노하고 화가 나서 어떤 사람은 '뜯어먹고 싶다'라는 이런 표현을 하는 사람도 있었습니다. 그 정도로 열이 나 있으면 우리 자신이 먼저 치유받아야 합니다. 치유되고 나면 자연스럽게 내면에 대하여 우리 자신을 더 잘 다룰 수가 있게 됩니다.

첫 번째 단계가 사랑과 용서이고 사랑은 곧 용서입니다. 꼭 손을 얹지 않더라도 내가 내 마음으로 그렇게 축복할 수 있습니다. 어떤 사람이 올 때에 아주 고약한 마음과, 미움을 가득 담고 있는 사람을 쳐다보면 민감한 사람은 그 사람의 나쁜 영적인 것이 느껴집니다. 그런데 사랑과 축복을 가지고 어떤 사람을 대하게 됐을 때 그 영적인 파장이 그에게 미치게 됩니다.

심각한 마음으로 그렇게 할 필요는 없습니다. 우리의 몸은 언제나 자연스럽고 유연하게 게임이나 놀이를 하는 것처럼, 기쁨으로 행복한 마음으로 그렇게 하면 됩니다. 여러분을 굉장히 괴롭혀온 사람이나 여러분과 성격이 너무 맞지 않는 사람에게도 가능합니다.

우리는 치유의 빛을 소유한 사랑의 정원사

*아그네스 샌 포드*는 '*치유의 빛*'에서 실험한 내용을 기록하고 있습니다. 마른 나무가 시들시들할 때 물을 주면 조금 있으면 살아납니다. 우리는 그러한 사랑을 상대에게 보낼 수 있는 자원들을 가지고 있다는 말입니다. 정말 성가신 아이, 문젯거리인 아이, 이런 사람에게 우리는 때로 "주님 이 인간을 좀 바꿔주세요. 원수예요. 원수." 이렇게 표현하기도 합니다. 아이들도 엄마 아빠가 미울 때 핸드폰에 이름을 '웬수' 이렇게 입력하는 것을 보았습니다. 이 정도로 미우면 그렇게라도 발산하는 겁니다. 남편이 아내에게 그럴 수도 있습니다. 웬수라고 표현할 때는 얼마나 괴롭혔으면 그렇게 표현하겠습니까?

TV에 부부가 퀴즈 맞히기를 할 때 천생연분을 맞춰야하는데, "당신하고 나하고 사이를 뭐라고 하지? 있잖아 당신하고 나하고 사이! 넉자! 넉자야!"라고 하니까 "평생 원수"라고 답을 했습니다. 우리는 평생 원수를 만나서 살아야 합니까? 연애할 때는 너무나 좋았는데 만나고 보니까 웬수라... 안 그런 사람 있습니까? 진짜 한결 같이 한 평생 이 사람은 너무 고맙고 좋은 배우자야. 그런 사람이 1%도 안됩니다. 100명 중에 1명도 잘 없습니다. 어떤 때는 잘 나가다가도 '이 인간하고 어떻게 같이 사나 남은 평생을...' 그런 생각들이 우리에게 올 수 있습니다. 우리는 대부분 결혼 후에 속았다라고 생각합니다. 안속은 사람 있습니까? '내가 처음에 기대했던 사람이야. 볼수록 좋아, 볼수록' 그런 사람 있습니까? 그런데 사람은 볼수록 '이 무슨 놈의 웬수야...' 이렇게 순간 순간 변할 때가 너무 많습니다.

사랑의 정원사가 되어

지금 여러분께 알려 드리는 엄청난 비밀입니다.

"내가 세상의 빛이다. 내가 이 땅에서 무엇이든지 매면 하늘에서도 매고 풀면 풀린다."

*아그네스 샌 포드*가 고층 건물의 엘리베이터를 탔습니다. 한 아가씨의 어깨가 축 늘

어져서 얼굴에 근심과 걱정이 가득한 우울한 얼굴로 있습니다. 엘리베이터 보이가 "누나~ 요즘 일하는 거 어때요?"라고 물었습니다. 그랬더니 "시작하기도 전에 싫증이 났어" 이러면서 퉁명스레 한마디 하고 끝을 냅니다. 그때 *샌 포드*가 축복을 합니다. '예수님의 이름으로 당신을 축복합니다!' 모르는 사람을 축복하면 이상하지만, '내가 보고 서 있는 사람을 나는 축복합니다!' 하고 축복을 보냈습니다. *아그네스*의 눈에는 근심과 걱정이 가득 차고 찌그러진 얼굴, 두 손에 짐이 가득 들려져서 어깨도 축 처져있는 아가씨를 보고 있지만 그 사람이 회복된 모습을 미리 그려보고 이렇게 표현했습니다.

'하나님의 아기인 너의 신선하고 기쁨에 찬 모습을 보고 있다.'

이것이 중요합니다!!!

우리는 대체로 어떤 사람을 위해서 기도할 때 그 사람이 잘못하고 있는 모습을 굳게 바라보면서 이 인간을 좀 바꿔주시기를, 발목을 부러뜨려서라도 이 인간 좀 바꿔주시기를 기도합니다. 그러나 이런 기도는 응답받지 못합니다.

그 상대의 축 처진 어깨가 올라오고, 어두운 얼굴엔 미소를 머금고, 정말 하나님이 주신 본래의 모습대로 회복된 그 모습을 이미 보고 있는 겁니다. 그 모습을 보면서 그를 축복하는 겁니다.

이런 기도가 잘 응답되는 것은 영적인 원리입니다. 나의 기도를 통해서 하나님께서 이 아가씨 안에 역사를 행하고 있습니다. 그 힘이 지금 들어가고 있는 중입니다. 그럴 때 즉각 엘리베이터가 멈추기도 전에 아가씨의 움츠렸던 어깨가 펴지면서 그 소년에게 "아니야, 인생이란 그렇게 나쁘지만은 않은 것 같아. 난 오늘 좋은 일이 생길 것 같아."라고 말하면서 경쾌한 얼굴을 하고 씩씩하게 가더라는 것입니다. *샌 포드*는 이렇게 표현하고 있습니다. 식물에 물을 준 것보다 좀 더 빠른 속도로 회복되었다.

---

* 『치유의 빛』 아그네스 샌포드, 한국양서:1994

자기(중보자)가 하나님의 영으로 충만할 때 더 빠르게 응답받게 되더라는 것입니다.

　또 한 가지 예를 이야기하고 있습니다. 어떤 아이가 이것을 배워서 아침에 일어나서 엄마가 최고로 기분이 좋을 때의 모습을 마음에 그렸습니다. '엄마 아빠가 행복할 때의 모습이 어떠할까' 하고 엄마에게 내가 생각하고 있는 축복이 엄마에게 흘러가서 엄마 아빠가 회복되고 있는 그 모습을 그리고 있었습니다. 조금 있으니까 엄마가 들어왔습니다. 아주 밝은 얼굴로 들어오더니 자기에게 뽀뽀를 해주면서 "샘 고마워" 하며 축복을 해주고 안아주더라는 것입니다. 아빠도 "야, 너 오늘 좋은 하루되어라." 하고 말씀하셨습니다. 그런데 그 아이는 "우리 엄마 아빠는 한 번도 나에게 이렇게 대해 본 적이 없는 분들이에요."라고 실험 후 이야기하였습니다.

　또 한 가지 사례도 기억을 하십시오. 사위하고 엄청나게 반감이 많은 장모가 있었는데 **샘 포드**에게 찾아와서 "나 죽겠어요. 내가 날마다 사위를 용서하느라고 얼마나 고생하는지 몰라요 이제는 내가 견딜 수가 없어요.", "종일 그를 용서하는데 시간을 다 소비해요. 내가 그에게 화를 내고 있는 것은 아니고 내가 지금 상처를 입고 있어요. 그래서 먹지도 못하고 잠도 자지 못하고 힘들어 하고 있어요. 어떻게 하면 될까요?"

　샘 포드는 그 장모에게 "지금 이제 배웠죠? 사위가 **최고로 행복할 때의 모습을 그리면서 그를 축복하고 그에게 하나님의 영이 지금 흘러들어가고 그를 회복시키고 아름다운 사람으로 회복시키고 있는 모습을 그리면서 감사하는 거예요.**"라고 말했다. 그리고 장모는 그대로 그 모습을 그리며 행했을 때 수천 마일 떨어져 있는 이 사위하고 관계가 아름답게 회복되었다는 것입니다. 오랫동안 사위하고 관계가 두절돼 있었지만 그 이후로 너무나 친밀한 관계로 회복되었다는 것입니다.

　이 기도가 조금 믿을 만합니까? 나하고는 상관이 없어 보입니까?

　우리는 소금입니다. 소금은 '나는 짠맛이야. 좀 더 먹어. 그것 넣어갖고 되겠어? 좀 더 먹어.' 소금은 그렇게 하지 않습니다. 호박 죽에 소금이 적당량이 들어가면 훨씬 더 맛있습니다. 어떤 것에 간이 적당하게 배어야 그 맛이 살아납니다. 자기 특성을 고집하지 않습니다. 이것이 소금입니다. 마치 우리는 소금과 같습니다. 나의 특성을 고집하지 않으면서 상대방을 살리는 역할을 하는 것입니다. **"나는 살리는 자입니다!"** 한 번 축복해 줍시다. 나와 당신은 살리는 자입니다. 나 때문에 누가 살겠습니까. 우리는 살리는 자입니다. 이 살리는 영을 우리는 안에 이미 가지고 있습니다.

어떤 분이 아이들이 막 짜증스럽고 심술부리고 기분이 안 좋은 상태에서 집에 돌아왔을 때 그럴 때에도 "야~ 왜 그래!"라고 화를 내는 대신에 아이들이 가장 행복하고 바람직한 모습을 이미 자기 안에 그리면서 그들을 축복했습니다.

'부디 나를 통해서 이 시간 성령님을 보내사 저 아이들이 행복하고 화목하고 친절하도록 만들어 주셔요. 감사합니다. 나는 당신이 그렇게 하고 있음을 믿습니다.'

중요합니다. 권능의 하나님께 집중하고 내가 원하는 최상의 행복한 상태를 그리면서 주님의 성령을 초청해서 기도하고 그렇게 되고 있는 것에 감사해야 됩니다.

샌 포드가 말합니다. 우리가 감사하지 아니하므로 하나님이 주실 기도의 응답을 굉장히 많이 놓치고 있다고…
너의 구할 것을 감사함으로 하나님께 아뢰라. 감사함으로… 그렇게 되어 가고 있음을 감사합니다. 그렇게 되고 있음을 믿습니다. 아멘.

아이들이 다투고 있을 때도 나를 괴롭히고 있는 사람에 대해서도 그게 가능하더라는 것입니다. 이제 이러한 축복, 생명의 광합성 기도가 여기까지 발전해 갔습니다. 이

번에 이것을 많이 실험해 보셔서 축복의 기회가 많아지길 바랍니다.

악을 선으로

이 일들을 제대로 하기 위해서 내 안에 있는 거절감, 열등감 이것들을 먼저 치유받아야 합니다. 내면세계와 더불어 갈등하면서 악을 악으로 대항하면 어떻게 됩니까? 더 강화됩니다. 악에 대해서 내가 악으로 반응하면 악이 자꾸만 더 세집니다. 더 강해져서 나에게 더 큰 악으로 다가오게 되어있습니다. 우리는 이기는 것처럼 보입니다. 그러나 근본적으로는 그렇지 않습니다. **악에 대해 악으로 반응하면 악이 더 강화됩니다. 우리 내면이 치료받지 않으면 대체로 이런 원리로 자연스럽게 살게 되는 것입니다.**

치유되고 나면 우리의 내면의식에 대해 어린아이 다루듯이, 장난하듯이, 제일 먼저 하나님의 사랑에 접속하는 겁니다. 콘센트를 꽂습니다. 그분은 이미 우리에게 오셨습니다. 오셔서 계시기 때문에 주님! 하고 반응하면 그분은 얼굴을 들고 나를 바라보시고 내가 너에게 무엇을 해줄까 하십니다. 내가 바라는 그 모습을 그립니다. 여러분 가족들 안에서 그것을 할 수 있겠습니까? 믿음은 바라는 것들의 실체입니다.

실제로 해보십시오. 분명히 효과가 있을 겁니다. 어떤 모습일지라도 효과가 있을 겁니다. 되어지고 있는 모습을 그리면서 감사하십시오. 중요한 것은 우리 모든 사람들은 다 방어기제가 있습니다. 우리 안에 있는 어떤 문제, 어떤 스트레스든지 갈등 앞에 갔을 때 우리는 방어기제를 쓰게 됩니다. 방어기제에 대해서 알고 있습니까?

가장 확실하고 안전한 방어기제 : 사랑

인간은 어떤 식으로든지 자기 자신을 보호하기 위해서 방어기제를 쓰게 되는데 여러분에게 가장 확실한 방어기제를 성경은 말하고 있습니다. **가장 안전한 기제는 바로 '사랑'입니다. 사랑!! 사랑과 용서가 가장 완전한 방어기제입니다.**

사랑과 용서!!

정말 멋진 말 아닙니까?

가장 완전한 방어기제. 이것을 우리는 모릅니까? 아닙니다. 알고 있는데 사용을 못하고 있습니다. 그러므로 우리 내면 안에 있는 독을 뽑아 내어야 합니다. 이러한 하나님 나라에 사랑의 정원사로 살기 위해서 다음 장들에서 다루는 내용이 꼭 필요합니다.

악에 대해 악으로 반응하면 악이 더 강화됩니다. 그래서 예수님께서는 선으로 악을 이기라고 하셨습니다.

우리는 하나님께서 부르신 사랑의 정원사들입니다. 어떤 타인에 대해서도 그 사람의 최고로 행복한 상태를 그리면서 그렇게 될 것을 감사함으로 아뢰며 그대로 이루어짐을 믿는 자들입니다. 믿음은 미리 보는 것입니다. 우리는 소금처럼 나의 특성을 고집하지 않으면서 맛을 살리는 역할을 하는, 상대방을 살리는 영을 우리 속에 이미 가지고 있습니다.

사랑과 축복의 마음으로 상대방을 대하면 그 영적인 파장이 흘러갑니다. 우리가 이 땅에서 무엇이든지 매면 하늘에서도 매이고, 풀면 하늘에서도 풀립니다.

1. 내 안의 어두운 목소리는 어떤 것들이 있습니까? 하나님의 목소리와 반대되는 목소리는 어떤 것들이 있습니까?

2. 예수님께서 말씀하신 '거꾸로 법칙'은 어떤 것들이 있습니까?

3. 악을 선으로 반응하려면 어떻게 해야 할 수 있을까요?

4. 최고로 행복한 상태를 그리면서 사랑과 축복의 마음을 부어줄 사람들을 떠올리고 나누어 봅시다.

5. 내가 이 땅에서 매고 있는 것들은 어떤 것들이 있는지 생각해보고 풀어짐을 **큰 소리로 선포해 봅시다.**

당신은 하나님의 영광입니다

분래대로
BEING IN
BECOMING

2부: 치유

나는 나의 능력과 소유에 상관없이 소중한 존재입니다

하나님 안에서 존재화
되어가고 있는 존재

Being in becoming

4강
거절감의 치유

한 목회자가 억울한 누명을 쓰고 명예와 인격에
먹칠을 당하고 섬기는 교회도 잃었습니다.
주위 사람들로부터 오해와 의심을 받아 너무도 억울하여
자신의 그렇지 않음을 증명해 보려고 온갖 발버둥을 쳤지만
그렇게 할수록 문제는 더 악화되어 갔습니다.
누명을 벗을 길이 없어 고민하다가 모든 것을
주님께 드리고 자신을 내려놓은 채
밟히고 또 밟혀 보니 오히려 담대해지고 평강이 오더라는 것입니다.
인정받을 수 있는 권리를 포기할 수 있을까?
위로 받을 수 있는 권리, 사랑받을 수 있는 권리, 이해 받을 수 있는 권리,
상처 받았다고 말할 권리인 나의 소유, 나의 방법을 포기할 수 있을까.

하나님은 이러한 권리 포기를 통하여 우리의 모난 부분을 다듬으시고
하나님을 신뢰하는 것을 배우게 하십니다.

4강
거절감의 치유

주의 성령이 내게 임하셨으니 이는 가난한 자에게 복음을 전하게 하시려고 내게 기름을 부으시고 나를 보내사 포로 된 자에게 자유를 눈 먼 자에게 다시 보게 함을 전파하며 눌린 자를 자유롭게 하고 주의 은혜의 해를 전파하게 하려 하심이라 하였더라(눅 4:18-19)

눈 먼 자를 다시 보게 하고 포로된 자에게 자유를 주고 눌린 자도 자유롭게 하는 은혜의 해를 우리가 어떻게 누릴 수 있는지를 배워가는 이 놀라운 축복, 그 축복으로 고통의 이 세상, 어두운 세상을 살아야 되겠습니다.

모든 사람과 더불어 화평함과 거룩함을 따르라 이것이 없이는 아무도 주를 보지 못하리라(히 12:14)

하나님의 백성이 주님을 만나면서 살 수 있는 것은 자연스러운 특권입니다. 우리는 어쨌든 주를 봐야 천국입니다. 주님을 봐야 문제가 접수되고 주님을 봐야 문제가 구원되는 겁니다. **모든 사람으로 더불어 화평함과 거룩함을 따르라. 이것이 없이는 아무도 주를 보지 못하리라.**

주를 보지 못하면 예수쟁이가 무슨 생명이 있습니까? **화평이라는 것은 관계의 회복입니다. 화평은 거룩함입니다. 관계가 회복되고 화해되고 화목되었다는 것은 거룩함이 회복되었다는 것입니다.** 이것이 없으면 하나님 보는데 많은 지장이 있게 됩니다.

우리 안에 쓴 뿌리가 있습니다. 이 상처에 싹이 나서 한 줄기만 자라나는 것이 아니라, 여기서 쑥! 올라올 때도 있고 저기서 하나 쑥! 올라올 때도 있습니다.

우리 내면 안에 있는 쓴 뿌리, 이 상처가 올라와서 터무니없이 여기서 저기서 열매를 맺고 문제가 생길 때마다 하나하나 싹둑 자른다고 없어지지 않습니다. 쓴 뿌리는 생명이 있습니다. 생명이 있어서 잘라도 또 올라오고 잘라도 또 올라옵니다. 자르는 것은 우리가 많이 해봤습니다. 자주 잘라봅니다. 그리고 없는 것처럼 보였는데 조금 있으면 또 나옵니다. 우리가 이 작업을 근원부터 시작하면 남은 줄기를 제거하는 것은 쉬워집니다.

뿌리를 캐는 작전! 이것은 어찌 보면 근본적인 것으로 평생하는 작업이라고 할 수 있습니다. 우리가 이 과정을 한 번 했다고 해서 성자가 되는 것은 아닙니다. 그렇지만 이 과정을 간과해서는 안됩니다.

이 쓴 뿌리가 있는 밭은 가라지를 뽑고 기경하지 않으면 아무리 좋은 씨앗을 뿌려도 좋은 열매를 기대할 수 없습니다.

우리의 뇌가 컴퓨터와 같기 때문에 기억장치를 다 가집니다. 잠재적인 의식의 바구니에 한 번 입력되면 스스로 소멸되지 않습니다. 없어진 것이 아니라 그 안에 있습니다. 기회를 만나면 툭 튀어나오게 됩니다. 10년 있다가 튀어나올 수도 있고 30년 있다가 어떤 사건을 만날 때 튀어나올 수도 있습니다.

깨어진 마음

우리 마음 안에 가지는 것 중에 가장 아픈 마음이 무슨 마음일까요? 그러나 이 부분은 열심히 설명드리지 않아도 이 세상은 우리가 거절당하는 상처로부터 면제받을 수 없게 만들죠? 거절당하는 마음, 상대로 인하여 나의 존재를 부정당하는 마음이 가장 큰 아픔이 아닐까요?

예수를 믿는다고 해서 거절의 상처로부터 면제받지 않습니다. **우리 안에는 이미 원죄를 유전받았고 원죄로 인하여 깨어진 상한 마음이 우리 안에 있습니다. 그 깨어진 상한 마음은 다르게 표현하면 거절 받은 마음입니다.**

왜 깨어졌느냐? 죄로 인하여 깨어졌습니다. 하나님의 형상이 원죄로 인하여 깨어졌습니다. 원죄가 있다는 것은 우리 마음 안에 깨진 마음이 있다는 겁니다. 그 깨진 마음이 원마음입니다.

여러분 원죄가 없는 사람이 있습니까? 우리는 다 원죄를 가지고 태어났습니다. 원죄가 있다는 것은 마음이 깨어졌다는 것입니다. 우리가 읽었던 말씀 중에 **마음이 상한 자를 고치며** 이것이 영어표현에 **깨어진 마음(broken hearted)을 붙여주며**(bind up) 이렇게 표현되어 있습니다. 마음이 깨어지면 하나님의 은혜를 아무리 받아도, 부흥회를 아무리 다니고 말씀을 아무리 듣고 해도 **밑 빠진 독에 물을 붓는 것과 같습니다. 매일 은혜를 받은 것 같은데 다 소멸되고 어디로 갔는지 없습니다.**

마음이 깨졌다는 것은 에덴동산에서 하나님께 죄를 범하면서 거룩하신 하나님과 함께 살 수 없게 되어 그 거룩한 곳에서 추방을 당한 것과 같습니다. 죄를 짓는다는 것은 버림받는다는 것과 동일한 감정을 갖습니다. 죄를 지으면 '너는 죄를 지었으니 벌을 받아야 돼' 이 과정까지 안 가더라도 죄를 짓는 그 순간부터 깨어진 마음이 되고 되고 버림받는 쓰린 마음이 오게 되는 것입니다. **이 마음은 다르게 표현하면 열등감이나 죄의식과 같은 것입니다. 지금 여기서 이야기 하는 거절 받는 마음은 열등감, 죄의식과 별**

로 구분되지 않습니다.

이 세상은 심한 경쟁 사회입니다. 이 경쟁에서 우리는 지지 않으려고 얼마나 열심히 달려갑니까? 많은 이들이 한 목표를 향하여 열심히 달려가고 있습니다. 하나님의 마음이 아니면 다 똑같이 됩니다. 이 버림받은 마음은 내 마음 안에 깊은 열등감이나 죄의식과 다르지 않다고 했습니다. 이 마음은 화가 날 수 밖에 없습니다.

깨어진 마음은 부드럽고 겸손하고 기뻐하고 마음이 즐거운 것이 아니라 툭 하면 화가 나는 겁니다. 왜 화가 나는지 알 수가 없습니다. 건드리면 화가 납니다. 이 사람이 화를 낼 일도 아닌데 무엇 때문에 그럴까? 분노가 차 있으면 분노가 나옵니다. 이런 마음은 그 무엇으로도 채울 수가 없습니다. 깨진 마음이기 때문에 뭔가를 갖다 부어도 다 새어 나가버리게 되므로 마음이 고픈 것입니다. 스트레스를 받으면 자꾸 먹습니다. 마음이 고픈데 배가 고픈 줄 알고 자꾸 먹습니다. 내 마음의 허전함을 채우기 위해서 자꾸 먹습니다. 마음이 고프다는 것은 외로운 겁니다. 그래서 친구를 찾고 이성을 찾습니다. 사람에게 집착하고 이성에게 집착하지만 그러나 우리는 그 이성이, 결혼한 그 사람이 나의 이 주림을 채워줄 수 없다는 것을 발견하게 됩니다.

우리 인생은 그래요, 지금 나와 결혼한 이 배우자가 나의 이 근본적인 주림에 대해 채워줄 수 있는 사람입니까? 어때요? 여러분은 여러분의 배우자의 깊은 공허를 채워줄 수 있습니까? 저와 결혼한 배우자는 나로 인하여 너무나 행복할 것이라고 생각했습니다. 나로 인하여 행복한 것 같았습니다.

그래서 나는 우리 시부모님, 형제들, 남편 모두를 행복하게 할 수 있는 사람인 줄 알았습니다. 그런데 어느 날 내가 그들을 행복하게 해 줄 수 없다고 생각했을 때 얼마나 실망을 했는지 모릅니다. '아~나 때문에 행복해야 되는데...' 그때부터 깨지고 무너지면서 내 모습을 보았습니다.

하나님만이 채우실 수 있다

우리의 이 상한 마음에 대해서는 누구도 채울 수 없고 인간으로서는 해결할 수 없습니다. 그런데 오늘 이 시간 이전의 것들에 대해 **하나님은 할 수 있으시니** 그것을 여러분에게 소개합니다.

여러분! 하나님만이 하실 수 있습니다.

마음에 깊은 상처가 있는 사람은 어디엔가 묶여 있습니다. 어떤 사람은 지나치게 아내에게 집착합니다. '내가 엄마에게 받지 못한 거 당신이 다 내놔야 돼. 다 줘야 돼.' 자기도 모릅니다. 모르지만 그렇게 살고 있습니다. 엄마에게 받지 못한 거 다 받고 엄마에게 화내지 못한 거 아내에게 다 화내고, 아내들도 다 마찬가지입니다. 아빠한테 받지 못한 거 남편한테 다 받으려고 합니다.

내면에 감추인 모습이 가장 많이 나타나는 곳이 결혼 관계입니다. 결혼은 우리의 벌거벗은 마음을 다 표현할 수 밖에 없습니다. 아무리 포장하고 아무리 신사숙녀처럼 행동하려고 해도 나의 있는 모습 그대로를 보여줄 수밖에 없습니다. 그런데 우리의 가족들은 우리에게 요구하고 있습니다.

태아도 거절감을 느낍니다.

인간은 알고도 상처를 주고 모르고도 상처를 줍니다. 태아도 이런 감정을 민감하게 받습니다. 잉태되는 순간 '준비되지 않은 결혼이야. 이 아이는 가지면 안 돼.' 이런 마음을 가지면 이 아이는 그때부터 거절감을 가지는 겁니다.

잉태될 때부터 부모나 바깥의 사람들이 태아인 나를 얼마나 환영하느냐를 태아는 모두 느낍니다. 특별히 태아 10개월 동안은 엄청 민감합니다. 개념이 뇌 속에 저장이 됩니다. 우리가 아이를 가졌을 때, 축복을 받고 환영을 받고 엄마가 기뻐하고 그러면 이 기쁨이 아기에게 다 전달이 되지만, 엄마가 '큰일났어' 할 때 아기에게 두려움과 공포가 전해집니다. 6.25때 아기를 가졌는데 살아야 하니까 피난을 가고, 전란을 겪을 때 불안하고 떨리는 마음이 아기에게도 전달되는 경우들이 있었습니다. 그러니까 아이의 내면에서 바깥의 모든 것을 흡수하는 것입니다. 엄마의 잠자는 습관까지도 영향을 받습니다.

5, 60년대에 배고픈 시대가 있었지 않습니까? 그 시기에 아기를 가지고 제대로 먹지 못했을 때에 엄마가 삼일을 굶는다든지 이럴 때 아이는 너무 너무 배고파합니다. 그래서 성령께서 치유할 때 배고픈 아이에게 먹을 것을 줍니다. 그만큼 이 뱃속에 있는 아기는 먹고 싶을 때 먹어야 되고, 사랑받고 싶을 때 사랑을 받아야 됩니다. 아무도 나에게 인사도 안하고 지나가고, 아무도 나에게 '안녕'하지 않는다면, 그의 존재가치에 대해 의심을 하게 됩니다. 그러니까 그 존재에 대하여 소중함, '너는 소중하고 존귀한 존재야.' 표현해야 합니다.

한 어머니의 예입니다. 임신 때부터 이렇게 사랑을 받고 축복을 해야 되는데 그것을 받지 못한 태아가 자궁 안에서 거꾸로(역아) 있다는 얘기를 의사에게 들었습니다. 이런 이야기를 듣고 나서 엄마가 '아기야 미안하다 너를 싫어한 거 아니야. 아빠가 직장이 끊어져서 너를 어떻게 키울까 염려했을 뿐이야, 너를 사랑해 너는 소중해 미안하다' 아기에게 축복하고 사과하며 기도해 주었습니다. 그 이튿날 진찰해 보니까 태아가 정상적인 자세로 돌아와 있다고 듣게 되었습니다.

우리는 무의식에 대해 얼마든지 우리의 사유를 통해 필요한 것을 통제본부로 지시할 수 있다고 했습니다. 아기는 더욱 그렇습니다. 얼마나 민감한지 모릅니다. 그래서 아기는 엄마의 잠자는 습관도 닮게 됩니다. 어떤 세미나에서 그 강사가 이런 이야기를 했습니다. 오순절 집회에 가서 박수를 많이 치고 흥분한 상태에 있다가 집에 돌아왔을 때 아기가 계속 흥분해 있었습니다. 애기한테 '자라~ 자라~' 그렇게 얘기해 주었습니다. 엄마가 12시나 1시를 넘어서 자는 습관이 있으면 아기 몰래 살짝 일어나서 물 마시고 아기 깨우지 말고 그렇게 자라고 합니다. 아기에게 엄마의 감정이 다 전달됩니다. 그리고 아기는 엄마의 얘기를 다 들을 수가 있습니다.

성경에도 있습니다. 6개월 된 태아 세례요한이 잉태한 지 얼마 안 된 예수님의 어머니 마리아를 만났습니다. '엘리사벳이 마리아가 문안함을 들으매 아이가 복중에서 뛰노는지라 엘리사벳이 성령의 충만함을 받아, 보라 네 문안하는 소리가 내 귀에 들릴 때에 아이가 내 복중에서 기쁨으로 뛰놀았도다'라고 성경에서 이야기하고 있습니다.

엘리사벳이 갓 잉태된 아기 예수님을 만나는데 뱃속에서 이미 반응이 일어났습니다.

여러분! 온전하신 예수, 임마누엘 되신 성령께서 이미 우리 안에 와 계시기 때문에 우리는 주님에게 반응하게 돼 있습니다.

그러니까 네 사람이 같이 만났습니다. 엘리사벳하고 마리아하고 같이 만났는데 요한하고 예수님도 같이 만나고 주님하고 엘리사벳도 만나고 요한하고 마리아도 만나고. 5개월만 되어도 바깥의 소리를 들을 수 있다는 것입니다.

엘리사벳이 마리아가 문안함을 들으매 아이가 복중에서 뛰노는지라(눅 1:41)

태아에게도 얘기해 주세요.

이전에는 태아에게 이야기를 안 해줘도 되는 줄 알았습니다. 이야기를 해 주어야 합니다. 아기에게 사랑한다! 축복한다! 들려줘야 됩니다. 우리가 말을 하게 되면 그것은 현실이 됩니다. 언어치유를 다룰 때도 듣게 될 내용인데 우리가 말을 하면 그것이 현실이 됩니다. 그래서 태아한테도 저주하는 말, 비난하는 말, 싫어하는 말이 모두 전달

됩니다. 태어날 때도 마찬가지입니다. 어떤 경우 아이가 환도를 눌러 가지고 엄마가 걸음을 못 걷고 있는데 목사님이 아기에게 이야기하셨습니다. '아기야 이리로 와. 이리로 와' 이렇게 말하는데 아기 엄마가 "목사님 애기가 지금 움직이고 있어요. 아기가 들어요." 아기가 움직여서 본래 자리로 돌아왔어요.

아기가 안정돼야 엄마도 안정되고 엄마가 안정돼야 아기도 안정이 됩니다.

태교가 중요하기 때문에 우리나라에서도 200년 전에 쓰여진 '태교신기'라는 유명한 책이 있습니다. 스승이 십 년을 가르쳐도 엄마가 태중에서 열 달을 가르친 것만 못하다는 말이 태교신기에 있습니다. 그만큼 아기 때가 중요합니다. 아기는 수정되는 그 순간부터 생명입니다. 온전한 하나님의 생명입니다. 아기는 자궁 안에서도 바깥의 영향력을 다 받습니다.

자궁은 축복받아야 합니다.

자궁은 남편과 아내가 하나님의 축복 안에서 영적 정신적 육체적 하나됨을 통해서 하나님의 창조 역사를 이뤄내는 거룩한 장소입니다. 그래서 자궁은 축복받아야 합니다.

만약에 자궁에서 자연낙태가 됐다든지, 혹은 인공유산을 했다든지 이런 경험이 있게 되면 그 조그만 자궁 안에 어떤 일이 일어난 겁니까? 죽음이 경험된 겁니다. 죽음이!!

만약에 이 곳에서 살인사건이 일어났다고 하면 그 장소는 사실은 축복된 장소가 아닙니다. 우리의 땅이 피 흘림으로 인해 저주를 받는다고 했습니다. 자궁 안에서 살인이 저질러지고 피 흘림이 있게 되면 자궁 안이 축복스럽지 못하게 됩니다. 그래서 임신하기 전의 자궁은 축복받아야 되고 기도를 통하여 거룩하게 되어야 할 필요가 있습니다. 특별히 낙태나 유산을 경험한 경우에는 정결케 되어야 하고 정말 축복받은 그 곳에서 잉태되어야 아기가 평화로워집니다.

아기가 잉태되는 순간에 만약에 그곳에서 죽음을 경험하는 경우에 아기는 엄청난 두려움을 경험하게 된다고 합니다. 어떤 병원에서 환자들 중에 자살을 하려고 자주 시도하는 사람이 있었습니다. 그래서 그 사람들이 언제 자살을 하려고 하나 조사를 해봤더니 엄마가 그를 낙태하려고 했던 그때가 되면 그 사람들이 자살을 시도했다는 것입니다. '이 아이 안 낳고 싶어. 낙태하고 싶어.' 이렇게 말하거나 생각하거나 느꼈을 때 아이에게 영향력이 갑니다. 이런 경험을 가지고 태어난 아이는 이미 거절감이 경험된 것입니다. 그리고 자기가 이 세상에 있다는 자체가 부끄럽다고 생각합니다. '난 없어야 마땅한 존재야.' 그래서 다른 사람에게 자기 존재 자체를 알리기 싫어하고, 자폐적인 증상이 생기고, 이유 없이 거절감을 느끼고 이유없이 자신만 소외된다고 생각합니다. 태아적 10개월 동안 경험하는 감정은 인생의 축소판입니다.

하나님은 과거도 구원하신다

과거의 경험들도 치유받아야 될 필요가 있습니다. 하나님은 우리에게 필요가 있을 때 말씀하시고 가르쳐주실 수 있습니다. 그래서 만약에 나 자신이 그렇다면 나도 태아가 되어서 말씀하실 때 치유를 받으시길 바랍니다.

하나님의 시간은 영원입니다. 천년이 하루 같고 하루가 천년 같아서 과거나 현재나 동일한 시점입니다. 그러므로 과거를 현재처럼 치유할 수 있습니다.

나의 어린 시절 '나의 엄마가 나를 버렸어, 나는 유복자야' 이럴 때에도 많은 거절감을 받습니다. 어떤 모양이든지 우리는 이 땅에 산다는 것 자체가 스트레스요, 상처가 됩니다. 하나님의 은혜가 태아 적부터 자라서 출산과 유아기와 유년기를 거치는 동안에 하나님의 온전케 하시고 씻으시는 은혜가 우리에게 필요합니다.

성 정체감

거절의 아픔을 경험하는 경우는 딸과 아들 성별을 선택해서 낳고 싶어 할 때 이미 수정되는 순간에 성별이 결정되기 때문에 부모가 다른 성별의 아이를 원할 때 거절의 아픔을 경험하게 됩니다. 우리는 그것을 선택할 권리가 없습니다. 하나님이 주시는 대로 딸이 넷이든 다섯이든 아들이 몇 명이든 하나님이 주시면 감사함으로 받아야 합니다.

우리에게 그런 믿음이 있어야 합니다. 그런데 내가 원하는 것을 받아야 좋아합니다. 그렇기 때문에 성에 대한 거절을 받은 사람이 많이 있습니다. 특히 5, 60대 되는 분들 중에는 딸이라고 싫어한 할머니, 딸은 밥상에서 같이 밥 먹으면 안 되고, 고기도 먹으면 안 되고 갈치도 남자만 주어야 되는 그런 삶을 사신 분들이 많습니다. 지금은 그런 모습이 많이 사라졌습니다.

성에 대한 정체감이 흐려지면 나중에 동성애를 할 가능성이 있게 됩니다. 성 정체감이 없으면 성전환 수술을 하는 사람들도 있고 성전환을 소원하기도 합니다. 가끔 그런 보도를 보지 않습니까? 실제로는 여자인데 레지비언으로 평생을 살고 남자인데 게이로 삽니다. 실제 성염색체는 남자인데 여성으로 수술을 받고 사는 사람들이 있습니다. 성 정체감의 혼란 때문에 올 수 있는 것이 실제로는 결혼 후의 성생활에서도 영향을 미칠 수 있습니다. 남성으로서의 정체감, 여성으로서의 정체감 이것을 그대로 받아들이고 감사하면서 살아야 합니다.

출생할 때 환영하자

우리는 우리의 문제를 골고루 터치하고 살피시는 하나님의 만지심이 필요합니다.

그러려면 태어날 때도 환영을 받아야 합니다. 아기가 태어날 때가 되면 아기에게 환영퍼레이드를 할 필요가 있습니다. 벽에 장식도 하고, 아기가 눈도 안 떴지만 꼭 필요한 일입니다. 어떤 집에 구역 예배를 갔는데 '호재! 집에 오다!'라고 벽에 써놓고 장식을 잘 해놓았습니다. 우리가 '호재 집에 왔다고?' 나중에 생각해 보니까 그분들이 우리가 하는 태아 교육 세미나를 받으신 분들이었습니다. 태아에게 환영의 이야기를 안 해주면 아기는 불안해 합니다. '내가 세상으로 나가도 될까. 나를 사람들이 원할까.' 그래서 나오지 않으려고 한답니다. 아기가 태중에 있을 때 '아기야 나오기만 하면 돼. 너를 맞이할 준비가 다 됐어. 나오기만 해.' 하고 아기를 안심시켜 주어야 합니다.

어떤 자매는 임신을 했는데 반복적으로 세 번이나 유산이 되어버렸습니다. 임신자체에 대한 두려움이 가득했습니다. 자궁을 씻는 기도를 하고 축복한 후 유산에 대한 두려움이 없어지고 임신이 안전하게 유지되었습니다. 엄마의 두려움이 태아에게 전달이 되기 때문에 태아와 자궁은 축복 받아야 할 필요가 있습니다. 우리의 몸이 생각에 영향을 받고 세포도 우리의 생각에 전부 영향을 받습니다. 내가 편안한 생각을 하고 있으면 우리의 몸도 편안합니다. 내가 긴장하고 있으면 우리의 몸도 긴장하고 있습니다. 그렇기 때문에 아기도 그런 영향을 받게 돼 있습니다. 그래서 태아에게 환영한다고 얘기 해줘야 합니다.

세미나에 참석하신 어떤 목사님의 사모님은 출산할 때가 다 됐는데 병원에 와서 10분 만에 애기가 태어났다고 합니다.

의사가 "왜 이제 오느냐"고 그러니까 "우리는 다 알고 있었어요. 진통이 오고 있을 때에 아기야 엄마가 뭘 좀 먹고 목욕도 좀 하고 조금만 기다려라" 이렇게 아기하고 이야기를 하면서 시간을 보내고 왔다고 했습니다.

또 어떤 목사님의 경우는, 서울에서 목회를 하고 있는데 친정이 진주였습니다. 아기 낳으러 내려왔는데 아빠가 같이 내려왔다가 올라가야 되는데 아직 나오지 않아서 "아빠가 토요일에 올라가야 되는데. 그래서 아기야 가능하면 아빠 있을 때 나와라" 그랬어요. 그랬더니 그대로 되었습니다.

이런 예들이 굉장히 많습니다. 실제로 우리는 말의 힘이 얼마나 큰지, 우리의 생각이 우리의 몸과 영적인 분위기에 미치는 영향이 얼마나 큰지를 알고 배우게 됩니다.

우리가 어린 시절로 돌아갈 수도 없고. 우리가 진작 이걸 배우고 아기를 낳아야 되는데... 그러나 하나님은 그때를 돌이킬 수가 있습니다. 데려와서 뱃속에 넣을 수도 없고, 어떻게 거듭나야 하겠습니까? 어떻게 엄마 뱃속에 들어갈 수 있겠습니까? 가능합니다!!

하나님의 시간은 어제나 오늘이나 동일한 '영원'입니다.

내 아이가 서른 살이 됐더라도 이 아이 태아적에 내가 남편하고 너무 많이 싸웠는데 이 아이가 얼마나 상처받았을까? 딸 낳았다고 아이를 시어머니가 밀쳐놓고, 어떤 아빠는 아들 일곱 낳고 그 다음에 딸을 낳아서 좋다고 해야 될 텐데 딸 낳았다고 섭섭하다고 일주일 동안 아이를 쳐다보지 않았다고 합니다.

거절감!! 우리는 태어나서도 거절감을 받을 수 있고 자라면서도 온갖 거절감을 다 받을 수 있습니다. 좋아하는 사람이 나를 버리고 떠날 때도, 또 가난하다고 거절 받은 적도 있습니다. 우리가 받는 이 거절감이 가장 쓰리고 아픈 마음입니다.

우리가 받는 이 거절감은 가장 쓰리고 아픈 마음입니다. 이보다 더 아픈 마음 있겠습니까? 이혼하는 아픔! 이보다 더 아픈 마음 있겠습니까? 거절감으로부터 면제된 자는 없습니다. 우리 부모님이 너무 많이 불화할 때, 아빠가 아빠 역할을 못해줄 때, 엄마가 너무 지나치게 엄격할 때, 또 자라는 과정에서 성폭행이나 성추행같은 자신이 원치않는 이런 경험들이 삶을 멍들게 할 수가 있습니다. 그래서 이것들은 치유받아야 되고, 치유받게 되려면 용서되어야 하고, **하나님의 역사가 우리에게 일어나야 우리의 삶이 유쾌하게 되어집니다.**

내 안에 이런 상처들을 갖고 있으면 어떤 사람은 자기를 괴롭히고 어떤 사람은 다른 사람을 괴롭히게 됩니다. 기질마다 다릅니다. 부모가 너무 바빠서 양육하는 아이를 방치하는 경우에도 거절감을 받습니다.

아이가 사춘기가 되면 몸에 대하여 구체적으로 축복해 줄 필요가 있습니다. 사춘기가 되면 균형이 없어서 키만 쑥 크고 너무 폼이 나지 않습니다. 그런데 그때가 일평생에 외모에 가장 민감할 때입니다. 그런데 옆에서 '너 허리 좀 봐라. 너 다리는 왜 그렇게 생겼냐. 너는 이마가 왜 그렇게 생겼냐. 턱이 왜 그렇게 생겼냐.' 만약에 이런 소리를 듣게 되면 평생 외모에 대한 열등감을 가지고 살게 될 수도 있습니다.

사춘기의 자녀들의 몸을 특별히 구체적으로 축복하자.

말 때문에 상처받고 나면 평생 거기에 묶여서 포로가 되어 삽니다. 그래서 지금 다루는 것은 총체적인 것입니다. 우리가 자라면서 '야! 이 바보야 너 밥 팔아서 똥 사먹어라.' 이런 식으로 함부로 우리 부모가 대했을 때 부모가 이렇게 했던 말이 우리 자녀에게는 엄청난 상처로 다가갑니다. 평생 그 말이 그를 묶어 버리는 것입니다.

어젯밤 나의 남편이 '역기능 가정이라는 말도 쓰면 안 된다더라'는 말을 했습니다. 역기능 가정이라는 말을 우리가 만들지만 말이 우리를 묶어서 끌고 다닌다는 것입니다. 맞는 말입니다. 얼마나 말을 잘 만드는지! 왕따!! 한마디하면 일목요연하게 전체적인 것을 표현할 수 있는 말입니다. 그런데 이런 말들은 그 사람에게 꼬리표를 붙입니다. 영원히 따라다니면서 그를 괴롭게 합니다.

이 사람은 '성인아이다!' 무슨 뜻인지요? 몸은 자라 있지만 그의 내면은 자라지 않은 아이를 뜻합니다. 우리는 그렇게 말로 꼬리표를 붙여버립니다. 이 사람은 '성인아이야!' 우리는 필요에 따라서 쓰지만 말을 붙여버리면 그 말이 나를 끌고 다닌다고 합니다. 오늘 우리가 들었던 내용하고 통하지 않습니까? 우리가 '너는 문제아이야' 그래서 **문제를 묵상하면서 기도하면 문제를 낳게 되는 겁니다. 회복되어질 모습을 바라보면서 기도할 때 그것이 이루어지게 됩니다.**

멋지게 회복된 새로운 피조물을 바라보며 감사하며 축복합시다.

우리는 여러 가지 죄로 인한 죄책감, 낙태했을 때의 죄책감, 외모에 대한 거절감 등을 가지고 있습니다. 우리 예수님의 외모가 아주 흠모할만했습니까? 혹시 외모에 대해 자신을 싫어하고 미워하는 사람 없습니까? 이제 우리 자신을 사랑하는 연습이 되어가고 있습니까? 나의 외모에 대하여 '야! 이 메주 덩어리야'라고 합니다. 옛날 부모님들은 예쁜 아이한테 예쁘다고 그러면 안되고 '아이고 밉상이네' 이렇게 말해야 된다고 했습니다. 이런 말들은 그 아이의 자존감을 뭉개는 겁니다. '아 너는 소중해, 너는 소중한 존재야, 너는 가치있는 존재야' 이렇게 표현해줘야 되는데 우리는 이 땅에 살면서 너무 많은 거절을 받았습니다.

'나는 실연했다', '파혼했다', '남편이 나를 버렸다', '정신적인 학대를 받았다' 많은 정신적인 상담을 받았지만 해결이 잘 안된다. 이렇게 여러 가지 거절의 문제들이 우리에게 있습니다. 그래서 나는 인간관계도 맺기 싫고 늘 버림받을 것에 대한 두려운 마음이 있습니다. '권위자가 불편하고 싫어요. 나는 남자가 싫어요. 나는 여자가 싫어요, 어쨌든 하나님이 느껴지지가 않아요.' 지나치게 하나님의 존재가 느껴지지 않을 때, 또 혹시 여러분의 부모를 닮을까봐 심히 걱정될 때, 이런 여러 가지 사례는 꼭 치유받아야 될 필요가 있다는 뜻입니다.

내가 지나치게 다른 사람들보다도 비판적입니까? 치유받아야 될 필요가 있습니다. 늘 나는 실패자라는 느낌이 있습니까? 치유받아야 될 필요가 있습니다. 당신이 소중하지 않다고 느낍니까? 하나님께서 당신을 그 누구보다 소중하게 여기시는 것을 알게 될 것입니다.

먼저 우리는 치유를 위해서 제일 먼저 용서해야 합니다. 용서하지 않으면 치유가 안 됩니다. 용서는 지금 할 수도 있지만 나중에 해도 됩니다. 지금하면 더 좋습니다. 하나님의 권능에 접속하는 것이 사랑입니다. 사랑의 용서, 하나님의 죄사함과 씻음이 하나님의 권능에 접속하는 첫 단계입니다. 이 때 우리 안에 있는 쓴뿌리들을 회개하고 예수님이 우리를 완전히 용납하셨다는 이 사실을 우리는 받아들여야 합니다.

상처입은 치유자 예수님

우리가 거절 받은 경험과 예수님의 경험이 어떤 관계가 있는지 연결시켜 보겠습니다. 이제 우리의 초점을 어디에 맞춰야합니까? 그것은 예수님이 거절을 경험한 치유라는 것입니다. 예수님이 사람입니까? 하나님입니까? 50% 사람, 50% 하나님. 그렇습니까?

예수님은 본래 100% 하나님이신데 이 땅에 오실 때 육체를 입고 마리아의 태에 잉태되었습니다. 예수님은 100% 하나님, 100% 인자(人子), 사람의 아들로 오셨습니다. 예수님이 사람으로 오셨다는 것은 우리의 상처와 우리의 구원 문제에 엄청나게 중요한 연결고리가 있습니다.

예수님이 사람이 아니라면 우리는 예수님과 거리감이 너무나 많습니다. 영지주의자들은 '인간을 구원하는 일을 사람이 할 수는 없어. 그러니까 신이 사람의 몸을 입고 온다는 것은 사람의 육체는 악하고 더럽기 때문에 육체를 입고 올 수가 없어. 그래서 예수님을 신이 아니다'라고 했습니다.

육체를 입으신 예수님

사람의 전압으로 낮추어 오셔서 나와 연합하신 그 사랑!

성경의 진리는 예수님은 100% 사람으로 오셨다는 것입니다. 예수님이 100% 온전한 인간으로 오셨다는 것은 인간의 고통을 100% 짊어지기에 너무나 코드가 맞는 것입니다. 하나님의 전압이 사람의 전압으로 낮추어졌습니다. 하나님은 빛이시기 때문에 우리는 하나님을 대면하고는 살 자가 없다고 했습니다. 그런데 하나님이 우리에게 오셔서 우리의 아픔과 고통을 짊어지시기 위해 하나님의 전압을 사람의 전압으로 낮추신 것입니다. 육체가 되어버린 사랑, 하지만 사람의 전압으로 낮추셔서 나의 아픔을 체휼하신 그 사랑. 이 안에는 우리의 상처를 치유할 수 있는 엄청난 비밀이 숨어있습니다. 얼마나 큰 위로가 있는지 모릅니다.

앞에서 태아적 이야기를 했었습니다. 태아적부터 주님이 사람들에게 고통을 아주 심하게 받으셨는데 예수님이 어떠하셨습니까? 또한 예수님의 외모, 그는 주 앞에서 자라나기를 연한 순 같고 마른 땅에서 나온 뿌리 같아서 고운 모양도 풍채도 없어서 우리 보기에 흠모할 만한 것이 없었다고 했습니다. 외경에는 예수님이 화상을 입어서 얼굴이 너무나 볼품이 없었다고 말씀 하십니다. 예수님이 30대인데 '내가 아브라함보다 먼저 있었다.' 말씀하시니 바리새인과 서기관들이 '네가 50이 못되었는데 어떻게 아브라함을 아느냐'고 합니다. 그 말이 예수님이 30대인데도 불구하고 50대로 보였다는 이야기입니다. 그만큼 예수님은 우리의 질고를 지고 우리의 슬픔을 당하셨습니다.

구체적으로 예수님이 어떤 슬픔과 어떤 질고를 당하셨습니까? 이사야서 53장을 보면 예수님은 우리가 당한 모든 고난을 다 당하셨습니다.

나를 아시는 예수님

예수님이 태아적에 축복을 받았겠습니까? 예수님은 처녀에게 잉태되었는데, 처녀가 '난 하나님의 아들을 가졌어.' 이러면서 자랑하고 다녔겠습니까? 돌에 맞아 죽을 죄인의 몸에 잉태된 생명이 위축감, 거절감 안 느꼈겠습니까? 마리아도 똑같은 사람입니다.

물론 마리아에게 하나님의 영이 충만했고 '주의 말씀이 나에게 이루어지겠습니다.' 라고 받아들인 그 순간에 말씀이 육신이 되셨습니다. 그런데 태아적에도 예수님은 많은 사람으로부터 '처녀가 아이를 가졌어.' '예수님은 사생자야.'라고 말하는 출생에 대한 비밀과 예수님의 떳떳하지 못한 출생 등으로 많은 거절을 당하셨을 것입니다. 인간들이 볼 때 그때 예수님은 아픔을 경험했습니다. 예수님이 나를 아시고 나의 슬픔을 아십니다. 사람이시기 때문에 여러분이 어떤 슬픔을 당했든, 가족과 먼저 이별을 했든, 누가 나를 버렸든, 이혼을 했든, 실연을 당했든 우리 안의 슬픔을 예수님이 다 아십니다. 예수님이!!

'*상한 감정의 치유*'에 보면 그런 이야기가 하나 나옵니다. 운동선수가 척추를 다쳐서 꼼짝도 못하고 누워있습니다. 그래서 '난 죽을래! 죽고 싶어!' 생각을 했지만 꼼짝 못하고 누워있으니까 자살하고 싶어도 자유롭게 할 수가 없었습니다. '난 죽을 자유도 없구나!' 그럴 때 그가 옆에 있는 친구를 통해 이런 은혜를 느낍니다. '그래, 예수님도 너처럼 십자가에 두 손, 두발이 다 묶이고, 매달려서 꼼짝 못하고 있었어.' 은혜가 있으면 예수님의 십자가의 고통이 나하고 어떻게 연결되는지 압니다. 이것이 나하고 연결이 안 되면 예수 믿는 기본이 없는 것입니다. 예수님이 슬픔을 당하셨다. 질병을 겪으셨다. 이것은 예수님이 우리의 인생으로 오셔서 이 모든 것들을 경험을 다 하셨다는 것입니다. 경험을 다 하셨기 때문에 아시는 것입니다. 그리고 아는 것만으로 끝난 것이 아니고 예수님이 십자가에 나의 모든 문제를 다 가져가셨습니다.

'주님! 주님의 십자가와 지금 내 문제와 무슨 상관이 있습니까?'

이 질문이 없으면 우리의 일상생활에서 구원이 없습니다. 한 번 구원받는 사람은 날마다 구원이 있을 수밖에 없는데, 이것이 없으면 우리에게 어떤 구원이 있겠습니까? 그래서 주님의 찔리심은 나의 허물로 인함입니다. 여러분의 허물, 나의 허물 때문에 주님이 찔리셨습니다. 그러므로 이제 우리는 우리의 허물 때문에, 나의 죄책감 때문에, 이 죄 때문에 날마다 무거운 짐을 지고 살아야 할 필요가 없습니다.

주님이 찔리셨습니다. 예수님이 상하셨습니다. 여러분이 삶 가운데 '난 이건 실패했어. 난 이건 잘못했어. 난 잘못된 순종을 했어.'라고 할지라도 주님이 이것은 십자가로 가져가서 지셨습니다. **이제는 지고 있지 마시고 십자가로 옮겨 드립시다.** 그가 찔렸고, 그가 상했고, 더 총체적으로 그가 징계를 받았습니다. 징계가 무엇입니까? 벌입니다!!

여기 나오는 징계는 훈련과 다릅니다. 완전히 죄에 대한 형벌입니다. 형벌을 예수님이 받으셨습니다. 내가 받을 형벌을 예수님이 받으셨습니다. 내가 주님께 옮겨드리는 만큼 나의 형벌이 십자가에 옮겨지게 돼 있습니다. 예수님이 대신 지셨다는 사실입니다. 죄의 결과를 내가 다 책임져야 하고, 죄의 결과를 내가 다 지고, 내가 치러야 될 필요가 없습니다. 주님이 가져가셨습니다.

지금 날마다 순간마다 은혜의 보좌 앞에 담대히 나아갑시다. 징계를 그가 받으셨기 때문에 우리는 평화를 누립니다. 내 마음이 지금 평화를 잃었습니까? 나의 무지 때문에 무거운 짐과 두려움, 고통을 가지고 있습니까? 예수님이 가지고 가셨습니다. 그러니 주님께 드리십시오. 주님! 주님이 가져 가셨습니다. 그런데도 내가 갖고 있는 이것들을 내가 다 짊어지고 있습니다.

'주님! 맡아주십시오. 주님! 도와주십시오.' 말씀 가운데 그가 징계를 받음으로 평화를 누리고, 그가 채찍에 맞음으로 우리가 나음을 입었도다. 과거입니다. 나음을 입었습니다. 이미 그분이 가져 가셨습니다.

우리는 주님의 십자가에 날마다 경험하는 문제를 드리므로 구체적인 구원이 필요합니다. 우리는 날마다 문제를 만나는 겁니다. 예수님이 나 때문에 태아적 문제를, 고통을 가져갔습니다. 내 문제를 가져가는 것이 어떤 것인지를 내가 이해하도록, 주님이 나를 알도록 그가 나의 태아적 거절을 받으셨습니다. 그가 태어날 때 환영받지 못했습니다. 환영하는 무리보다 그분을 반대하고 죽이려는 무리가 더 많았습니다. 피난 다녔습니다. 쫓겨 다녔습니다. 피난 다니고 쫓겨 다니는 고통이 얼마나 힘들겠습니까? 또한 그분은 우리가 억울하게 참소 당한 것을 아십니다. 예수님께서는 내가 기도할 힘조차 없는 상황을 아십니다. 여러분 그럴 때 없습니까?

'기도 좀 해라. 빡세게 해라. 그래야 문제가 해결되지. 왜 기도를 안하냐.' 그런데 기도할 힘도 의욕도 없는 사람을 우리는 어떻게 도울 수 있습니까? 날마다 말씀을 갖다 대고 기도해라. 새벽 기도해라. 말씀을 들어라. 그것조차 안될 때 위로가 될 수 있는 것이 어떤 게 있겠습니까? 주님이 아십니다. 주님이 '심히 고민하여 내가 죽게 되었다.' 이렇게 하셨습니다. '내가 너무 고민해서 죽게 되었다.'라고 하실 만큼 예수님도 그런 일을 당하셨습니다. 주님이 아십니다. 그래서 주님께 드릴 수 있습니다.

억울한 호소가 얼마나 커다란 상처를 주는지도 알고 계십니다. 예수님이 불법 재판을 받았기 때문입니다. 어떤 경우도 어떤 범죄자도 바로 처형을 하지 않습니다. 예수님은 불법 재판을 받았습니다. 우리가 억울한 일을 당할 때 그게 어떤 건지 예수님이 이미 경험하셨습니다. 여러분은 억울한 일을 한 번도 안 당해 봤습니까? 우리는 내가 안 했는데도 불구하고 누명을 쓰기도 하고, 모함을 받기도 하고, 비난을 받기도 하고, 손가락질 당하기도 하고, 억울한 일을 많이 당합니다. 물론 내 죄 때문에 그럴지라도 그 죄도 주님이 가져가셨다고 했습니다. 억울한 일도 가져가셨다 했고, 나를 증오하는 아픔도, 다른 사람이 나를 비난할 때 얼마나 아픈지 주님이 아십니다.

"네가 십자가에서 내려오라! 네가 하나님의 아들이냐? 다른 사람은 살리더니!!"

여러분들 이런 일 아무도 경험 안 해 보셨습니까? '다른 사람 살리더니 너는 뭐하는 거야? 너의 문제는 해결하지 못하잖아.' 때로는 너무나 맞는 말입니다. 그러나 우리가 남을 함부로 판단할 수 없는 것은 겉으로 보이는 그 사람의 상황이 진짜로 정직한 상황이 아닌 경우도 아주 많기 때문입니다. 우리는 남이 이 말 하면 '아!! 그 사람이 그랬어. 그렇게 안 봤더니만...그래, 내가 그 사람 사람취급 안할게' 우리도 똑같이 그러고 있습니다.

누가 뭐래도 함부로 판단할 수 없습니다. 그 사람의 신을 신고 일주일을 살아보지 않고 그 사람에 대해서 남이 이런 사람이라고 말한다고 그것을 우리가 믿는 것은 너무나 잘못된 판단입니다. 많은 사람이 나에게 그렇게 할 때 우리는 억울해합니다. 예수님이 그것을 당하셨습니다. 사생아의 아픔인 출생의 비밀의 고통, 잘못된 배경의 고통이 어떤 것인지를 주님이 경험하셨습니다. 여러분! 뺨 맞아 본 적 있습니까? 억울하게 폭력을 당해본 적 있습니까? 예수님이 폭력을 당하셨습니다.

우리 하나님 앞에 나아갑시다. 기도합시다. 예수님이 억울함을 당하셨습니다. 거절 감하면 예수님만큼 많이 당한 사람 없습니다. 혹시 여러분을 버리고 떠난 사람이 있습니까? 3년 동안 예수님이 실컷 가르쳐 놨는데 배신해 버렸습니다. 예수님께서 데리고 다니시면서 온갖 기적도 보여주시고 사랑했는데 팔아먹는 제자가 있는가 하면 다 버리고 떠나갔습니다.

여러분이 아무리 좋은 일을 하고 있어도 이런 고통을 경험할 때가 있습니다. 물론 그런 고통은 하나님의 깊은 곳으로 인도합니다. 그러하지만 구원도 있습니다. 비난받는 것이 어떤 것인지 주님이 경험하셨습니다. 우리는 이제 이 고통을 가지고 하나님 앞에 나아갑시다.

지금도 구원의 때입니다.

기도사역 주님의 임재 안으로

기도합시다. 지금 내 안에 거절 받은 아픔, 거절 받은 상처, 생각나는 것 가지고 하나님 앞에 나아갑시다. 주님이 나를 대신하여 이 문제를 다 십자가에 가져가셨습니다. 이제는 내가 지고 있지 마십시오. 이 수치를 가져가셨습니다. 이 죄책감도 가져가셨습니다. 억울함도 가져가셨습니다. 죄와 질병도 가져가셨습니다. 이제는 내 것이 아닙니다.

주님이 '내게로 와서 쉬어라. 수고하고 무거운 짐 진 자들아 그 짐 내게 가져오너라. 내가 너의 짐을 대신 지겠다.'라고 하십니다.

주님이 질 것에 대한 확신이 없으니까 내가 자꾸 지고 고민하고 있습니다. 그러나 우리는 긍휼하심을 받고 때를 따라 돕는 은혜를 얻기 위하여 은혜의 보좌 앞에 담대히 나아갑시다. 은혜의 보좌 거기에는 누구라도 나아갈 수 있습니다. 우리는 다 사형선고를 받을 수밖에 없는 자들입니다. 주님이 십자가에서 죽으심을 통하여 우리에게 은혜의 보좌를 열어놓으셨습니다.

'다 이루었다!!' 나의 하나님 어찌하여 나를 버리셨나이까? 예수님이 하나님 아버지께 버림받았습니다. 나 때문에 버림받았습니다. 은혜의 보좌 앞으로 나아갑시다! 이제 주님께서 여러분에게 오셨습니다. 여러분을 만지시고 계십니다. 무엇이라도 괜찮습니다. '아파요. 억울해요. 분해요. 견딜 수가 없어요. 왜 나만 이런 인생을 살아야 해요. 내가 이렇게 고통을 겪고 있을 때 주님은 어디 가서 숨어 계셨나요?'

주님 앞에 표현합시다. 감추지 말고 우리의 소리를 그냥 하나님 앞에 내어 주님께 드립시다. 나 자신의 어린아이도 괜찮습니다. 여러분의 성장과정 동안 여러분을 버렸던 여러분의 부모, 혹은 친구, 이성 친구, 학교선생님, 나를 따돌렸던 아이들, 나에게 수치와 모멸감을 주었던 이웃, 어른들, 나를 비난하고 조롱했던 사람들, 그것으로 인하여 우리 안에는 수치의 아픔이 들어왔고, 쓴 뿌리와 수치심과 열등감과 죄책감이 왔습니다. 그것 때문에 우리가 가지고 있는 능력을 다 발휘하지 못하고 있습니다. 담대하게 웃으면서 하나님 앞에 나아가지 못하고 있습니다.

여러분의 태아적으로 잠시 돌아가 봅시다. 그분이 지금 그 자리에 오셨습니다. 태아 1개월입니다. 그 아이에게 지금 찾아 오셨습니다. 환영받지 못하고 있는 그 아이에게 지금 찾아오셨습니다. 주님이 지금 그 아이를 품고 안아주고 계십니다. 먹고 싶은데 먹지 못하는 그 아이에게 주님이 맛있는 먹을 것을 주고 계십니다. 그 아이가 점점 자라고 뼈가 생기고 2개월이 됩니다. 지금 2개월 된 태아에게 주님께서 여러분의 시간대로 찾아오고 계십니다. 3개월, 4개월, 5개월, 6개월 남편이 화가 나서 엄마의 배를 찼습니다. 주님이 그곳에 오셨습니다. 7개월, 8개월 너무나 궁핍하고 필요가 충족되지 못한 아이에게 주님이 찾아오셨습니다. 최선의 환경을 충분히 갖추지 못한 그 아이에게 주님이 찾아오셨습니다. 여러분! 자신에게 혹은 여러분 아이에게 주님이 찾아오셨습니다. 9개월 10개월. 아이가 태어나야 함에도 불구하고 충분한 환경이 준비되지 못한 그 아이를 주님이 환영하고 맞아주십니다.

딸이라고 거절 받은 그 아이를 주님이 찾아오셨습니다. 엄마의 젖이 없어 젖동냥을 하고 젖을 제대로 빨지 못한 아이에게 주님이 찾아오셨습니다. 마음껏 울고 마음껏 웃고 마음껏 배설해야 하는데 어린아이가 부모의 잘못된 양육의 태도에 상처받고 있습니다. 만 1세, 2세, 3세, 4세, 5세, 6세, 7세, 8세 이 나이의 아이들을 주님이 만지십니다. 이제 초등학교에 있는 아이들을 찾아가십니다. 사춘기, 친구를 버렸습니다. 친구가 나를 따돌렸습니다. 우리의 부모가 이혼했습니다. 우리의 부모가 자주 다투고 싸웁니다. 주님이 여러분의 그 시점으로 가셨습니다. 주님이 만져주고 계십니다. 주님이 함께 여러분과 막아서서 여러분을 변호해 주십니다.

사랑하는 주님! 우리가 활짝 피어나서 살고 싶습니다. 우리의 부모가 우리에게 주었던 거절의 아픔으로부터 그 끈에 묶여 있지 않고 자유롭고 싶습니다. 우리의 부모와 나에게 상처를 주었던 사람들을 용서합니다.

주님! 지금 오셔서 나의 아픔을 만져주옵소서. 내가 거절 받았을 때의 아픔, 버림을 받았을 때의 아픔, 배신 당했을 때의 아픔의 그 자리로 친히 가셔서 나와 나의 가족들을 보호하고 만져주시고 치유해 주셔서 내가 이 묶임에서 자유롭게 되기를 원합니다. 내가 자유롭게 되기를 원합니다. 나의 배우자가 자유롭게 되기를 원합니다. 우리의 자녀들이 자유롭게 되기를 원합니다. 더 이상 그 묶임의 자리에 있지 않기를 원합니다. 주님이 나를 만나주셨고, 주님이 나의 그 현장에서 나를 만져주시고, 치유해 주셨고, 나를 용서해 주셨고, 그의 죄를 용서해 주셨음으로 이제 합법적으로 내 안에 이미 치유가 임하였음을 선포합니다!!

내 안에서 늘 나를 괴롭히던 죄책감의 영은 예수의 이름으로 떠나갈지어다. 거절감은 떠나갈지어다. 이제 나를 떠나갈지어다. 분노는 떠나갈지어다. 수치심 떠나갈지어다.

두려움과 불안함과 염려와 걱정 등으로 묶여 있는 우리의 끈을 이 시간 예수님의 이름으로 끊습니다. 더 이상 우리는 거기에 묶여서 우리의 지나간 세월이, 아픔이, 모든 어둠이, 나를 이끄는 대로 가지 않겠습니다.

이제 주께서 나를 구원하셨고, 나를 새롭게 하셨으므로 나는 이제 새로운 피조물로서 날마다 주님이 주시는 하늘의 만나인 생명의 양식을 먹으며 새로운 발걸음을 걷겠습니다.

사랑하는 주님, 우리의 자녀들을 주님의 손에 올려 드립니다. 우리가 그들에게 온전한 사랑을 다 주지 못하였고, 우리의 고통 때문에 그들에게 고통을 주었습니다. 당신이 보시옵소서. 당신의 자녀입니다. 당신이 만져주시고, 엄마 아빠가 그들에게 충분히 주지 못한 것들을 주님께서 채워주시고 구원하여 주옵소서. 회복시켜 주옵소서. 불완전한 우리 죄를 사하여 주시고 우리의 분노와 쓴 뿌리를 가지고 자녀들에게 부었던 모든 독을 제하여 주시고, 그 영향력을 거두어 주시옵소서. 자유롭게 자라기를 원합니다. 마음껏 하나님의 자녀로 자라게 하옵소서.

우리의 부모님을 주님의 손에 올려 드립니다. 그들도 역시 상처 입은 자로서 우리에게 상처를 물려줄 수밖에 없었던 연약한 자들이었습니다, 용서하여 주옵소서. 그들이 우리에게 준 것은 상처밖에 없었습니다. 주님 용서하여 주옵소서. 이제 이 죄악의 끈이 나로 인하여 끊어진 것을 선포합니다! 더 이상 내 자녀에게 흘러가지 못할 것을 선포하고 예수의 보혈로 차단합니다! 우리의 부모로부터 흘러 내려왔던 이 어둠의 사슬들을 예수의 이름으로 끊습니다! 죄악의 사슬들을 주의 이름으로 끊습니다! 분노와 원망과 쓴 뿌리도 예수의 이름으로 대적합니다.

우리의 배우자들을 주님의 손에 올려 드립니다. 그를 축복합니다. 주님의 십자가에 그를 드립니다. 나는 그를 도울 자가 못 됩니다. 주님이 만지시옵소서. 주님이 치유하시옵소서.
상처 입은 그 아이를 치유하여 주시옵소서. 그의 모습은 어른이지만 그는 아이일 수밖에 없습니다. 주여 만지시옵소서. 주여 치유하여 주시옵소서. 사랑하는 주님! 주께서 이 시간에 우리의 모든 것들에 대하여 단번에 다 하시지 않으셨더라도 계속해서 우리에게 일어나는 모든 일들에 치유하시고 구원하고 계심을 감사합니다. 우리에게 행하신 일을 찬양합니다.

계속하여 우리를 만지시고 우리의 가족을 구원하시고 소금으로 빛으로 우리의 가족들에게 그들을 품을 수 있는 하나님의 사랑으로 오늘도 우리에게 기름 부어 주시옵소서.

오늘도 함께 하신 주님께 감사와 찬양을 드립니다. 예수님의 이름으로 기도합니다. 아멘.

예수님은 가장 많은 거절감을 경험하신 상처 입은 치유자입니다. 예수님은 우리가 당한 모든 고난과 그 이상의 고난을 다 당하셨으므로, 나의 아픔을 체휼하시고, 나의 모든 고통을 십자가로 다 가져가셨습니다. 그러므로 우리는 평화를 누리며 나음을 입게 되었고, 은혜의 보좌 앞으로 담대히 나갈 수 있게 되었습니다. 예수님께서 나의 짐을 이미 대신 지셨음에 대한 확신을 가지고 예수님께 나의 짐을 내어 드리고 쉼을 얻읍시다.

생각나눔

1. 나는 부모님들이 기다리던 아이였습니까?

2. 나의 여성됨(남성됨)이 자랑스럽습니까? 수치스럽습니까?

3. 부모가 나를 거절했던 말이나 행동은 무엇이 있습니까?

4. 폭력을 당한 아픔이 있습니까? 어떤 트라우마가 있습니까?

5. 부모가 이혼 또는 사별한 경험이 있습니까?

6. 예수님이 '상처입은 치유자' 라는 사실이 자신에게 어떻게 이해되고 적용될 수 있습니까?

7. 주님과 더불어 과거 이 아픔의 현장으로 돌아가 만지심을 요청합시다.

하나님은 나의 있는 모습 그대로를 사랑하십니다

하나님 안에서 존재화
되어가고 있는 존재
Being in becoming

5강 열등감의 치유 I
수치심, 죄책감으로부터의 자유함

어떤 상처받은 사람들도 안을 수 있을 것이라는 마음으로
나는 신학의 문을 두드린 지 14년째 아내와
메꿀 수 없는 좀처럼 좁아지지 않는 평행선...
아내의 공격에 방어하다가 도리어 몇 배나
더 되는 공격으로 아내의 자존심에 상처를 내고...
우리 부부는 이전보다 더 높은 감정의 담을 쌓아가고 있었다.
수없이 갈등하면서도 목회를 그만둘 수 밖에 없는
절망적인 순간들... 그리하여 내 속에 남아있는
열등감, 분노, 무관심 그리고 영혼에 대한 싸늘한 가슴을 회복하고 싶었다.
이대로는 아닌데.... 짧은 기간의 세미나였지만....
나의 마음이 어느덧 주님의 사랑에 녹아지고 있었다. 속성과는 없단다.
한 걸음씩 주님의 마음을 먹고 마시며 이 여정을
걸어가게 됨이 얼마나 감사한지 나는 안다.
지난 날 내가 얼마나 하나님의 말씀이라는 이름으로
나의 상처받은 감정을 성도들에게 쏟아부었다는 것을...
치료받지 않고는 어떤 거룩한 말도 울리는 꽹과리가 될 수밖에 없음을...

＊ ＊ 목사

5강 열등감의 치유 I
수치심, 죄책감으로부터의 자유함

"우리를 향하여 하나님의 거룩한 손을 내미셔서 우리의 때 묻은 모습, 있는 모습 그대로 붙잡으시고 받으시고 사랑해주심을 감사합니다. 오늘도 우리 가운데 계시는 주님께서 우리에게 말씀하실 것을 기대합니다. 우리의 귀를 열어주옵소서. 우리의 눈을 열어주옵소서, 우리의 온 영혼이 깨어서 주님을 보게 하시고 듣게 하시고 만지게 하시며 주님의 그 향취를 우리가 먹고 마시게 하옵소서. 예수님의 이름으로 기도합니다. 아멘."

올해는 산에 꽃이 유난히 많이 피고 아름다웠습니다. 하나님께서 우리를 위로해 주시려고 강렬하게 다가오셔서 우리에게 향한 그 사랑을 빨간 꽃으로 표현하시는 것 같습니다. 피를 토하듯 강렬하고 간절한 프로포즈를 하고 계신다고 받아들여집니다. 꽃들이 너무 아름답습니다. 이 꽃들이 영광스럽게 여겨집니다. 모든 피조물들에 하나님의 영광스러움이 다 깃들여 있는데, 피었다가 지고 없어질 이 꽃들도 하나님께서 먹이시고 입히시고 키우시는데 하물며 하나님의 숨을 불어넣어서 지은 우리는 어떠할까요? 우리는 이 꽃보다 더 소중하고 귀중한 존재입니다. 이 작은 꽃들에서도 하나님의 영광이 번져 나오는데 우리에게는 그보다 엄청난 하나님의 영광이 입혀졌고 부어졌습니다. 하나님의 영광으로 우리가 옷 입었습니다.

여러분 자신을 한번 바라보십시오.
한번 크게 외칩시다.

나는 하나님의 영광입니다
나는 하나님의 형상입니다
나는 이 세상 누구와도 같지 않은 독특한 존재입니다

우리 모두는 제각기 다릅니다

장미꽃이 아름답다고 모든 꽃들이 다 장미꽃이 되겠다고 하여 온 천지에 장미꽃만 있다면 이 세상은 절대로 아름답지 않습니다. 각종 들풀들이 꽃을 피우고 제비꽃, 진달래 등 각기 이름 모를 꽃들이 다양하게 피어있을 때 아름답습니다. 산 한 구석에 보면 눈에 띄지도 않게 작지만 열심히 피어있는 꽃들이 있습니다. 제각기 하나님이 지으신 그 몫을 다하고 있는 것입니다. 우리는 똑같지 않습니다. 우리는 다릅니다. 우리가 다르기 때문에 이 세상은 조화를 이루고 아름답습니다. 합창단이 전부 다 알토나 소프라노만 있는 것보다 알토, 소프라노, 베이스, 테너 등 다양한 파트가 있어서 그것이 어우러질 때 정말 아름답습니다.

우리들은 사랑받게 되면 자기 자신에 대해 소속감이 생깁니다. '누구도 나를 싫어하지 않구나. 누구도 나를 미워하지 않구나. 누군가가 나를 미워할지라도 나는 어딘가에 담겨지고 있어. 나는 받아들여지고 있어.' 이럴 때 소속감이란 것은 우리 안에 행복을 주는 중요한 한 요소가 됩니다.

하나님은 나의 주인입니다
하나님은 내 감정의 주인입니다
하나님은 나의 모든 관계의 주인입니다

지난 번 강의에서 하나님의 나라인 천국 만들기 말씀을 나누었는데 여러분들이 천국을 어떻게 만들어가고 있을까 그 생각을 하며 한번 상기시켜드리고 싶어서 여러분에게 편지를 보냅니다.

하나님의 나라를 살아가는 우리는 매 순간 모든 삶의 영역에서 하나님이 우리를 다스리시고 통치하시도록 우리가 내어 드릴 때 우리 안에 그 하나님 나라가 이루어진다는 것입니다. 그래서 앞에서 내어 드린 과제는 잠시만 하는 것이 아니라 삶의 모든 순간 마다해야 합니다.

내가 힘들고 불편할 때 '나는 지금 이 순간을 주님께 드리고 있는가? 이 상황을 주님께 통치 받고 있는가? 주님이 왕 되심을 인정하는 순간이 되고 있는가?' 하는 것을 먼저 떠올려야 합니다. 그 생각으로 다시 그 일로 돌아가서 내가 힘들고 짜증나고 화가 나고 우리 주변의 일들이 우리를 혼란케 하더라도 '이 시간을 주님께! 이 상황의 주인이 주님이심!'을 선포하고 고백해야 합니다. 그렇게 했을 때와 그렇지 않을 때는 큰 차이가 있는 것입니다.

"맡기지 않은 물건은 책임지지 않습니다. -주인백-"
저 역시도 이렇게 말씀을 해 놓고도 어떤 순간에 돌아보면 '어! 내가 이 시간에 주님의 통치를 구하지 않으며, 이 상황 가운데 주님이 왕 되심을 인정하지 않고 내 스스로 주인이 되어서 살고 있었구나.' 할 때가 있습니다. 주님이 주인되심을 선포하며 모든 상황에 주님이 나를 다스리시도록 지금 이 시간에 주님이 친히 나를 다스리고 나를 지배해 주시도록 맡겨드립시다. 분명히 "너희 모든 짐을 내게 맡겨 버리라 그리하면 너희를 돌보시리라." 하셨습니다.

오 신실하신 주! 주님은 정말 신실하신데 우리가 상황마다 "너희 염려를 주께 맡기라" 하신 말씀대로 맡기지 않기 때문에 그것을 내가 다 짊어지고 사는 것입니다. 그런데 아무리 드리려 해도 잘 안됩니다. 하나님을 신뢰한다면 맡길 수 있지 않을까요? 제대로 맡겨지면 하나님의 나라가 내 안에 이루어짐으로 천국의 삶이 가능해집니다.

여러분은 소중하지 않다고 생각해 본적이 있습니까?

우리를 불행하고 슬프고 우울하게 만드는 요소들 중에 오늘 함께 얘기하고자 하는 부분은 "내가 너무 못났기 때문에, 내가 너무 모자라기 때문에," 가지는 열등감입니다. 다른 사람들이 보기에는 괜찮은데 왜 자기 자신은 그렇게 못마땅하다고 생각할까요? 나 혼자만 두고 나를 보면 괜찮습니다. 그런데 다른 사람들이 사는 모습을 보니 다들 너무 잘 나가고, 너무 잘 사는 것 같습니다. 저 사람들은 돈도 잘 버는 것 같습니다. 다른 부부들은 다 행복한 것 같습니다. 어떤 사람은 아무 걱정 없이 사는 것 같습니다. 남과 비교하니 나는 무능하고 모자랍니다. 열등감이 우리 안에 자리 잡고 있을 때 우리는 행복하지 않고, 비참하고 불행합니다.

열등감은 비교할 때 생깁니다.

우리나라만큼 열심히 바쁘게 살아가는 나라는 없는 것 같습니다. 우리보다 문명이 발달하지 못한 나라에 사는 사람들이 훨씬 더 여유 있고 하나님을 만나는 여유도 누리기 쉬운 것 같습니다. 우리가 바쁘게 사는 이유 중 하나는 어릴 때부터 치열한 경쟁 사회 속에서 남과 비교해서 '지면 안 된다.', '뒤처지면 안 된다.'는 강박에 쫓기기 때문입니다. 그래서 다른 사람들은 잘 달려가서 좋은 자리, 중요한 자리, 괜찮은 자리에 서 있는데 '나는 도대체 이게 뭐야.' 하는 생각으로 심히 혼란스럽고 비참해 질 때가 많이 있습니다. 눈만 뜨면 신문, TV 등에서 쏟아지는 각종 정보를 따라잡으려고 얼마나 열심히 달려가고 있는지 모릅니다. 정신을 차릴 수가 없습니다.

그런데 그렇게 열심히 달려가고 있음에도 불구하고 왜 이렇게 뒤처지는 것 같을까요? "최고", "제일", "특대", "1등" 여기에 우리의 모든 에너지를 쏟고 있기 때문입니다. 그런데 우리가 아무리 달려가도 최고가 되기는 어렵습니다. 그래서 아무리 공부를 잘 해도 나보다 더 잘하는 아이들보다 못하다는 열등감에 시달립니다. 제가 학교에 상담을 갔을 때 전교 5등하는 한 학생이 상담하러 왔는데 와서 눈물을 뚝뚝 흘리는 겁니다. 그렇지 않아도 불안한 아이를 "조금만 더 하면 3등할 수 있어."하며 엄마마저 아이를 조이는 것입니다. 더 잘 나가는 남과 비교하면 언제나 나 자신에게 만족하지 못합니다.

한 예로 아이를 키우는 엄마들도 똑같습니다.
"몇 개월이에요?"
"5개월이에요."
"어머. 우리 애는 3개월인데 얘보다 훨씬 더 똑똑하잖아"
아무것도 아닌 것으로 계속 비교합니다. '저 집 애는 말을 한다는데 우리 애는 왜 이 럴까?' 불안해진 엄마들은 애들을 닦달합니다. 주변에 눈을 돌리면 다른 아이들은 전 부 공부 잘하는 것 같고 전부 대학 가고 전부 좋은 직장 다니는 것 같은 착각 속에서 불안감을 느낍니다.

'동창회에 갔더니 학교 다닐 때 나보다 공부 못하던 친구가 큰 기업의 사장이 되어 있어서 내가 진짜 속상했어.' 그래서 어떤 사람은 동창회 갔다 오면 마음이 깊이 우울 해진다고 합니다. 그래서 동창회 안 간다 합니다. 혼자 있을 때는 못 느끼다 나와 비슷 한 사람과 같이 있는데 나보다 잘 나가니 내가 열등감을 느끼게 됩니다.

외국에 나가면 어떤가요? 미국에 가서 보니 코 큰 사람들이 좀 더 잘 나 보이고 좀 더 멋있어 보이는 마음이 있는 거 같습니다. 그런데 베트남이나 태국이나 인도에 가면 내가 더 잘난 것 같습니다. 고향에 온 것처럼 참 편합니다. 옛날 50년대 우리 삶이 비숫했으니까요. 그 동네 가면 그냥 친구 되고 싶고 같이 예배하며 음식을 나누며 격이 없이 참 편안합니다. 하지만 사람의 가치는 인도 사람이나 한국 사람이나 중국 사람이나 미국 사람이나 똑같은 존귀함을 가지고 있습니다. 흑인도 마찬가지입니다. 인종차별 자체부터가 인간 속의 교만함에서 비롯되며 하나님의 창조의 역사를 거스르는 것입니다. 그런데 우리는 늘 비교하면서 나 잘난 맛에 삽니다.

우리가 '비교하자.' 하지 않아도 언제나 비교하고 있습니다. 왜 비교할까요? 그 안에는 인정받고 사랑받고 싶은 욕구가 너무 많기 때문입니다. 그러면 왜 인정받고 사랑받고 싶은 욕구가 있습니까? 우리 안에는 하나님으로 채워져야 할 비어있는 사랑의 공간이 있습니다. 그곳은 어린 시절에는 부모를 통해 채움을 받고 자라면서는 환경을 통해 그리고 서서히 하나님을 통해 이 비어있는 공간들이 채움을 받아야 됩니다. 우리가 채움 받지 못하고 자라게 되면 우리도 모르는 사이에 자기 힘으로 보상받으려는 심리가 생겨서 채움 받지 못한 곳을 다른 것으로 채우려고 합니다. '난 절대 무시 당하지 않을 거야', '좋은 옷을 입고 좋은 차를 타고 다니면 날 무시하지 않겠지', '좋은 아파트에 살면 날 무시하지 않겠지', '부자가 되면 날 무시하지 않겠지', '의사나 판사가 되면 날 무시하지 않겠지' 그래서 우리 사회는 체면 문화 체면 사회가 되었습니다.

물론 비교할 수 있습니다. 비교하는 것이 나쁜 것도 아닙니다. 그러나 우리가 비교 당하는 상황이 되면 어떤가요? '난 이게 뭐야.'라고 생각합니다. 한 사람을 챙겨주면 챙김 받지 못한 사람이 상처받고, 한 사람이 시험에 합격하면 합격 못한 사람이 상처받고 한 사람이 승진하면 승진 못한 사람은 또 상처받습니다.

열등감의 종류

외모

아름다움에 대한 열등감이 있습니다. 외모를 통하여도 인정받고자 하는 깊은 욕구가 있습니다. "나는 눈이 조금 더 커야 해." "아니야, 나는 몸무게가 좀 더 줄어야 해." "아니야, 나는 피부색이 좀 더 희면 좋겠어."등의 생각을 하고 계시나요? 우리 안에 이런 욕구들을 버릴 수가 없습니다. 미에 대한 절대 기준은 없습니다. 여러분 우리는 각기 다른 모습으로 태어났습니다. 냄새도 다르고, 모양도 다르고, 우리의 기질도 다 다르게 태어났습니다. 그런데 다른 것은 인정받지 못하고, 다른 것을 받아들이지 못합니다.

어떤 연예인이 새로운 모자를 하나 썼다 하면 가장 민감하게 반응하는 중,고등학생들에 의해 그 모자가 불티나게 팔리게 됩니다. 중, 고등학생 시기는 자기 정체성의 혼란이 올 때이며 정체감을 새롭게 세워갈 때이기 때문에 '어느 영웅을 닮아볼까? 어느 멋쟁이를 닮아볼까?' 하며 자라고 있는 과정이지만 우리 어른들까지 똑같이 그렇게 살아야 하는 게 맞을까요?

어떤 분은 성형수술을 해서라도 내 자존감이 조금이라도 세워질 수 있다면 하겠다고 합니다. 물론 좋습니다. 그렇지만 그렇지 않더라는 것입니다. 성형수술로 자신이 원하는 얼굴로 바뀌었는데도 열등감을 느끼는 마음은 치료되지 않고 겉모습만 바뀌었을 뿐이니 그 사람의 삶이 행복하지 않더라는 것입니다.

지성과 소유

삼성경제연구소에서 실시한 한국종합사회조사(KGSS)를 토대로 한국인의 의식을 분석한 결과발표에서 한국인은 남보다 잘산다고 느껴야 행복하다고 느끼고, 많이 배울수록 행복할 것이라는 의식, 즉 박사학위 소지자의 만족도(2.71)가 종교의 만족도(2.48)

보다 우위에 있는 것으로 나타났습니다. 이것은 인정받을 수 있는 조건이 부를 소유해야하고 많이 배워 많은 스펙을 나열하는 것이라고 생각하기 때문입니다. 무슨 학위가 있느냐? 무슨 자격증이 있느냐? 이것에 대해 우리나라는 정말 미친 듯이 달려갑니다. 우리 세미나도 자격증 교육한다고 하면 광고할 필요도 없이 많이 옵니다. 그러나 내 영혼의 필요에 대해선 별로 신경 쓰는 사람이 없습니다. 지성에 대한 열등감이 굉장합니다. 학력에 대한 열등감 또한 굉장합니다. 예를 들어 미국 하버드대학 수석 졸업이라는 프로필을 듣게 되면 많은 사람들이 "와~"하며 그 사람을 인정하게 됩니다. 각종 강의에 초청되는 강사들의 프로필을 보면 굉장합니다. 저도 가끔 강사 프로필을 요구받을 때 참 고민스럽습니다. 내세울 근사한 프로필이 있어야 말이죠. 프로필이 있어야 다른 사람에게 소개를 잘 할 수 있다고 하여, 창원극동방송에서 강의 및 출연 경력 등 이것 저것 강의 경력을 모아 냈더니 "와~ 그렇구나." 하며 인정합니다. 그러니 저도 '그렇지, 방송을 타야 유명세를 얻지.' 이런 유혹을 받습니다. 저도 별 수 없는 인간입니다.

사람들 안에 이런 욕구들로 가득 찬 세상으로 변해 버렸습니다. 그래서 진짜가 뭘까? 잘 표가 나지 않습니다. 겉으로 멋있게 포장해 놓으면 "와~ 괜찮아 보인다." 합니다. 포장 문화가 점점 발달되어 갑니다. 사람들이 포장을 참 정성스럽게 합니다. 그들도 체면을 굉장히 중요시한다고 합니다. 그러다 보니 굉장히 억압되어 있습니다. 우리는 남에게 내가 어떻게 보일까 하고 신경을 많이 씁니다. 그래서 진짜 나보다는 그럴듯하게 보이기 위해 가짜 나를 상품으로 만들어내야 하는 것입니다. 아파트 평수, 좋은차, 유명메이커...? 바른 눈을 가진 사람은 사람을 외모로 스펙으로 판단하지 않습니다. 하나님의 사람들은 세상적인 것들로 판단하는 자들이 아닙니다. 외부 세계의 사람들이 나를 어떻게 판단하든 내가 가지고 있는 보배로운 것에 대하여 나는 감사하고 그대로 인정하고 축복하고 살 수 있는 것입니다.

우월감과 열등감

　열등감의 반대말은 우월감 같지만, 열등감과 우월감은 한 동전의 양면입니다. 똑같은 자를 가지고 재어봤을 때 키가 큰 사람은 "내가 키가 크잖아. 난 잘났어." 하고 잘난척합니다. 또 상대적으로 작은 사람을 내려다보며 '내가 훨씬 낫잖아.' 하며 슬그머니 마음이 높아집니다. 우월감은 자존감이 아닙니다. 우월감은 자기 교만입니다. 이것은 열등감과 똑같은 것입니다. 말하자면 비교하여 내가 좀 낫다 싶으면 나 스스로 교만해지는 것입니다. 진정한 자존감은 우월감과 열등감 사이를 왔다 갔다 하는 것이 아닙니다.

　자존감은 하나님 보시는 대로 나를 보는 것, 자존감이 높다는 것은 하나님이 나를 보시는 관점만큼 가깝게 나를 보고 있다는 겁니다. 그렇다면 자존심과 자존감은 어떻게 다릅니까? 자존심은 나에 대한 존중감, 나의 가치감을 내가 느끼지 못하기 때문에 나를 지키려는 방어기제입니다. 나 자신의 가치를 고수해 보려는 나 스스로의 노력입니다. 그러나 자존감은 하나님이 지으신 본래 모습 그대로 '난 괜찮은 존재이구나.' 이렇게 생각하는 것입니다. 자존감이 높은 사람은 자존심을 내세우지 않습니다. 나를 방어할 이유가 없기 때문입니다. 자존감은 사랑받을 때 높아집니다. 자존감은 소속감, 안정감, 가치감을 만들어 줍니다. 자존감은 자신을 존귀하게 여기는 마음이며 기준은 하나님이십니다. 여러분! 하나님이 지으신 모든 것이 다 선하십니다. 우리 모두는 하나님의 작품입니다. 하나님의 선하신 작품입니다. 그래서 감사함으로 받으면 버릴 것이 없습니다. 하나님이 나를 보시는 관점, 하나님이 보시는 나만큼 나도 나를 귀하게 여기고 사랑합시다.

건강한 자아상- 나를 사랑하기

　여러분 자기 스스로를 사랑해야 합니다. 자기 외모에 대하여 지금 어떤 모습이라도 하나님이 지으셨기 때문에 감사합시다. 자신의 외모에 대해서 싫어하는 모습이 있습니까? 미에 대한 것이 별것 아닌 것 같지만 이것 때문에 어깨를 못 펴고 얼굴을 못 듭니다. 거울 앞에서 자신을 쳐다보며 '왜 이렇게 못생겼나?' 하지 마시고 '나는 왜 이렇게 예쁠까' 하며 감사하십시오. 거울 속에 있는 나를 축복하십시오. 그러면 예뻐집니다. 여러분 자신을 자꾸 미워하고 학대해 보십시오. 내가 나를 미워하면 그 미움이 나에게 씌여집니다. 자신을 미워하면 미움의 설계도가 만들어져서 다른 사람에게도 자신을 미워하도록 광고하는 것과 같습니다. 다른 사람이 나를 미워할 때 혹은 다른 사람에게 인정받지 못할 때 나도 나를 미워할 수가 있습니다.

우리의 몸도 구체적으로 축복을 받아야 합니다.
어떤 분의 아버지는 늘 딸에게 너의 얼굴은 관상학적으로 제대로 생긴 곳이 없다고 했습니다. 그는 그 말이 상처가 되었고 자신의 외모가 늘 부끄러웠습니다. 그는 언젠가부터 거울을 보며 자기 얼굴을 축복하고 감사하기 시작했습니다. 그가 대학 시절 함께했던 교회의 지체들이 그의 얼굴과 표정이 참 은혜로웠다는 얘기를 들었다고 합니다.

자, 거울을 앞에 놓고 내가 밉다고 했던 부분에 대해서 용서를 구하십시오. 자기 몸에 대해 용서를 구해야 할 필요가 있습니다. 내 몸과 화해해야 할 필요가 있습니다. 자기 몸을 싫어하는 것은 건강한 자존감을 소유한 사람이 아닙니다. 자기 눈에 대하여 코에 대하여 귀가 생긴 모양 입 모양 목소리 어깨 손 허리 다리 모양 발 내 몸의 모든 부분에 대하여 축복합시다. 어떤 분이 자기 몸을 축복하면 자기 몸과 화해를 하는 대화를 할 수 있다고 합니다. 그 말이 맞습니다. 내가 나 자신의 몸을 사랑하고 받아들일 때 몸이 안식하고 쉴 수 있습니다. 우리가 영혼이 중요하다고 하지만 몸을 떠난 영혼을 생각할 수 없습니다. 그래서 나의 있는 모양 그대로를 사랑하고 축복하십시오. 자기 몸을 격려하십시오.

　건강한 자아상은 하루하루 있는 모습 그대로를 받아들이는 것에서부터 시작됩니다. 하나님은 우리의 몸을 하나님의 거룩한 손을 거쳐 하나님의 최고의 걸작품으로 만드셨습니다. 하나님이 지으신 모든 것을 감사함으로 받습니다. 이제 여러분의 몸이 기분이 좋아졌습니다. 어떤 분은 음식을 함부로 먹어 배가 아플 때 자기 위장에게 사과를 한다고 해요. "미안하다. 내가 함부로 먹어서" 그럴 때 우리의 몸은 우리의 말을 듣고 반응한다고 합니다. 여러분! 우리의 몸은 우리의 말에 반응을 합니다. 우리의 생각에 반응을 합니다. 그래서 우리의 몸을 축복하고 우리의 몸을 거룩한 주님의 보혈로 덮어서 정결케 하는 작업이 중요합니다.

　혹시 여자인 것이 싫은 분이 있습니까? 혹시 남자인 것이 싫으신 분이 있습니까? 그 부분에 있어서도 "주님, 내가 여자인 것 감사합니다.""내가 남자인 것 감사합니다." 그리고 지금 현재 내 모습에 대해 그대로 받아들이고 수용하십시오. 자기를 학대하고 미워하는 한 부분이 남아있을 때 이것은 관계 안에 영향을 미치게 됩니다. 이제 여러분의 몸이 많이 기뻐하고 있습니다. 여러분의 발이 수고한 것에 대해 위로해 주고 쓰다듬어 주어야 합니다. 사랑받는 세포는 암을 이긴다고 합니다. 세포를 축복하면 그 세포가 자신의 기능을 다 할 수 있도록 활성화되는 능력이 우리 안에 생기게 되는 것입니다.

　우리가 달려가고 있는 것이 겉으로 보이는 업적, 결과, 그럴 듯한 모양 이런 것들을 위한 것이 되고 그런 세상이 괜찮아 보이는 세상이 되어가고 있습니다. 하지만 이 땅에서 가장 작은 자, 이 땅에서 가장 소외된 자를 하나님은 큰 자라고 하셨습니다. 그런 자에게 찬 물 한 그릇 대접하는 것은 예수님께 대접한 것이라고 하셨습니다. 그런데 우리는 좋은 옷을 입고 좋은 차를 타고 좋은 학위를 가진 사람에게는 더 깍듯이 숙이고 그렇지 못한 사람에게는 함부로 대합니다. 자기 내면에 열등감을 가진 사람일수록 상대를 더 그렇게 대하게 됩니다. 자기 내면에 열등감이 많으면 좀 갖추었다 싶은 사람 앞에선 굴욕적이 됩니다. 비겁하게 우러러 보며 존경합니다. 반면 좀 부족하다 싶으면 아주 무시합니다. 교회도 똑같이 이런 모습을 갖고 있다면 이것은 큰 문제입니다. 교회도 하나님의 백성들도 세상 사람들이 추구하며 갖추어가는 것을 좇아 살아간다면 이 세상과 다를 바가 없습니다. 그래서 우리는 우리의 속사람이 새로워지고 강건해져야 하며 그럴 때 우리 안에 하나님의 생명의 능력이 더 커질 것입니다.

열등감을 주제로 강의를 할 때는 회개하는 마음이 많이 생깁니다. 은연 중에 갖추지 못한 사람들을 무시하고 갖춘 듯한 사람들은 높게 여기는 마음을 회개하게 됩니다.

하나님이 만드신 하나님의 사람들은 어느 누구든 다 귀합니다.

여러분은 다 존귀한 자들입니다. 존귀한 하나님의 자녀들입니다.

여러분 자신을 그렇게 생각합니까?

그렇다면 이제 나 자신에 대해서 '나는 괜찮은 사람이다.'라고 하나님이 지으신 모습 그대로를 인정해 보십시오.

선포합시다!

> **나는 괜찮은 하나님의 딸이다**
> **나는 괜찮은 하나님의 아들이다**

당신이 태어난 그 순간부터 당신은 참 괜찮은 하나님의 사람입니다.

영광의 하나님께서 그 높으시고 존귀하신 하나님께서 나를 이토록 존귀하게 하나님의 생명, 하나님의 DNA, 하나님의 영을 불어넣어서 나를 하나님 닮도록 지으셔서 감사합니다. 그럼에도 불구하고 상처 입은 우리는 자신에 대하여 소중하지 않다고 여기며 매력 없고 무가치 하다고 느끼며 살고 있었던 때가 많았습니다.

하나님께서 그토록 사랑하시는 나를 미워하였습니다. 사람과 비교하며 경쟁하며 지지 않으려고 불안한 마음으로 하나님은 보지도 않고 열심히 쉼도 없이 경쟁하며 달려왔습니다. 아무리 달려가도 안전한 종착역은 없이 늘 두려웠습니다.

나보다 잘나고 나보다 많이 가진 사람들 때문에 나는 아팠습니다. 이제 80억 인류 중에 하나뿐인 나, 나의 독특함을 받아들입니다. 이제 독특한 나가 되고 독특한 나로서 살겠습니다. 나의 주인이 하나님이심을 인정합니다. 나보다 잘난 사람과 같거나 더 탁월해질 필요가 없기에 하나님이 나를 지으신 목적을 바라보며 나의 인도자 나의 보호자 되신 주님만 신뢰하고 살겠습니다.

나를 사랑하셔서 임마누엘 되시고 나에게 오셔서 나와 함께 사시려고 나를 성전 삼아주신 주님 참으로 감사합니다. 주님의 임재하심 가운데 주님의 사랑 먹고 마시게 하소서. 하나님 닮은 나가 하나님으로 충만하게 하소서. 나를 하나님의 형상, 하나님의 영광으로 지으셔서 감사합니다. 주님 사랑합니다.

1. 열등감이 생기는 원인은 누군가로부터 비교당할 때, 성장과정에서 사랑 받지 못할 때, 거절 받을 때, 상처를 받으며 자신이 소중하지 않다고 느낄 때입니다. 모든 정신과적인 문제의 저변에는 열등감이 자리 잡고 있습니다. 열등감은 경쟁사회를 만들며 경쟁사회는 열등감을 더욱 강화 시킵니다. 성형왕국, OECD국가 중 자살증가율 1위, 우울증, 다이어트, 높은 교육열 등은 열등감 소산 이라고 말해도 과언이 아닙니다. 시기, 질투, 관계 갈등 등의 요인 역시 열등감입니다. 교회 안에서의 갈등의 요소 역시 열등감으로 인한 것들입니다.

2. 사단의 심리적인 무기

열등감은 사단이 사용하는 심리적인 무기의 1순위입니다. 그것은 곧 자존심의 싸움이기도 하지요. 열등감이 치유 된다는 것은 옛 자아의 죽음과도 같은 것입니다. 열등감의 족쇄로부터 자유하게 된다는 것은 죄로부터 자유하게 된다는 것으로 이해할 수 있습니다.

3. 열등감의 족쇄

사울이 그 말에 불쾌하여 심히 노하여 이르되 다윗에게는 만만을 돌리고 내게는 천천만 돌리니 그가 더 얻을 것이 나라 말고 무엇이냐 하고 그 날 후로 사울이 다윗을 주목하였더라 그 이튿날 하나님께서 부리시는 악령이 사울에게 힘 있게 내리매 그가 집 안에서 정신 없이 떠들어대므로 다윗이 평일과 같이 손으로 수금을 타는데 그 때에 사울의 손에 창이 있는지라 그가 스스로 이르기를 내가 다윗을 벽에 박으리라 하고 사울이 그 창을 던졌으나 다윗이 그의 앞에서 두 번 피하였더라(삼상 18:8-11)

① 사울이 다윗을 주목하였더라

왕인 사울이 어린 다윗을 자신의 경쟁 상대로 생각하면서부터 그의 평생을 다윗을 주목하고 묵상하고 그를 죽이려고 다윗을 쫓아다녔다.

② 사울이 다윗을 더욱 더욱 두려워하여 평생에 적이 되니라 (삼상18:29)

열등감에 사로잡히면 이렇게 하나님의 주권 인정이 어렵게 됩니다. 하나님의 주권을 인정하지 못하므로 두려움의 포로가 되어집니다.

③ 사울이 다윗을 주목하므로 악한 영에 사로잡히는 결과를 초래합니다.

4. 열등감의 치료

① 예수님은 상처 입은 자를 치료하려고 오셨습니다. 이것은 곧 죄의 문제 해결과 동일한 것입니다.

② 사랑 받으면 치료 됩니다. 예수님의 사랑을 받는 자는 흠과 티와 주름 잡힌 것이 없는 거룩한 교회로 세워지게 됩니다.

③ 하나님의 사랑 안에 거하려면 하나님의 임재 가운데 살아야 합니다.

④ 우리 각자는 서로 다른 독특한 지문을, 개성을 가지고 있습니다. 그러므로 우리 모두는 하나님께 특별한 존재입니다. 나는 하나님께로부터 창조된 하나님의 형상입니다. 나는 하나님의 아들의 생명을 주고 산바 된 소중한 존재입니다.

생각나눔

1. 나는 나 자신을 얼마나 사랑하고 있습니까?

2. 자기 사랑은 이기적인 것과 어떻게 구분됩니까?

3. 자신이 가진 열등감의 종류를 체크해보십시오.

(외모, 학력, 소유, 능력, 성장배경, 출생비밀 등등)

4. 이러한 열등감의 치유의 길은 무엇이라고 생각하십니까?

5. 나는 시기심과 질투심을 느낄 때는 언제입니까?

6강 열등감의 치유 II
수치심, 죄책감으로부터의 자유함

오늘도 나는 이 지독한 우울의 감정과 사투를 벌이고 있다.
온 몸과 마음은 천근 만근이라 무엇 하나 제대로 해낼 수 없는 절망감까지….
누가 이런 나를 이해할까?

누구에게 이런 감정 들키기라도 할까봐 온 힘을 다해 웃음을 지어보지만
다시 제자리로 돌아오고 마는 나 자신을 본다. 내 안에 있는 또 다른 나…
날마다 서럽게 징징거리고 배고프다고 절규하며 울고 있다.
자라지 못하고 웅크리고 있는 모습이 슬퍼 보이기까지 했다.
어릴 적 부모님의 하루도 쉬지 않고 싸우는 모습을 보며 자란
나는 성인이 되어도 우울과 불안이 따라다녔다.

눈부시게 벚꽃이 아름답게 피는 4월 진해에서 헤세드 회복 학교가 열렸다.
나는 이 학교를 통하여 생명의 빛을 받기 시작했다.
이 지독한 어두움은 이 빛 앞에 견딜 수가 없어 빛으로 교체되기 시작했다.
강의자의 말씀을 통하여 그 가운데 흘러 나오는
하나님의 사랑이 어둠을 밀어내고 채워지기 시작했다.

"너희가 전에는 어둠이더니 이제는 빛이라 빛의 자녀들처럼 행하라"
너희가 젖을 빠는 것 같이 그 위로하는 품에서 만족하겠고 젖을 넉넉히 빤 것 같이 그 영광의
풍성함으로 말미암아 즐거워하리라(사 66:11)

＊＊ 집사

6강 열등감의 치유 II
수치심, 죄책감으로부터의 자유함

갈렙이 모세 앞에서 백성을 조용하게 하고 이르되 우리가 곧 올라가서 그 땅을 취하자 능히 이기리라 하나 그와 함께 올라갔던 사람들은 이르되 우리는 능히 올라가서 그 백성을 치지 못하리라 그들은 우리보다 강하니라 하고 이스라엘 자손 앞에서 그 정탐한 땅을 악평하여 이르되 우리가 두루 다니며 정탐한 땅은 그 거주민을 삼키는 땅이요 거기서 본 모든 백성은 신장이 장대한 자들이며 거기서 네피림 후손인 아낙 자손의 거인들을 보았나니 우리는 스스로 보기에도 메뚜기 같으니 그들이 보기에도 그와 같았을 것이니라(민 13:30-33)

우리는 스스로 보기에도 메뚜기 같으니

33절이 심리학적 표현을 아주 정확하게 하고 있습니다. 스스로 보기에도 내가 메뚜기 같으면 다른 사람도 나를 메뚜기로 본다고 철저하게 믿습니다. 이것을 **메뚜기 콤플렉스**라고 합니다. 여러분은 스스로를 무엇으로 봅니까? 나 스스로 나를 보는 모습대로 다른 사람도 나를 그렇게 볼 것이라고 믿습니다. 내가 내 모습을 메뚜기로 보고 있으면 다른 사람도 나를 메뚜기로 볼 것이라고믿습니다. 사람들이 나를 보고 웃고 있으면 '나에게 뭐가 묻었나. 왜 웃어?'라고 할 수 있는 일을 '저들이 나를 무시하고 있구나.'라고 생각합니다. 몇 명이서 같이 이야기를 하고 있는 중에 한 분이 화장실을 다녀왔습니다. 공교롭게 그분이 다시 왔을 때 이야기가 끝이 났습니다. 그분은 나에 대해 말하다가 내가 오니 그쳤구나 생각하고 심하게 화를 냈습니다. '내가 설거지를 할 때 요란하게 해서

흉봤지'라는 것이 그 분의 생각이었습니다. '내가 설거지를 요란스럽게 하니 다른 사람들이 내 설거지에 대해서 비난하고 욕할 것이다'라고 철저하게 믿고 있는 것입니다. 여러분도 여러분 자신에 대해서 그렇게 철저하게 믿고 있는 것은 없습니까?

지금 이스라엘 백성들이 그랬습니다.

그들의 보기에도 메뚜기 같았을 것이니라

12명의 정탐꾼이 가나안을 탐지해 보니 과연 젖과 꿀이 흐르는 곳이구나. 그러나 그곳에는 '거인이 있다. 네피림이다. 대장부들이라.' 그리고 나를 보니 '나는 너무 작아.' 우리는 대체로 잘난 어떤 사람을 보고 나를 보고 그를 보고 나를 보고 그를 보고, 나도 모르게 그런 식으로 보게 됩니다.

우리는 올라가서 능히 그 백성을 치지 못하리라

그는 우리보다 강하다 그래서 이길 수 없다. 그렇게 믿은 것입니다. 그리고 그 땅은 거민을 삼키는 땅이라고 주석하며 이미 자신들이 잡아 먹히는 그림을 보고 믿고 행동하는 것입니다. 그 열 사람은 '그 땅은 거주민을 삼키는 땅이다. 그 곳 백성들은 신장이 장대한 자들이다. 네피림의 후손들이다. 거인들이다.' 그렇게 본 것입니다. 그리고 "나 자신을 보니 스스로 보기에도 메뚜기 같아 보이니 그들이 보기에도 그와 같았을 것이다." 이렇게 보았습니다.

우리는 어떤 문제나 사건을 볼 때 그 사건은 우리를 향하여 소리칩니다. '이렇게 큰 문제는 해결이 불가능해! 이렇게 큰 문제는 길이 없는 거야! 하나님도 이 문제에 대해서는 손쓰지 못할 걸! 봐! 넌 이런 큰 죄를 지었잖아! 넌 과거가 이렇잖아!'

사탄이 우리에게 하는 것은 거짓을 말합니다. 사탄은 참소합니다. 그리고 혼미케 합니다. 이것은 내면에 있는 열등감 그리고 거절감을 자극합니다. 거절감은 내면에 그대로 남아 있으면 그것은 곧 열등감과 똑같습니다. 거절감과 열등감은 구분이 잘 되지 않습니다. 그리고 그것은 죄책감으로까지 발전합니다. 우리가 거절감에 대해 공부했습니다. 거절감이라는 것은 상대가 잘못했든 아니든 내 안에서 느끼는 나의 느낌입니다. '넌 나가! 넌 인간이 아니야! 넌 제대로 하는 게 없어!' 이런 말은 다 아프게 하는 말이고 거절감을 느끼게 하는 말입니다.

하지만 어느 한 사람을 계속 칭찬하는 말을 듣다보면 상대적으로 나 자신이 열등함을 느끼고 거절감을 느끼게 됩니다. 이러한 역할을 사탄이 하는 것입니다. 거절감을 느낀다는 것은 동시에 열등감도 느낀다는 것입니다. '아버지가 나를 버렸다! 나를 심하게 학대했다! 나를 너무 엄하게 키웠다!'와 같은 사실들을 경험하면서 '나는 받아들여지지 못하는구나! 나는 못났지! 나는 뭔가 모자라지!' 하며 열등감이 만들어집니다. 열등감이 만들어지고 나면 그 다음 죄책감과 구분이 되지 않습니다. 자기 스스로 죄지었다고 생각합니다. 이것이 심해지면 가정 안에서 안 좋은 일이 생기면 '나 때문에 생긴 일 일거야!'라고 생각이 발전하고, 더 나아가서 다른 사람에게 생긴 안 좋은 일까지도 나 때문이라고 생각하게 됩니다. 정신적으로 힘드신 분들에게서 수없이 많이 들어온 이야기입니다. 가장 사랑받고 인정받아야 될 부모, 권위자로부터 거절 받게 되었을 때 그 다음은 열등감이 생기게 되는 것입니다. 자신감이 없어집니다. 아무리 능력 있다 하더라도 자기 스스로 못났다고 생각하면 그 능력을 발휘할 수가 없습니다.

인간관계를 맺을 능력은 사랑 받는 데서 나옵니다. 사랑을 많이 받을 때 다른 사람과 관계를 맺을 능력이 생기는 것입니다. 관계가 어렵고 소통이 안 되다 보니 관계 소통에 관한 프로그램들이 많이 있기도 하지요.

우리가 하는 대화가 얼마나 폭력적인지 알아야 합니다. 몽둥이로 물리적인 가해를 하는 것만이 폭력이 아닙니다. 별 것 아닌 말이 폭력적일 때가 얼마나 많은지 모릅니다.

폭력이 난무하는 세상입니다. 이렇게 폭력이 행사되면 우리 안에 거절감, 열등감, 죄책감으로 이어집니다. 그래서 많은 심리학자들이 말하기를 열등감과 죄책감은 구분이 안 된다고 했습니다. 열등감이 깊어지면서 기질적으로 어떤 사람에게는 외부를 향해 공격적인 분노로 나타나고 또 어떤 사람에게는 자기 자신을 향한 학대와 분노로 나타납니다.

그러면서 하나님을 왜곡해서 보게 되는 거에요. 이런 사람들이 성경을 해석하게 되면 전혀 객관적이지 못한 해석을 하게 됩니다. '하나님은 사랑이시다. 우리 있는 모습 그대로를 사랑하신다'라고 설교하면서 결론은 그래도 하나님은 사랑받을 짓을 해야 사랑한다고 적용합니다.

하나님의 말씀이 무엇이라 말하는지 잘 보아야 합니다. 그런데 하나님이 우리를 사랑하신다는 하나님의 참사랑을 이야기하면 마음에 분노가 일어나서 견디지 못하는 것입니다. 물론 사람들이 듣기 좋은 말만하는 선지자는 거짓 선지자라 말할 수 있겠죠? 하지만 하나님이 우리 있는 모습 그대로를 사랑하신다는 이 표현 자체도 화가 나서 들어줄 수가 없는 사람들도 많이 있습니다.

많은 사람들이 자기의 방식대로 자기 모양대로 인정하고, 자기 방식대로 삶을 해석하고, 자기 방식대로 하나님을 구합니다. 그러니 하나님은 언제나 매를 들고 "아직도 모자라. 너 지금 뭐하고 있니? 아직도 모자라. 넌 사랑받을 자격이 없어." 우리는 이미 회개했지만 죄책감에 시달립니다. 이 잘못된 죄책감을 사탄은 교묘히 이용합니다. "넌 아직도 모자라. 넌 헌신하는 게 아니잖아. 넌 이기적이지." 그래서 사람들은 내가 이기적인 걸까. 헌신하는 것이 어떤 것인가 구분을 못해요. 어떤 것이 하나님을 위하는 것인지. 어떤 것이 이기적인 것인지. 구분을 못 할 만큼 진리에 대해 왜곡되게 이해하고 있는 것입니다.

우리 내면에 거절감과 열등감에 의해서 우리 내면에 자아상이 구겨져 있을 때 하나님을 그렇게 보는 것입니다. 하나님을 보는 시각이 교정되어야 합니다. 많은 분들이 이렇게 이야기합니다. 세미나에 참석하는 많은 분들이 "내가 하나님에 대한 생각이 달라지고 있습니다." 예전에 내가 생각했던 하나님과 달리 말씀을 바로 알아가면서 하나님에 대한 상이 달라져 가고 있다는 것입니다. 우리는 하나님의 사랑을 받지 않고 하나님의 말씀을 행할 수 있는 자가 아무도 없습니다. 여러분이 이 내용의 공부를 통해 복음의 진리를 정확하게 이해하는 데 엄청나게 도움이 될 것입니다.

거짓된 사단의 속삭임

사탄의 가장 큰 특기는 거짓말입니다. 하나님이 용서하시고 구원하신 일에 대해서 자꾸 거짓말 합니다. "너 지금 하나님의 만지심을 받았지? 용서를 받았다고? 아니야. 네가 그렇게 큰 죄를 지었는데 너는 그 죄의 댓가를 받아야 돼!" 그래서 자기를 학대합니다. '맞아. 나는 그 죄 값을 받아야 돼! 난 고생을 좀 더 해야 돼!' 이렇게 자신의 삶에 대해 좀 더 벌을 받아야 하는 게 맞다고 생각하는 사람들도 있습니다. 그렇게 모든 죄의 댓가로 벌을 받는 것으로 다 연결시켜 놓았습니다. 그렇다면 예수님이 하신 일은 아무 소용이 없지 않습니까? 사탄은 거짓말쟁이입니다. 하나님이 나를 용서하셨다, 치료하셨다는 사실을 부정합니다.

세미나를 들은 짧은 시간만 가지고서는 일생의 모습이 완전히 변화될 수는 없습니다. 시간이 필요합니다. 아주 심각한 중독 상태의 한 부분을 만져주심으로 불가능하다고 여겼던 사람에게서 치유와 변화가 일어납니다. 그런데 그 다음이 아주 중요합니다.

시간이 지나면서 다시 반복이 됩니다. 그러면 치유되었다고 했던 것이 '다 거짓이구나!' 이렇게 여깁니다. 은혜를 깨닫고 하나님을 알아가는 재미가 너무 좋습니다. 그러다가 다시 내리막길로 갑니다. 우리는 항상 올라갔다가 내려갔다가 하면서 조금씩 올라가게 되어 있습니다. 만약 상향선만 그리면서 오르막길만 간다면 그런 사람 옆은 무서워서 접근하지 못할 것입니다. "금식하고 기도 해봐! 안될 게 있나!" 하면 우리는 주눅이 들 것입니다.

하나님이 우리를 인도해 가시는 과정은 기도한 대로 되게도 하시지만 언제나 그런 것은 아닙니다. 하나님은 이런 과정을 통해서 우리를 겸손케 하십니다. 그리고 하나님의 깊은 마음을 배워가게 하십니다. 그런데 그 과정에서 사탄은 "봐라. 하나님 살아계신 것 맞아?" 하면서 우리에게 거짓 참소합니다.

여러분! 우리는 하나님의 새로운 피조물입니다. 그런데 나를 돌아보니 '내 모양은 이런데 새로운 피조물이라니. 내가 하나님의 자녀라 할 수 있을까?'라는 생각이 듭니다. 이럴 때 사탄은 "맞아. 네 과거는 이랬잖아. 넌 그렇게 사는 것이 맞아. 넌 빛 가운데서 살 수 있는 존재가 못 돼!"하며 하나님이 이루어 놓으신 구원에 대해 계속 사탄은 거짓말합니다. 그리고 혼미케 합니다. 우리 내면에 우리 자신에 대한 자기 존중감이 없을 때 더욱 심해집니다.

나는 하나님의 영광이다.

"나는 하나님의 영광이다. 하나님의 존귀한 자다."라는 말을 계속해서 하게 하는 것은 우리 원수들도 긴장을 놓지 않고 우리를 끌어내리고 있기 때문입니다. 그래서 꾸준히 우리가 훈련되어야 하고 붙들어야 하는 것입니다.

10명의 가나안 보고서

지금 이 열 명의 정탐꾼은 문제 쳐다보고 나 쳐다보고 그렇게 할 때 그들에게서 나온 말은 "그들은 거주민을 삼키는 자들이다. 우리의 처자식들은 다 죽을 것이다."

> 온 회중이 소리를 높여 부르짖으며 백성이 밤새도록 통곡하였더라(민 14:1)

지금 상황이 이 정도 되었습니다. 열 명은 있는 상황 그대로 보고 했습니다. 별로 과장한 것 없습니다. 하지만 열 명의 정탐꾼 안에 하나님을 바라보는 눈이 전혀 없습니다. 하나님을 바라보지 못하고 문제를 보고 나만 봅니다. 그러니 '이들은 철병거도 있고 거인들이다. 비교가 안된다. 우리는 바로 망한다. 우리는 할 수 없다!' 열 명은 철저히 그렇게 생각했고 온 백성에게 그렇게 말했습니다. 말의 능력은 굉장합니다. 이 말을 들은 백성들의 반응은 "온 회중이 소리를 높여 부르짖으며 백성이 밤새도록 통곡하였더라"입니다. 부르짖었다는 말은 애굽에 그냥 두면 될 텐데 여기까지 이끌고 와서 우리를 죽게 한다는 원망의 소리였습니다. 불평의 소리였습니다. "하나님 살려주세요!"가 아니라 '안 되겠구나! 망하겠구나! 죽겠구나!' 전부 부정적인 말들입니다. 이런 말을 들으신 하나님께서 "그래. 그렇게 죽기를 원하느냐. 너희의 말이 내 귀에 들린 대로 그렇게 해줄게."

> 너희의 자녀들은 너희 반역한 죄를 지고 너희의 시체가 광야에서 소멸되기까지 사십 년을 광야에서 방황하는 자가 되리라(민 14:33)

자신들이 뱉은 말에 책임을 지게 되는 것입니다. 다수의 말이 다 옳을 수는 없습니다. 하나님의 나라에는 다수결이 진리가 아닐 수 있습니다.

2명의 가나안 보고서

이스라엘 자손의 온 회중에게 말하여 이르되 우리가 두루 다니며 정탐한 땅은 심히 아름다운 땅이라 여호와께서 우리를 기뻐하시면 우리를 그 땅으로 인도하여 들이시고 그 땅을 우리에게 주시리라 이는 과연 젖과 꿀이 흐르는 땅이니라(민 14:7-8)

여호와께서 우리에게 주실 것이라는 확신이 있는 것입니다. 그것이 자기 확신입니까? 이 상황 가운데서 암시적으로 나의 목표를 주장하는 것 아닙니다. 그것은 하나님의 약속입니다. 가나안 그 땅을 너와 너의 자손에게 주겠다고 하신 그 약속을 붙드는 것입니다. 우리가 원하는 것을 붙드는 것이 아니고 하나님의 약속을 붙드는 것입니다. 내가 원하는 것을 붙들면 이것이 될지 안 될지 알 수 없지만 하나님은 우리가 치유되기를 원하시고 회복되기를 원하십니다. 하나님의 나라를 누리기를 원하시는 것입니다. 그런데 우리는 환경을 보고 '될까...될까...' 고민하고 묵상합니다. 여호수아와 갈렙처럼 "하나님이 우리를 기뻐하신다. 우리를 가나안땅으로 인도하여 들이실 것이다." 하나님의 약속을 붙들어야 합니다.

그들은 우리의 밥이다.

다만 여호와를 거역하지는 말라 또 그 땅 백성을 두려워하지 말라 그들은 우리의 먹이라 그들의 보호자는 그들에게서 떠났고 여호와는 우리와 함께 하시느니라 그들을 두려워하지 말라 하나(민 14:9)

우리 안에 열등감이나 죄책감, 이런 것들은 다 두려움으로 표출되는 것입니다. 두려워하지 말라 그들은 우리의 밥이다. 10명은 우리는 메뚜기고 그들은 거인이다. 또 2명은 아니다. 그들이 우리의 밥이다. 지금 이들은 무엇을 보고 있는 것입니까. 신장이 장대한 거인과 같은 이들 앞에 자신들은 메뚜기이며 파리 목숨일 뿐이다. 자신을 그렇게 본 것입니다. **메뚜기 콤플렉스**입니다. 이것은 자기 스스로 나는 존귀하다고 해서 존귀한 것이 아니고 하나님이 당신의 형상대로 지으셨기 때문에 우리는 존귀한 자입니다. 우리에게 그 땅을 약속하셨기 때문에, 우리에게 구원을 약속하셨기 때문에, 하나님 나라의 축복인 천국의 삶을 위하여 주님이 십자가를 지셨기 때문에 우리는 그 축복을 누리며 사는 것이 마땅합니다.

여러분의 결혼 생활에 문제가 있습니까? 관계 안에 해결 불가능한 문제가 있습니까? 문제에 집착하고 불가능해 보이는 문제를 자꾸 쳐다보면 그 문제는 점점 더 크게 보입니다. 그리고 내가 그 속에 빨려 들어가게 됩니다. 큰 거인을 향하여 "밥이다!"라고 말할 수 있는 것은 내 확신을 믿는 것이 아니라 하나님이 어떤 약속을 주셨느냐 그것을 믿는 자의 확신인 것입니다. 여호수아와 갈렙의 말처럼 "두려워하지 말라! 그들이 아무리 거인이며 철 병거를 가진 자라 할지라도 그들에게는 보호자가 없다. 하지만 우리에겐 하나님이 보호자이시다!" 여기에 문제 해결의 열쇠가 있는 것입니다.

문제를 묵상하면 문제에 묶인다.

우리가 어떤 문제 앞에 섰을 때 아무래도 해결이 어려울 것 같은 절망과 두려움이 있습니다. 내 손에서 이 문제를 놓아버리면 다 망해버릴 것 같은 두려움이 있습니다. 여러분 문제는 놓아야 합니다. 문제를 자꾸 붙들면 문제에 묶입니다. 여러분이 그려놓은 지도, 여러분의 방식대로의 여러분의 배우자, 자녀, 공동체에 대한 하나님의 뜻에 걸맞아 보이는 그림들이 있다 할지라도 내가 붙들고 있는 한은 하나님이 일하실 기회가 없어집니다.

> 진실로 너희에게 이르노니 무엇이든지 너희가 땅에서 매면 하늘에서도 매일 것이요 무엇이든지 땅에서 풀면 하늘에서도 풀리리라(마 18:18)

그래서 '너희가 이 땅에서 무엇이든지 풀면 하늘에서도 풀리리라. 너희가 매면 하늘에서도 매인다.' 하셨습니다. 여러분! 내가 매고 있는 것들, '불가능해! 안 돼!' 하며 묶어 놓았던 것들 내가 묶은 것이 무엇인지 보십시오. 문제에 집중하면 문제에 빠집니다. 문제의 노예가 됩니다. 내가 그 사람에게 집중하면 내가 그 사람의 노예가 됩니다. 그래서 놓아야 합니다. 놓으면 중요한 것이 달아나고 없어질 것 같지요? 그러나 그것을 놓을 때 하나님이 일하십니다. 우리는 문제와 나만 있는 것이 아닙니다. 이 세상 사람들은 문제와 나만 있기 때문에 내가 주인이 되어서 나의 방식대로 가장 합리적이고 가장 지혜롭게 문제를 해결하려고 합니다. 그러나 우리는 나와 문제만 있는 것이 아니라 그 위에 문제의 주인 되신, 나의 주인 되신 하나님이 계시기 때문에 내가 놓아야 합니다.

내려놓음

여러분! 남편을 놓으십시오. 아내를 놓으십시오. 여러분의 자녀를 놓으십시오. 이제 놓고 고스란히 하나님께 위탁해 보십시오. 내가 스스로 이건 이렇게 저건 저렇게 가장 현명하고 지혜롭게 한다 할지라도 내려놓지 않으면 하나님은 일하시지 않습니다. 내려놓는다는 것은 하나님께 맡긴다는 뜻입니다. 내가 그 문제의 주인 됨을 포기한다는 뜻입니다. 하나님이 주시는 것만 받겠다는 것입니다.

하나님은 우리에게 좋은 것 주시는 분이지 않습니까? 내 손에 100만원짜리 수표를 꽉 쥐고 "하나님 나 이것 갖고 할 거 많아요. 내 머리 속에 계획과 계산이 다 되어 있습니다." 그런데 하나님은 "그것 놓아라."하십니다. 우리가 그것을 놓았을 때 하나님은 더 크게 일하십니다. 내가 쥐고 있으면 그것은 100만원이지만 놓았을 때 하나님은 1000만원 되게 하실 수도 있습니다.

우리 안에 열등감이 있으면 자기에 대한 보호 본능이 생깁니다. 그래서 지나치게 돈에 집착합니다. 물질에 집착합니다. 자기 안전에 대해 집착합니다. 자기 노후에 대해 집착합니다. 우리가 자녀의 안전을 책임질 수 있겠습니까? 우리는 자녀의 안전을 책임질 수 없습니다. 주님만이 이 모든 것을 책임질 수 있는 유일한 보호자입니다. 분명히 주님께서 "내가 너희의 보호자다. 내가 너와 함께 하겠다." 하셨습니다. "나는 누구입니까? 하나님 당신은 누구십니까?" 모세가 그렇게 질문을 했습니다. 그 질문에 하나님이 하신 대답은 "내가 너와 함께 하겠다."라고 하셨습니다.

누가 나의 보호자인가?

여러분! 누가 우리의 보호자인가에 따라서 우리의 삶은 달라집니다. 하나님은 나의 보호자이며 안전보장이다. 여호와는 나의 목자시니 내가 부족함이 없으리로다. 그런데 주님이 나의 목자가 아니라 내가 나의 목자가 되어 모든 것을 책임지고 있으니 날마다 부족함 투성이로다. 주님이 나를 기르시는 목자입니다. 주님이 나의 보호자입니다.

하나님의 프로포즈

이스라엘 백성이 애굽 땅에 있을 때는 기름진 그 땅에서 나일강의 풍부한 물로 농사를 잘 지을 수 있었습니다. 그런데 이제는 하나님이 주는 양식을 먹어야 살 수 있게 되었습니다. "하나님! 우리는 왜 좀 더 편하고 나은 환경에서 살 수 있게 하지 않으십니까? 우리 힘들어요 하나님!" 할 그때 하나님의 프로포즈가 있습니다. "내가 너를 너무 사랑한다. 그 모든 것이 좋아 보이지만 너희는 그것을 갖는 것보다 나를 갖는 것이 너희에게 훨씬 좋단다." 그 좋아 보이는 환경 속에 그대로 두면 좋아 보이는 그것을 찾고 참 진리 되신 하나님을 잃어버리게 되기 때문입니다. '여기가 좋사오니' 하며 그 편한 자리를 떠나기 싫어하니 떠나게 하는 것입니다.

열등감은 자기를 보호하려는 본능이 엄청 큽니다. 온갖 방어기제를 다 사용합니다. 열등감은 치유해야 할 마음의 병이며 잠재력을 마비시킵니다. 하나님이 아무리 잠재 능력을 주셨어도 열등감에 짓눌려 버리면 그 잠재력이 다 소진되고 사용할 수가 없는 것입니다. 그래서 "나는 아무 것도 못해!"라고 합니다.

하나님은 "예레미야야 너는 아이라 하지 말라 내가 너를 어디로 보내든지 너는 갈 것이다. 내가 너를 보낼 것이다. 능히 내 말을 네 입에 두겠다. 내가 너를 통하여 뽑으며 파멸하며 심으며 건설하는 그 일에 너를 세울 것이다." 하셨습니다. 하나님의 백성들의 길은 육의 눈으로 보이는 탄탄대로가 열린 그런 길이 아닙니다. 하지만 숨겨진 참된 비밀이 있습니다. 우리는 떡으로만 사는 사람들이 아닙니다! 좋은 복지로 사는 나라가 아닙니다! 하나님으로 사는 것입니다! 하나님의 프로포즈입니다. "내가 너와 함께 살고 싶다. 너와 함께 친밀하게 지내고 싶다." 그래서 애굽에서 안전하게 살고 있는 백성들을 광야로 데리고 나오십니다. 광야에는 물도 없고 항상 텐트치고 살아야하고 없는 것들이 너무 많습니다. 그 광야에서 하나님을 바라보게 하시며 "내가 너희 보호자다. 나는 생명의 떡이다. 나를 먹는 자는 산다." 그 생명을 먹고 그 생명을 마시는 삶이 어떤 것인지 보여주고 싶으셔서 우리 모두를 힘들게 하는 것입니다.

여호와는 나의 목자

여호와를 참 목자로 삼은 자만이 '내가 부족함이 없으리로다.'입니다. 여호와를 목자 삼은 자들에게 사망의 음침한 골짜기가 없이 항상 푸른 초장만 있는 것은 아닙니다. 사망의 음침한 골짜기는 우리를 하나님 곁으로 이끄시는 시간입니다. 하나님 곁에 있는 것이 좋은데 하나님이 잘 안보여서 힘들어 합니다. 하나님이 '왜 이렇게 잘 안 보이나?' 내 내면에 있는 나의 못난 모습만 보이고 이 광야를 걸어가면서도 내 열등감만 바라봅니다. 자신을 싫어하고 다른 사람도 나를 싫어할 것이라 생각하며 내가 나를 메뚜기로 보는 것처럼 다른 사람들도 나를 메뚜기로 볼 것이라 생각합니다. 이 완벽한 거짓말은 사탄이 속삭이는 것입니다. 우리는 메뚜기가 아닙니다. 오히려 그들이 우리의 밥입니다. 그 문제가 우리의 밥입니다. 그 문제가 나를 삼킬 것 같은 네피림이었는데 하나님이 함께 하실 때 그 문제는 우리의 밥입니다. 얼마나 쉬운 것입니까? 쉬운 것인데 우리가 어렵게 가고 있습니다.

우리의 안전은 돈이라고 생각되지요? 히브리서에 "돈을 사랑하지 말라 내가 과연 너를 떠나지 아니하고 내가 과연 너를 버리지 아니하리라"고 하셨습니다. 돈을 얘기하시면서 "내가 너를 떠나지 않겠다." 하십니다. 주님이 "내가 돈이다." 하셨으면 우리가 주님께로 더 가까이 주님을 더 사모했을지 모르겠습니다. 그 말이 그 말입니다. "내가 생명의 떡이다!"

주님이 하십니다.

이스라엘 백성들이 애굽으로 돌아가자 하며 밤새도록 잠도 안자고 울고 원망합니다. 내면에 이런 것들이 있는 사람들이 대체로 우울증이 오고 불면증이 옵니다. 그 다음에 원망합니다. '너 때문이야. 요것 때문이야.' 원망할 만한 것이기 때문에 원망합니다. "어찌하여 모세와 아론이 우리를 이 광야로 데리고 나와서 이렇게 칼에 죽게 하려고 하는고." 하지만 이런 원망 후회는 하나님을 거스르는 것입니다.

나 자신에 대한 후회나 내 결정에 대한 후회 그리고 현재에 대한 불평 이것은 누가 좋아하겠습니까? 사탄이 좋아하는 것입니다. 원망, 후회, 불평, 미움입니다. 이미 지나간 일은 내가 실수를 했더라도 괜찮습니다. 우리는 원래 그렇게 실수가 많은 사람이며 그래서 그 때문에 우리 주님이 죽으셨잖아요! 괜찮아요! 여러분 자신의 과거에 묶여있지 마시기 바랍니다. 우리의 연약함에 묶여 있을 필요가 없습니다. 상대가 나에게 잘못한 그 잘못에 묶여 있을 필요가 없습니다. 이제 원망으로 묶인 것을 풀어 놓읍시다. 원망에 동그라미를 하고 '내가 지금 누구를 원망하고 있는가? 내가 무엇을 후회하고 있는가?' 이것을 풀어 놓읍시다. 우리는 더 이상 어두운 밤에 묶여 있을 필요가 없습니다.

내면에 속삭이는 사탄의 소리를 무시하라

'넌 모자라. 넌 능력이 있니. 넌 돈이 있니. 너의 가정형편은 그저 그렇잖아.' 온갖 말로 '너는 못난이야'라고 하는 내 안에 들려오는 목소리가 있습니다. 사탄은 우리를 현재의 문제에 묶어 놓습니다. 그것에 노예되게 합니다. 또한 우리의 과거에 묶어 놓습니다. 우리가 지나 온 날들에 묶어 놓습니다. 그래서 하나님의 자녀로서 더 이상 천국을 누리지 못하도록 자꾸 끌어당깁니다. 이 사탄의 정체를 폭로합니다. 이제 더 이상 이것에 속아서는 안됩니다. 이것들이 우리 안에 있을 때 불신앙이 생깁니다. 그러니까 원망하게 되고 불평하게 되고 후회하게 됩니다. 여러분! 불신앙이 다른 데서 오는 게 아닙니다. 우리 내면에 상처 받은 것들이 불신앙을 만들어내는 것입니다. 하나님을 못 믿게 만드는 것입니다.

치유받지 못한 열등감은 관계를 깨뜨린다.

열등감은 사람들 간의 관계를 해칠 수밖에 없습니다. 우리 안에 열등감이 도사리고 있을 때 자연스럽게 사람과의 관계를 이루는 능력을 마비시켜 버립니다. 묶어버립니다. 부부관계 친구관계 여러 사람과의 관계에서 두려움을 주게 됩니다. 이 부분에 주님의 만지심이 필요합니다. 뿐만 아니라 하나님을 위한 사역에도 방해가 됩니다.

치유받지 못한 열등감은 순수하게 헌신된 사역을 때 묻게 한다

대체로 사람들은 자기 방식대로 자기 속에 있는 열등감의 보상책으로 비전을 삼는 경우들이 굉장히 많습니다. 어떤 사람은 자기 자녀에게 '나는 못했더라도 나는 너를 축복한다'는 의미와는 다르게 내가 못 이룬 것을 보상받으려는 심리로 '너는 꼭 의사가 되어야해. 너는 꼭 판사가 되어야해.'라고 합니다. 우리 자녀의 장래를 하나님이 책임지고 인도하실 것입니다. 그런데 내 자녀를 열등감의 보상, 즉 내가 못다 이룬 한을 보충해 주는 대상으로 삼으면 자녀는 부모의 노예가 되고 부모 때문에 고통 받습니다. 끊어지지 않은 탯줄이 고삐가 되어서 마음껏 자유롭게 날 수 없는 것입니다. 우리 부모들이 얼마나 자녀들을 묶어 놓았는지 모릅니다. 이제 이 모든 묶임을 풀어 놓읍시다.

사역도 마찬가지입니다. 하나님을 위해서 한다고 하면서 정작 자기 열등감을 보상받기 위해서 사역을 합니다. *내면세계의 질서와 영적 성장*이란 책에 보면 찰스 블레어의 이야기가 있습니다. 그는 어린 시절 우유 통을 들고 우유배달을 다녔습니다. '늘 난 이게 뭐야!'라는 마음으로 하루하루를 살았습니다. 어느 날 자기가 좋아하는 한 소녀가 자기 친구의 번쩍이는 멋진 자전거에 사뿐히 올라타고 눈앞에서 사라지는 모습을 보게 됩니다. 그 뒷모습을 보며 그는 엄청난 모멸감을 느낍니다. '나는 자라서 이런 우유 통이나 들고 다니는 하찮은 일은 하지 않을래. 나는 훌륭한 사람이 될래. 이렇게 무시당하는 사람이 되어서는 안 돼.' 이런 생각들이 자기 내면에 싹텄답니다. 그는 커서 목사가 되었는데 자기 자신을 바라보니 큰 교회 제일 최고를 추구하고 있는 자신을 발견합니다. 하나님을 위한 사역이란 그 이름 안에 가만히 살펴보니 내 어린 시절 받지 못한 모멸감에 대한 보상으로 사역의 방향이 향하고 있더라는 것입니다. 그러면서 저자는 이렇게 이야기합니다. 지도자가 이런 열등감을 치료받지 못하면 주변의 모든 사람들이 자신의 열등감을 보상받는 도구로 희생양이 될 수 있다고 말하고 있습니다.

사람에게 어떻게 보여질까?

우리 안에는 다 이런 열등감이 있습니다. 열등감이 있다는 것은 우리가 죄인이라는 뜻이에요. 하나님의 구원이 필요하다는 뜻입니다. 그래서 타인 지향성을 만드는 것입니다. 다른 사람이 나를 어떻게 보는가? 다른 사람의 눈을 의식하지 않고 살아간다는 것은 쉽지 않습니다. 그러나 하나님의 백성들은 다른 사람을 의식하지 않는 그런 과감

함이 필요합니다. 어떤 분들이 결혼할 때 비용이 총 30만원 들었다고 합니다. 물론 궁상맞게 살란 얘긴 아닙니다. 우리의 주어진 처지에 맞게 하나님이 주신 것을 이루며 살라는 것입니다. 하나님이 주신 것을 감사함으로 누릴 줄 알고 나눌 줄 알고 가난한 데 처하면 가난한 삶을 살 수 있는 것입니다.

사람은 나를 채워줄 수 없다.

내가 풍부에 처하든지 비천에 처하든지 풍부에도 궁핍에도 처할 줄 아는 일체의 비결을 배웠노라고 바울이 얘기하지 않습니까? 거절감에 대한 치유가 되지 않고 남아 있으면 모든 삶이 보상받기 위한 방향으로 나아가게 됩니다. 결혼생활도 그것을 보상받기 위해 '나는 아빠의 사랑을 못 받았으니 당신은 나의 아빠가 되어 주어야 해!'라고 내 내면의 아이는 그렇게 부르짖고 있습니다. '내 엄마는 나를 버리고 떠났어. 당신은 내 엄마의 역할을 해 주어야 해!' 이렇게 요구하고 지나치게 의존합니다. 저도 그런 분들을 많이 봅니다. '다른 곳 어느 곳 누구도 나를 받아주지 않았는데 여기 와서 대접을 받는구나! 여기가 내 친정이다' 합니다. 하지만 인간은 다 채워줄 수가 없습니다. 실망할 수 있습니다. 그러면 또 순례의 길을 떠납니다.

성경에 나오는 남편 다섯을 둔 사마리아 여인은 사랑의 순례를 하는 것입니다. 어떻게 하면 나의 이 깊은 갈증을 채울 수 있을까? 주님을 만날 때까지 두 번째 남편, 세 번째 남편을 만나도 그 깊은 내면의 갈함을 채울 수가 없었습니다. 그 갈함을 채우기 위해서 어떤 사람은 여자, 어떤 사람은 돈, 어떤 사람은 명예 그래서 그것에 중독되는 것입니다. 일에 중독된 사람, 운동에 중독된 사람, 종교에 중독된 사람도 있습니다. 하나님만이 채울 수 있습니다.

건강한 부부 사랑은 예속되고 싶은 욕구와 자유롭고 싶은 욕구가 만족된 사랑이다.

사랑하는 부부가 있습니다. '나는 당신이 좋아요. 나는 당신이 필요해요. 나는 당신을 사랑해요.' 사랑하기 때문에 소유하려고 합니다. 자기는 그것을 사랑이라고 주장합니다. 반면 건강한 자아를 가진 사람은 우리는 서로 사랑하며 '너는 내게 속하였고 나는 네게 속하였다.' 하지만 묶여있고 매어있는 것이 아니라 자유롭고 싶은 욕구에 저항을 받지 않는다는 것입니다.

부부가 서로 사랑한다고 하면서 의처증, 의부증을 갖는 것은 사랑받지 못한 두려움 때문에 나타나는 현상들입니다. 근본적으로 자기의 깊은 내면에 치유받지 못한 아픈 열등감이 원인인 것입니다. 의처증으로 아내를 심하게 괴롭히는 사람들은 대부분 내면의 열등감과 아내에 대한 열등감이 있습니다. 다른 사람에게 인사하는 것도 용납하지 않습니다. '우리 둘은 너무 사랑하기 때문에.' 이것은 건강한 사랑이 아닙니다. 서로서로 원만한 사랑으로 소속되어 있고 원만히 이해되고 원만히 용납받는 이런 관계가 되어야 하는데, 두 사람이 완전히 묶여버려서 한 명이 죽으면 다른 한 명이 따라 죽겠다며 너무 사랑하기 때문이라고 합니다. 물론 한동안은 슬픔에 잠길 수 있습니다. 평생 못 잊어하며 슬픔에 묶여 있다면 그것은 잘못 결탁되어진 아주 미숙한 사랑입니다. 어떤 면에서는 집착입니다.

열등감은 참된 안식을 누리지 못하게 한다

열등감은 만족을 모르는 욕심을 갖게 합니다. 왜냐하면 깨어진 마음이기 때문에 채워도 채워도 끝이 없습니다. 안식이 없습니다. 수많은 사람들이 숨도 쉬지 않고 달려갑니다. 과로사가 얼마나 많습니까? 하나님이 때로 '너와 나와 안식하자. 함께 데이트하자.' 이렇게 부르십니다. 바쁜 일을 멈추고 하나님과 단둘이 보내는 시간을 가지다보면 일상에서도 주님과의 시간을 가질 수 있게 됩니다. 하지만 신앙도, 나도 모르는 내면의 욕구의 중독일 수 있기 때문에 막 달려가는 것입니다.

우리는 참으로 주님께 빠져야겠지만 주님 안에서 어떻게 자유로운 안식을 누리는지를 알아야 합니다. 우리가 교회에 있을 때만 신앙 생활하며 일상의 삶은 어떻게 살아야 할지 모르고 있는 경우가 많습니다. 여러분에게 일어나는 모든 일 속에 하나님의 음성이 있습니다. 모든 문제들 안에 하나님의 주인 되심이 있습니다. 그래서 모든 것 안에 주님의 임재와 주님의 음성을 기다리고 그분께 초점을 맞출 수 있습니다. 그렇게 되면 우리가 하나님의 나라를 더 쉽게 누릴 수 있습니다.

신앙인들은 하나님이 나를 창조하신 것은 믿지만 하나님이 나를 사랑하신다는 것은 믿지 않습니다.

하나님만으로 안식하라

열등감은 우리를 안식하지 못하게 하며 피곤하게 만들며 어딘가에 빠져서 지나치게 집착하여 달리게 합니다. 그러나 우리가 하나님을 바로 바라보게 되면 나와 사람과의 관계가 조율되고 나와 일과의 관계가 조율되어집니다. 나와 나의 관계 안에서 객관적인 나를 보게 되게 됨으로 참으로 하나님이 보시는 관점에서 나를 볼 수가 있게 됩니다. 우린 존귀한 자들입니다. 우리가 열등할 이유가 없는 것은 하나님은 우리를 존귀하게 지으셨기 때문입니다. 존귀한 자신을 바라보십시오. 하나님이 나의 어떤 모습에도 불구하고 나를 얼마나 사랑하고 계시는지 그 사랑을 우리가 받아들입시다.

기도사역 주님의 임재 안으로

여호와의 말씀이 내게 임하니라 이르시되 내가 너를 모태에 짓기 전에 너를 알았고 네가 배에서 나오기 전에 너를 성별하였고 너를 여러 나라의 선지자로 세웠노라 하시기로 내가 이르되 슬프도소이다 주 여호와여 보소서 나는 아이라 말할 줄을 알지 못하나이다 하니 여호와께서 내게 이르시되 너는 아이라 말하지 말고 내가 너를 누구에게 보내든지 너는 가며 내가 네게 무엇을 명령하든지 너는 말할지니라 너는 그들 때문에 두려워하지 말라 내가 너와 함께 하여 너를 구원하리라 나 여호와의 말이니라 하시고

(렘 1:4-8)

　그토록 생명주시면서 사랑하고 용서하고 씻으신 나를 나 스스로 벌레처럼 여기고 깎아내린 죄에 대하여 이 시간 주님께 용서를 구합시다. 나를 그토록 존귀하게 대우해 주셨는데 나를 멸시하고 무시하고 나 자신을 미워하며 하나님이 하신 그대로 나를 받아들이지 못하였습니다. "보라 아버지께서 어떠한 사랑을 주사 하나님의 자녀라 일컬음을 얻게 하셨는지 보라." 우리는 주님을 떠날지라도 그분은 나를 떠나지 않을 것이라 했습니다.

　사탄이 나에게 하고 있는 거짓말들입니다 "너는 못났어! 너는 무가치해! 네가 잘하는 것이 뭐 있어! 너는 좋지 않은 환경에서 살고 있잖아! 너의 가족들은 하나같이 자랑할 만하지 못하잖아! 너는 못생겼잖아! 너는 가진 것이 없잖아!" 사탄의 치명적인 무기는 거짓말입니다. 사탄은 이런 거짓말로 우리를 혼미케 해서 하나님의 친자녀로서 권세와 능력을 발휘하지 못하도록 마비시킵니다. 이제 더 이상 어둠의 목소리를 듣지 말고 나를 향하여 "내가 정녕 너와 함께 있으리라 내가 너를 떠나지 아니하리라"하신 주님을 신뢰하며, 이제 더 이상 나를 격하시키지 않으며 하나님이 보시는 모습대로 나를 보겠습니다. 사랑스런 나를 보겠습니다. 그 누가 나를 무시한다 해도 그 누가 나를 버렸다 할지라도 나는 소중한 존재입니다. 아무리 나 자신을 괜찮게 생각하려 해도 "주님 난 왜 이렇게 나 자신이 못나 보이는지요?" 나의 부족한 부분 나의 모자란 부분을 주님께 드립니다. 분명히 주님께서는 '나의 약함에 대하여 그것은 내 것이다! 나의 짐에 대하여 그 짐은 나의 짐이다!'라고 말씀하셨습니다. 주님! 주님께 내어드리지 못하고 내가 그 모든 약함들을 품고 이고지고 살면서 내 생각에 묶여 노예가 되어 살고, 문제 가운데 묶여 자유롭게 되지 못하는 그 모든 결박들을 예수님의 이름으로 끊습니다.

　내가 내 스스로 잡고 있는 문제들에 대하여 내가 땅에서 무엇이든지 매면 하늘에서도 매이고 땅에서 무엇이든지 풀면 하늘에서도 풀리리라 말씀하셨습니다. 말씀에 근거하여 내가 잡고 있던 내가 결박해 놓았던 모든 결박을 예수님의 이름으로 풉니다. 내가 가족에 대하여 가지고 있었던 내 스스로 만들어 놓았던 그 모든 느낌과 나의 판단과 나의 경험과 나의 계획, 이것들 속에 묶어 놓은 문제와 얽혀 있는 모든 생각들을 주님의 손에 올려드리고 이것들을 묶어놓은 모든 묶임들을 풉니다.

이 문제를 주님 손에 올려 드립니다. 나의 가족을 주님의 손에 드립니다. 내 가족의 약함을 주님의 손에 드립니다. 내 가족이 가지고 있는 결정적인 단점, 날마다 내가 그 단점에 주목하고 내가 묶어 놓았던 그 끈을 예수님의 이름으로 끊습니다. 나의 부모, 나의 자녀, 나의 문제들 안에서 내가 그 문제를 풀려고 내가 그 단점을 고쳐 보려고 집중하고 있던 그 끈들을 예수님의 이름으로 끊습니다. 이제 이것은 나의 문제가 아니며 내가 가진 단점이 아니며 주님의 손에 구원 받아야 할 주님의 십자가에 구원 받아야 할 하나님께 드려진 혼수품임을 이 시간 선포합니다.

나의 한계를 주님께 올려드립니다. 내가 이토록 모자라고 내가 이토록 잘 모르는 나의 이 모든 연약함을 주님의 손에 드립니다. 내가 포기하지 못하고 있는 이 부분까지도 주님의 손에 올려 드립니다.

> 다만 여호와를 거역하지는 말라 또 그 땅 백성을 두려워하지 말라 그들은 우리의 먹이라 그들의 보호자는 그들에게서 떠났고 여호와는 우리와 함께 하시느니라 그들을 두려워하지 말라 하나(민 14:9)
> 여호와는 나의 목자시니 내게 부족함이 없으리로다 그가 나를 푸른 풀밭에 누이시며 쉴 만한 물 가로 인도하시는도다 내 영혼을 소생시키시고 자기 이름을 위하여 의의 길로 인도하시는도다 내가 사망의 음침한 골짜기로 다닐지라도 해를 두려워하지 않을 것은 주께서 나와 함께 하심이라 주의 지팡이와 막대기가 나를 안위하시나이다 주께서 내 원수의 목전에서 내게 상을 차려 주시고 기름을 내 머리에 부으셨으니 내 잔이 넘치나

이다 내 평생에 선하심과 인자하심이 반드시 나를 따르리니 내가 여호와의 집에 영원히 살리로다(시 23:1-6)

감사합니다. 주님. 이토록 존귀하게 하시니 감사합니다. 이제 나 자신에 대하여 미워하고 못마땅하게 생각하고 부적절하게 생각하였던 연약함을 주님께 올려 드립니다. 피를 부어 나를 새롭게 하신 존귀한 존재임을 받아들입니다. 나를 향하여서 무가치하다고 나의 귀에 속삭이고 무능하다고 속삭이고 못났다고 속삭이는 참소하는 영!진리를 혼미케 하는 영! 이제 내 속에서 떠나갈지어다! 거절감! 떠나갈지어다! 열등감! 떠나갈지어다! 우리는 하나님의 자녀 되었으므로 더이상 결코 열등하거나 무가치하지 아니함을 선포하노라!

주님 감사합니다. 우리를 존귀하게 하셔서 감사합니다. 이 한 주간도 눈을 떼지 아니하시고 나의 곁에서 나의 손을 잡으시고 나와 함께 걷기를 기뻐하셨습니다. 나에게 계속하여 프로포즈하시고 나와 함께 즐겁게 데이트 하시기를 좋아하시는 그 주님과 더불어 나의 존귀함을 통해 하나님의 영광이 내 안에 깃들어 있는 이 축복을 누리며 살게 하여 주옵소서. 감사합니다. 예수님의 이름으로 기도합니다. 아멘

1. 나는 나의 외모(눈, 코, 입, 다리, 허리, 엉덩이, 키, 머릿결...)에 대하여
    1) (   )은 부끄럽고 자신감이 없다.
    2) 어떻게 생겼든 별로 신경 쓰지 않는다.

2. 나는 나의 출생과 성장 환경에 대하여
    1) 부끄럽고 감추고 싶다.
    2) 어떤 부분은 부끄럽지만 괜찮은 부분도 있다.

3. 사람들이 나의 학력이나 배우자의 학력(출신학교)을 물어올 때
    1) 머뭇거리고 속이고 싶다.
    2) 그리 좋지 않더라도 별로 상관없다.
    3) 자랑스럽다.

4. 내가 맡고 있는 구역원이나 학생들이 다른 사람에게 상담을 요청하거나 나보다 그를 더 신뢰
   하고 친하게 지내면서 즐기고 있는 모습을 볼 때
    1) 화가 난다.
    2) '내가 영적이지 못하구나.' 하고 우울해진다.
    3) 아무렇지도 않다.

5. 어느 모임에서 사람들이 알아주는 직업을 가진 사람들이 자기들끼리만 직업상 이야기를 서로
   주고 받을 때
    1) 그 자리에서 뛰쳐 나가고 싶은 열등감이 생긴다.
    2) 나의 직업이나 상황이 부끄럽게 생각된다.
    3) 아무 상관없다.

6. 나의 자녀나 가족은 시험에 떨어졌는데 아는 분의 자녀나 가족은 좋은 성적으로 합격해서 많
   은 분들이 축하한다고 주위에서 떠들썩할 때
    1) 기분이 상하고 내 자녀나 가족이 부끄럽다.
    2) 하나님이 원망스러워진다.
    3) 진심으로 그분께 축하한다고 말할 수 있다.

7. 같은 교회 교인으로서 아무도 나의 생일을 챙겨주지 않더니 어떤 집사님(또는 형제, 자매)의 생일인데 '축하해요.' 하며 갖가지 선물과 축하의 편지를 주는 것을 보았을 때

    1) 기분이 많이 상하고 쾌씸한 마음이 든다.

    2) 나도 그 집사님을 진심으로 축하해 줄 수 있다.

    3) 나는 사랑받을 만한 가치가 없다고 생각이 든다.

8. 교회에서 항존직 피택이 있었다. 나는 탈락되고 나보다 신앙이 어려 보이던 평소 내가 좋게 여기지 않던 사람이 피택이 되었다.

    1) 누군가가 원망스럽고 불쾌하다

    2) 오랫동안 이 감정이 가시지 않으므로 교회를 옮기고 싶을 정도다.

    3) 섭섭하지만 하나님의 주권을 인정한다.

    --- (사역자용추가질문)

9. 설교 시간에 자주 졸고 있는 성도를 향하여

    1) 나의 설교가 무시당하는 것 같아서 불쾌하고 화가 난다.

    2) 따끔하게 지적해 주고 싶다.

    3) 연약함이나 피곤함에 대해 이해하고 축복한다.

10. 성도들의 나에 대한 비난이 들려올 때 나는 어떻게 대처하는가?

    1) 나를 좋아하지 않는 사람을 주목하고 함께 맞서서 대응한다.

    2) 나도 그의 허물을 지적하고 비난하고 싶다.

    3) 내가 특별히 잘못이 없는 것 같지만 자신을 돌아보고 그들의 결핍을 생각하고 축복할 수 있겠다.

11. 내가 사역하는 교회보다 큰 교회를 목회하는 분에 대하여

    1) 비교되어지고 열등감 느껴질 때가 있다.

    2) 자신의 사역지가 작아 보이더라도 하나님의 부르심의 현장이라 생각하고 만족할 수 있다

    3) 내가 무능하기 때문이라 생각되고 부끄러울 때가 있다.

정리

1. 원인

근원적인 거절감은 원죄 즉 깨진 마음에서 비롯되었습니다. 깨진 마음은 버림받은 마음, 열등감과 죄의식, 굶주린 마음, 분노하는 마음으로 세분화되고, 상한 마음, 포로된 마음, 갇힌 마음과 일맥상통합니다.

2. 열등감의 증상

거절감을 잘 느끼고 거절 받을 것에 대한 두려움 때문에 스스로를 방어합니다. 자신을 지키고 보호하려는 본능으로 스스로 숨거나 관계를 단절합니다. 자존심이란 이름으로 자신을 방어하고 보호함으로 기질에 따라 분노나 공격적인 행동, 움츠려들거나 폐쇄적이 됩니다. 경쟁적이고 자신을 과시하고 싶고 인정받는 일에 비중을 둡니다. 나와 나 자신과의 관계도 불화하며 하나님과의 관계가 어렵고 사람과의 관계도 어렵습니다. 삶의 가치관에도 영향을 미칩니다.

3. 공동체 안에서의 영향

· 다른 사람의 허물을 잘 보고 지적하고 훈계합니다.

　　남을 판단하므로 네가 너를 정죄함이니 판단하는 네가 같은 일을 행함이니라(롬 2:1)

· 섬김의 직분을 감투나 인정받는 자기 과시의 방편으로 착각하면서 이것을 하나님을 향한 열정으로 오해하기 쉽습니다.

· 하나님과의 관계보다 사람에게 보여지기를 원하므로 신앙생활이 아닌 종교생활을 할 가능성이 큽니다.

· 은사를 받은 사람일 경우 사람을 지배하고 조종하며, 영적 능력을 과시의 도구로 사용할 가능성이 있습니다.

· 사랑의 섬김이 어려우며 자신의 의를 세우는 일에 급급할 수 있습니다.

· 교회 안에서 봉사, 기도, 섬김, 영적인 능력을 경쟁적으로 할 수 있습니다.

· 헌금과 봉사도 경쟁에서 이기고 싶어서 또는 다른 욕구의 만족을 위해 할 수 있습니다.

· 섬김의 직분도 감투와 계급으로 이해합니다.

· 안식이 없는 경쟁적인 삶, 지나친 목표 지향적 삶으로 인하여 관계나 과정을 무시하고 갈등을 만들 수 있습니다.

· 가정과 공동체 관계 안에서 갈등의 원인은 내면의 치유받지 못한 거절감이나 열등감 때문입니다.

4. 심리적인 무기를 사용하는 사탄의 전략

사탄의 무기 창고에 있는 가장 강력한 무기는 심리적인 무기입니다. 열등감, 거절감, 불안, 두려움, 분노, 섭섭함, 정죄감, 증오, 불평, 불만, 염려 등입니다. 우리는 관계 안에서 이러한 사탄의 공격을 수시로 받습니다. 나를 아프게 하는 이는 사람이지만 사탄은 이를 매우 효과적으로 이용합니다. 그 사람을 통하여 우리의 내면에 존재하는 열등감과 같은 감정을 건드리도록 독을 묻힌 화살을 열등감의 가슴에 쏩니다.

그러면 우리는 비명을 지르며 아파하고 이 감정을 붙들고 묵상하며 끊임없이 어두움의 감정들을 가슴에 부풀려갑니다. 이러한 감정을 우리가 떨쳐버리지 않으면 우리의 마음에 머무는 시간만큼 우리는 하나님의 빛과 성령을 소멸하게 되고 어두움에 사로잡히게 됩니다. 더 깊어지면 우울증과 같은 마음의 병으로 진전됩니다.

5. 열등감 치료

사랑받으면 치료됩니다. 누군가 나를 사랑하지 않기 때문에 난 아직 이렇다고 하면 안 됩니다. 사람을 의존하지 말아야 합니다. 내가 남을 사랑하는 사람이 되면 됩니다. 그러려면 치료받아야 합니다. 하나님만이 치유자이십니다.

하나님의 사랑이 이미 부은 바 되었습니다. 하나님의 임재 가운데 사십시오. 하나님의 사랑을 깨닫고 누리십시오. 그렇기 때문에 앞의 강의들에서 하나님의 임재의 누림, 생명의 광합성 등을 많이 강조하였습니다.

이 과를 통하여 자신의 내면과 직면하세요. 그 무엇보다 하나님의 임재 가운데 성령님의 만지심을 받으며 사랑을 누리십시오. 하나님만이 나의 외로움과 공허, 아픈 마음의 치료자이시고 채우는 자이십니다. 사람을 의지하지 마십시오.

나 자신이 하나님의 말씀을 듬뿍 먹고 또 먹어 채워지면 자연스럽게 가족에게 이웃에게 흘러가게 됩니다. 이것이 우선입니다. 사랑을 줄 자는 없고 받고 싶어하는 자들만 많습니다. 내가 사랑을 주고 퍼주는 자가 되도록 주님의 사랑을 많이 누리십시오.

정체감! 내가 누구인지를 알라.

무엇보다 날마다 일상에서 하나님의 사랑을 누리는 삶을 살아라.

범사에 감사하는 삶을 살아라.

말씀에 의지하여 살아라.

성령의 임재 안에 거하라.

내가 너를 사랑한다

말할 때에 홀연히 빛난 구름이 그들을 덮으며 구름 속에서 소리가 나서 이르시되 이는 내 사랑하는 아들이요 내 기뻐하는 자니 너희는 그의 말을 들으라 하시는지라(마 17:5)

유월절 전에 예수께서 자기가 세상을 떠나 아버지께로 돌아가실 때가 이른 줄 아시고 세상에 있는 자기 사람들을 사랑하시되 끝까지 사랑하시니라(요 13:1)

담대하라

이것을 너희에게 이르는 것은 너희로 내 안에서 평안을 누리게 하려 함이라 세상에서는 너희가 환난을 당하나 담대하라 내가 세상을 이기었노라(요 16:33)

내가 너와 함께 하리라

예수께서 대답하여 이르시되 사람이 나를 사랑하면 내 말을 지키리니 내 아버지께서 그를 사랑하실 것이요 우리가 그에게 가서 거처를 그와 함께 하리라(요 14:23)

라는 음성에 거하라.

생각나눔

1. 내 안의 열등감은 어떤 것들이 있습니까?

2. 혹시 자기가 열등감 극복을 위해 하고 있는 일이 있다면 그 일에 열등감의 치유와 관계가 있습니까?

3. 나를 누구와 비교할 때 불편해집니까?

4. 열등감 요약, 정리를 잘 읽으시고 하나님의 임재 가운데 사는 삶을 훈련해 가십시오.

나는 가치 있는 존재가 되기 위해서 다른 사람과 같아야 할 필요가 없습니다

하나님 안에서 존재화
되어가고 있는 존재
Being in becoming

7강
분노의 치유

저는 알콜 중독으로 폭력을 일삼는 아버지와 무속인 할머니
밑에서 늘 아버지께 폭력 당하시는 무력한 어머니를 보며 자랐습니다.
이런 성장 환경에서 자란 저 역시 그리도 경멸하던 알콜 중독자가 되어
우울증과 정신 분열증을 앓으며 술과 약물에 의지하여 살다가
'하나님을 만나면 우울증이 치료 된단다'라고 말씀하시던
한 권사님을 통해 헤세드를 소개받게 되었습니다.
저는 그저 수동적인 자세로 한 번 두 번 세미나를 참석해 오면서
주님을 영접하게 되었습니다. 가정 주부였던 제가 알콜 중독으로
온갖 음란의 기류에 휩쓸려 다니는 동안 남편 역시
가정을 외면하고서 서로 온갖 죄를 짓고 다녔습니다.
세미나를 통해 듣고 알게 되었던 주님을 만나는 순간이 제게도 왔고
상담일을 하면서 복음을 전해야겠다는 소원이 생겼습니다. 하나님의 영으로
제 무의식 세계까지 복음의 내면화가 이루어지므로 관념적으로 알던
주님과의 실제적인 만남을 통해서 제가 치유되었듯이 지난날 저처럼 악한 세상에서
유리하고 있는 많은 영혼들이 얼른 주님을 만날 수 있게 되기를 소망합니다.
주님과의 실제적인 만남을 통해 믿음이 이제 제게 현실이 되어버렸습니다.
고통 받는 많은 분들이 이 실제적인 경험을 통하여 주님을 알기 원합니다.
그리고 지독히 죄인이던 저를 '사랑하는 내 딸 00야'라고 불러주신
주님을 호흡하는 순간마다 찬양합니다.

＊＊ 집사

7강
분노의 치유

여러분! 사랑합니다!!!

우리가 손 올릴 때에 가라앉아 있던 영적인 공기가 움직입니다.

우리는 하나님의 사람들입니다. 우리가 팔을 이렇게 하트 모양으로 만들어 '사랑합니다'라고 말하면 말로만 '사랑합니다'라고 할 때보다 사랑의 기운을 훨씬 더 많이 느낄 수 있습니다.

우리가 사랑한다고 할 때 사랑은 하나님께 속한 것이기 때문에 사랑을 자꾸 선포하고 흘려 보내면 보낼수록 우리에게는 하나님의 사랑의 기운으로 가득해짐을 알게됩니다.

생명의 광합성을 하고 계시죠?

'생명의 광합성' 이 말만 들어도 생명의 광합성이 되지 않습니까? 생명의 광합성을 통해서 하나님의 은혜를 경험하신 분들이 많습니다.

하나님은 무한하시고 크신 분입니다. 저 큰 바닷물이 하나님의 세계라고 한다면, 우리가 경험하는 부분은 겨우 한 숟가락의 물만큼 될 정도로 하나님의 은혜는 넓고 크다고 생각하면 됩니다.

생명의 광합성 적용사례 1

생명의 광합성 숙제를 받고, 이것을 잠자리 들기 전에 여러 번 시도를 해보곤 했습니다. 생명의 광합성을 하는 가운데 저의 알레르기 비염이 고쳐졌습니다. 저는 늘 어지러움 때문에 힘들었던 가운데 병원에 가서 검사를 해보아도 검사 결과 수치상으로는 아무 이상이 없다고 하고 걱정할 것 없다고 해서, 증상을 호소하는 제가 이상한 사람이 되기도 했습니다. 병원에서는 걱정 말고 돌아가시라고 했지만, 늘 어지러웠고 기도원에 가서 기도도 받기도 해보았지만 결과는 만족스럽지 않았습니다.

그러던 중 광합성 기도를 계속 해본 결과, 최근 제가 느끼게 된 사실은 어지러움증이 사라지게 되었습니다. 아직까지는 피부에 있는 염증은 조금 남아있지만, 제 몸이 계속 회복되고 있는 것을 느끼고 있습니다.

생명의 광합성 적용사례 2

저는 딸의 조울증 때문에 세미나에 참석하게 되었습니다. 제가 치유되고 회복되면서 딸도 동시에 치유되고 회복되었습니다. 세미나 첫 시간에 치유를 받았습니다. 지난 주에 갑자기 왼쪽 옆구리가 아파서 병원에 입원을 했습니다. 혹시, '요로 결석'이라고 들어 보셨나요?

병원 응급실에 가니 '요로 결석'이라고 했습니다. 그래서 C.T촬영을 하고 보니 제 신장 쪽에 돌이 굉장히 많았습니다. 이게 제일 문제가 되는 것은 너무 아픈 것입니다. 아기 낳는 것 같이 아프고, 음식 먹은 것을 토하는 두 가지 증상이 있어서 체한 줄 알았습니다. 너무 아파서 5일 가량을 입원을 했는데, 아픈 동안에는 기도도 못했습니다. 토요일에 입원해서 진통제만 계속 맞고 있다가 수요일 아침에 운동을 좀 해야겠다 싶어서 병원 뜰에 1시간 정도 나갔습니다.

지난밤 진통제를 맞은 상태라 아픈 것이 덜해서 운동을 할 수 있었는데, 운동을 하던 중 "주님..." 하고 부르면서 바라보게 된 나무가 너무 예쁘고 참 좋았습니다. 운동하면서 나무를 보니까 생명의 광합성 기도가 생각이 났습니다. 그때 머릿속에서 시 한 구절이 떠올랐습니다.

"주님! 저 나무가 되고 싶습니다. 저는 하나님의 꽃입니다."

시인이 된 것처럼 생명의 광합성 기도를 드리면서 계속 걷는 운동을 한 시간 정도 했습니다. 운동을 하고 화장실에 가서 소변을 보는데 벌겋게 피가 쏟아져서 나오는데 너무 기분이 좋았습니다. 간호사한테 가서 돌이 빠져 나온 거 같다고 했더니 담당 의사선생님께서 오셔서 사진을 찍어보자고 하셔서 사진을 찍어보니 몸속에 돌이 없다고 퇴원해도 된다고 해서 퇴원을 했습니다. 퇴원 후 지금까지 전혀 아프지 않습니다. 이 요로결석 자체는 굉장히 아픈 것이 특징입니다. 퇴원을 하고 나서 제 신장 속의 돌들이 계속 나오는데 너무 신기하고 좋았습니다.

아침마다 제가 등산을 다니는데 다니면서 나무를 보면서도 "주여!"하게 되고, 차를 타고 마산에서 창원으로 오는 길이었는데 바람이 불어 차 앞으로 달려오듯 날아오는 낙엽들이 예뻐서 "하나님 너무 예뻐요!" 하면서 다녔습니다.

제가 치유 세미나를 세 번째 참석을 하는데, 세 번을 참석해도 또 새롭고 너무 좋습니다. 제 안의 쓴 뿌리들을 하나님께서 하나하나 캐서 치유하시는 작업을 하시며, 아직 남편이 믿지는 않지만 저를 통해서 치유가 남편에게 많이 흘러가는 것 같습니다. 또한 저는 참 감사할 것이 많지만, 나이 49살에 늦둥이를 하나님께서 주셨습니다. 넷째 아이예요. 이렇게 하나님께서는 한 사람의 치유를 통해서 가정을 치유하시는 것을 제 삶을 통해서 봅니다.

사랑합니다!

우리가 내면의 치유를 받으려고 하다보면 몸이 먼저 치유되기도 합니다. 본래는 그것이 더 쉽다고 합니다. 몸이 치유되는 것이 내면이 치유되는 것보다 훨씬 더 쉽습니다. 우리가 생각할 때는 별로 그렇지 않을 것 같지요? 그렇지만 몸이 훨씬 쉽습니다.

복음의 내면화 과정 중에서 내면이 치유가 되기 훨씬 전에, 혹은 후에 우리 몸이 치유를 경험할 수 있는 은혜가 이미 많이 있습니다. 우리의 이 생명의 광합성은 나뭇잎을 봐도 생각이 나고, 나무와 낙엽을 봐도 생각이 나는 겁니다. 나뭇잎이 생명의 광합성을 하고 사는 것처럼 우리는 하나님의 엄청난 생명의 빛 앞에 노출 되어서 축복을 먹고 마시며, 우리의 영적인 아가미를 마음껏 펼치면서 생명을 마시면서 살 수 있습니다.

어지러움증이 나아져서 괜찮아졌다고 했지요? 그것은 우리 안에 생명의 기운이 모자라면 어지러울 수 있습니다. 때로는 하나님의 생명의 기운이 너무 많이 들어와서 감당을 못해서 어지러운 경우도 순간적으로는 있을 수 있겠지만, 대체로 그만큼 생명이 우리 안에 유입되어지면 우리가 회복된다는 것입니다.

어떤 방법을 통하여서든 우리는 우리 옆에 있는 사람들에게 축복할 수 있습니다. 생명의 광합성은 나만 할 수 있는 것이 아니고, 우리는 다른 사람에게도 생명의 광합성을 흘려 보낼 수 있는 권세를 가진자입니다.

'사랑의 정원사'라고 배웠지요. 여러분과 저는 '사랑의 정원사'입니다.

우리 안에 우리 내면에 기쁨이 가득차면 얼굴에 기쁨이 나오고, 나의 내면 안에 어두움과 두려움과 근심이 가득차면 얼굴도 그와 같습니다. 내 마음이 그러면 우리 몸도 그렇습니다.

방사선과에 근무하고 있는 어떤 간호사의 이야기입니다. 검사 당일, 검사를 받는 분이 아침을 금식하고 약을 먹고 기계 앞에 서게 됩니다. 그렇게 서면 대체로 긴장을 많이 한다고 합니다. 위가 움직이는 모습을 촬영하기 위해 먹는 하얀 액체를 마시고 촬영을 하는데 너무 긴장을 하고 기계 앞에 서면 위가 움직이지를 않는다고 합니다. 그럴 때 그 간호사는 자꾸 웃게 하고 이야기를 하며 긴장을 풀어주면 위가 움직인다고 합니다.

우리의 마음에 따라서 몸도, 얼굴도, 우리의 주변도 변하니까 우리가 많이 웃으면 좋을 것 같습니다. 내면에서 웃으면 웃음은 안에서 밖으로 나가지요? 그런데 밖에서 안으로도 들어갈 수 있습니다. 우리는 늘 크게 두 가지를 생각할 수 있는데, 내 마음 안에 '이상하다 오늘 왜 이리 좋지? 이유가 없이 기쁘단 말이야.' 여러분! 은혜를 받고 나면 이런 경험을 합니다. 세미나 기간 중에 많은 분들이 그런 경험을 한다고 이야기를 합니다. 그래서 괜히 그냥 기쁩니다. 막 즐겁습니다. 계속하여 은혜 가운데 머물다보면 나도 모르게 내면에서 나올 수 있습니다. 그런데, 내 마음이 상당히 불편하고 염려가 많고 두려움이 많을 때에 내가 기뻐한다거나 평안해 한다거나 이런 것은 쉬운 일이 아닙니다.

그래서 여러분들 지금 이렇게 해봅시다.

"사랑합니다!"라고 하면서 팔을 올리고 마음껏 팔을 움직여주세요. 움직여집니까? 움직여지지요? 그리고 내 마음대로 멈출 수 있지요? 그렇다면 여러분들은 그리고 여러분들의 몸은 깨어있는 거지요? 잠자는 사람은 그렇게 하지 못합니다.

그러면 우리의 마음은 어떻게 할까요? 화가 나 있을 때 그 화를 조절할 수 있을까요? 혹은 어떻게 멈출 수 있을까요? 두려움이 있을 때에 그 두려움을 평안이나 내 안에 안식으로 바꿀 수 있습니까? 내가 외로울 때에 그 외로움을 평강으로 바꿀 수 있겠습니까? 자유롭게 할 수 있습니까? 될까요? 그것을 자유롭게 할 수 있으면 진짜 여러분의 영혼은 깨어있는 것입니다. 그렇지 않다면 우리의 영은 꿈 속에 있는 것과 마찬가지입니다.

　우리가 이런 것들을 의지적으로 바꿀 수 있을까요? 내 안에는 기쁨이 없는데도 불구하고 기쁨으로 바꿀 수 있을 것인가? 지금의 세미나를 통해서 여러 가지 하나님이 주시는 은혜는 너무나도 다양하고 넓습니다. 그래서 꼭 한가지의 방법만 있는 것은 없어요. 우리가 경험한 방법들을 받아들이다 보면 하나님의 세계를 더 많이 무궁히 경험할 수가 있습니다.

　여러분! 웃음치료에 대하여 들어보셨죠? 웃음도 억지로라도 웃으면 '뇌'가 '뭐가 우스워' 하다가도 웃음의 정보가 들어가서 '뇌' 안에 저장된다는 겁니다. 기쁘지 않고 우습지도 않지만 웃으면 '뇌'가 기뻐서 웃는 줄 알고 정보를 받아들인다는 것이죠. 우리의 '뇌'가 그렇습니다. 그렇기에 처음에는 의도적으로 한 다섯 번 정도 웃으면 나중에는 '웃음'이라는 버튼을 딱 누르면 그 순간 마음도 기뻐지고 웃어진다고 합니다. 뇌에서 이러한 모터가 자동적으로 출력이 된다는 것입니다. 우리가 한번 웃으면 '뇌'가 엄청난 운동을 한다고 합니다. 인식을 못해도 우리의 뇌 속에 기억된 아주 기쁜 감정이 작동을 한다는 것이죠.

　그래서 우리가 기절을 할 만큼 웃으면 평소에 쓰지 않던 '뇌의 신경'도 '얼굴 근육'도 막 움직여진다고 합니다. 웃을 일이 없는데도 기절할 만큼 웃어볼 수 있겠습니까? 억지로라도 한번 웃어 보십시오. 다른 사람이 웃으면 따라 웃기도 해보세요. 5분 웃는 것이 5시간 운동하는 것보다 건강엔 훨씬 낫다고 합니다. '기쁜 일이 있을 때만 웃어야지, 즐거운 일이 있을 때만 웃어야지' 이렇게만 하지 마시고 거울을 보고 웃어보시기 바랍니다. 거울을 보고 자꾸 웃는 연습을 하시라는 것입니다.

기쁨에 찬 얼굴은 만나는 사람에게 기쁨을 전파하고 어둠 가득한 얼굴은 어둠을 전파하게 됩니다.

분노 치유에 들어가면서

우리가 이 세상에 살면서 상처받는 것으로부터 아무도 면제받지 못합니다. 상처받는 일이 있었다면 그런데 알고 보니 내가 잘못한 것보다 상대방이 잘못한 것이 훨씬 많습니다. 누가 더 죄가 많습니까? 상대방이 나를 무수히 괴롭혔습니다. 애매히 나를 괴롭히고 핍박했습니다. 나에게 폭력을 행사하고 아프게 했습니다. 이렇게 했다고 할지라도 내가 그 일로 인해 내 안에 그 생각을 가득 채운 채 묵상하며 "나는 너를 용서했는데 아직도 너는 이러 이러한 행동을 하고 있어"라고 우리는 쉽게 이렇게 할 수 있다는 것입니다. 그 사람의 나쁜 허물을 묵상을 합니다.

제가 어떤 목사님의 설교를 들었는데 이야기 중에 이런 이야기가 있었습니다. 샤워를 하고 나오니 아내가 누워서 눈물을 흘리고 있었다고 합니다. 그래서 보름 전에 어머니께서 돌아가셨는데 어머니 생각에 울고 있나보다 하고 너무 마음이 아파서 아내 곁으로 가서 어깨를 만지며 "엄마 생각이 나서 울어?" 하고 물어보니 "아니..." "그럼 왜 우는 데?" "당신이 20년 전에 나를 너무나 아프게 했던 일이 생각이 나서..."라고 했답니다. 우리가 지나간 일인데 20년, 30년 지난 그 일이 지금에 와서 아프다고 생각할 수도 있지만, 현장처럼 생생하게, 그때처럼 생생하게 아픔이 느껴지기도 하는 것입니다.

상처받은 사람이 상처 준 사람보다 더 큰 죄를 지을 수 있다.

우리 안의 기억 장치는 나쁜 일들을 생생하게 기억할 뿐만 아니라 거기에다가 새로운 아이디어와 정보를 덧붙여서 기억합니다. 그 사실들을 내 머리 속에서 깊이 묵상하고 생각하면서 "나쁜 인간, 넌 나쁜 놈이야. 난 그래도 용서하고 얼마나 참았는데..." 이렇게 상대방의 죄에 대해서 우리가 계속해서 생각하고 정죄하고 욕하고 때로는 남들에게 이야기해서 상대가 얼마나 나쁜가에 대해 이야기 할 수도 있습니다.

이렇게 하는 것은 세월이 지나다 보면 우리는 나에게 죄를 지은 그 사람보다 그 사람의 죄를 묵상하면서, 내가 죄를 더 많이 지을 가능성이 있습니다.

어떤 사람들은 다른 사람들에게 말할 수도 있지만, 또 다른 사람은 생각으로 "내가 아무에게도 말하지 않고 참아주지, 내 인격이 워낙 고매하니까. 내가 넘어가 주고 참고 있지..." 이렇게 하면서 내 마음 안에는 그 사람을 정죄하고 판단하는 죄를 짓고 있을 수가 있습니다. 이렇듯 우리가 상처를 받게 되면 너무 쉽게 죄를 지을 가능성이 많아진다는 이야기입니다. 그러므로 상처는 죄와 맞물려 떨어집니다. 그러나 그가 나에게 어떻게 하였는가는 하나님과 나의 관계에 어떤 영향을 미치지 못합니다. 아무 상관이 없습니다. 하나님과 나의 관계는 하나님과 나만 관계합니다. 그렇기 때문에 상처를 치유받아야 하고 **치유의 관문에서 중요하게 해야 할 것이 있는데 그것은, 상대의 죄를 용서해야 한다는 것입니다.**

여러분! 상대의 죄에 대해서 이번 주에 돌아가셔서 적어 오십시오. 상대방이 여러분에게 잘못한 죄를 적어 오십시오. 그래서 우리가 적어온 죄를 주님의 십자가 앞에 한꺼번에 제출을 합시다. 모든 사람이 그렇게 할 필요는 없지만, 어떤 경우에는 우리가 둘러앉아서 "누가 나에게 잘못을 했어요."라고 이야기 하면서 우리 스스로 내 입으로 용서한다고 이야기를 하면 묶인 것이 풀어질 수가 있습니다.

내 영혼이 어두워질 때

*아그네스 샌포드*는 워낙 많은 사람들을 위해서 치유의 빛을 흘려 보내다 보니 탈진 상태가 왔습니다. 그래서 아무것도 할 수 없게 되었습니다. 그때 그에게 어떤 분이 이런 충고를 해 주었습니다. "지금 당신은 죄가 없는 것 같겠지만, 하나님과 당신 사이에

무엇인가 있을 수가 있다. 그래서 그 죄목을 적어서 누구에겐가 찾아가라.”

그는 장로교회의 교인이었습니다. 어린 시절부터 장로 교인으로 살았는데, 후에 그가 성공회의 한 신부님을 찾아가게 되었습니다. 찾아가서 그들이 하는 방식으로 고백을 합니다. 자기가 적어온 죄를 고백을 하고 그곳에 있는 기도문대로 “이제는 당신의 죄가 깨끗하게 씻어졌음을 선포합니다.”라고 하는 이러한 과정을 거쳤습니다. 그런데 상당히 기분이 나쁘고 자존심도 상했습니다. ‘내가 이런 사역을 하는 사람인데 내가 이런 곳에 와서 나의 죄를 고백한다는 것은 너무 기분 나쁘고 자존심이 상하는 일이다.’ 이렇게 별로 유쾌하지는 않았다고 합니다. 그렇게 고백을 하고 아무런 느낌 없이 돌아오는 길에 하나님의 강한 빛이 (그동안 하나님께서 임하셨던 가장 강력했을 때의 그 빛의 은혜가) 자기에게 부어지는 것을 경험을 했다고 합니다.

우리가 누군가에게 받은 상처는 하나님과 나 사이에 담을 만듭니다. 그러나 우리의 감정들 ‘나는 네가 미워, 꼴도 보기 싫어, 나는 네가 죽어 버리면 좋겠어.’ 하는 이런 감정조차도 하나님께서는 무시하지 않는다는 것입니다. 이 과정들을 다 알고 계시고, 이해하고 계시면서 치유받을 수 있도록 인도하십니다.

죄로 인하여 우리에게 열등감이 생겼습니다. 우리는 그동안 이 과정 속에서 우리 내면 안에 있는 이러한 부분을 하나님께 표현할 수 있는 아주 구체적이고 노골적인 기회를 우리가 조금씩 밖에는 갖지를 못했습니다.

오늘 여러분께 그러한 부분들을 소개해 드리려고 합니다. 우리 안에는 여러 감정들이 있습니다. 본래 하나님께서 우리에게 감정을 주셨기 때문에 우리는 기뻐할 수도 있고, 슬퍼할 수도 있고, 화를 낼 수도 있는 그러한 감정이 우리 안에 있습니다. 그런데 죄가 인간에게 오면서부터 이 감정들이 변질되었습니다.

죄로 인해 하나님의 형상을 상실하게 됨으로 우리에게는 열등감이 생겼습니다. 죄의식이 생겼습니다. 죄의식이 생기면서 우리 안에는 열등감이 생겼습니다. '열등감이 있다'는 것은 우리에게 상당히 아픈 고통입니다. 죄가 들어오면서부터 그렇게 된 것입니다. 열등감이라고 하는 것은 별난 하나의 감정이 아니라 우리 안에 죄가 들어왔기 때문에 생길 수밖에 없었던 내면적인 감정입니다. 그러한 마음을 갖게 되면 우리는 당연히 버림을 받았다고 생각하게 됩니다.

여러분, 우리는 우리 안에 내가 완벽히 일을 해내지 못하고 어떤 기준에 있어서 제대로 해 내지 못할 때에 버림을 받을 것 같은 두려움이 있습니다.

어떤 목사님의 이야기 중에 아이를 한번 혼내 주려고 "이놈~"했는데 이 아이가 엄마가 주변에 없다는 것을 알고는 살아남기 위해서 아장 아장 걸어가서 목사님 무릎에 딱 앉아서 한 말이 "아빠"였습니다.

이것은 인간 내면에 버림을 받는 것에 대한 두려움이 있으며, 이 두려움을 각기 처리하는 방법이 있다는 것입니다. 이 아이는 너무나도 뛰어난 방어기제를 가졌는데, 어떤 다른 아이들은 "이놈" 이 말에 바로 크게 울어서 방어할 수도 있습니다. 버림을 받을 것 같은 두려움 그 마음은 우리 안에 굶주린 마음으로 남아 있습니다.

남성 여러분! 가을은 남성의 계절입니까? 여성의 계절이기도 한 것 같습니다. 가을을 왜 남자의 계절이라고 합니까? 좀 가르쳐 주시겠어요? 가을이 되니 외로움을 타서 그런 걸까요?

가을이 되니 더 허전하고 더 외롭고 그렇습니까? 이런 우리 안의 굶주림, 허전함 이 부분은 인간으로 채울 수 없는 부분입니다. 만약에 여러분에게 허전함, 굶주림, 외로움을 하나님께서 지금 느끼게 한다면... 어떤 사람은 이 가을에 낙엽을 밟으며 주님의 은혜를 세어 보는데 어떤 사람은 슬프고, 외롭고, 울고 싶고... 이렇다면 하나님께서 무엇을 말하시는 것이겠습니까?

"내가 너희의 외로움에 대하여서, 너희의 굶주림에 대하여서, 너희의 이 공허함에 대하여서 내가 대책이 되어 줄게" 하시는 하나님의 프로포즈입니다. 이 가을은 하나님이 우리 외로운 이들에게 하나님이 큰 발자국 소리를 내시면서 우리에게 다가오시는 계절입니다.

이 외로움이 채워지지 않으면 대체로 외로움을 사람으로 채우려고 하고 결혼을 하게 되면 상대방을 통해서 채우려고 합니다. 부부 관계를 통해 채움받지 못하고 있을 때 자녀가 태어나면 자녀를 통하여 자기 내면 안의 외로움을 채우려고 합니다. 그것이 채워지지 않으면 우리는 분노합니다.

우리가 전혀 화나지 않는 삶을 살아갈 수 있습니까? 화를 내지 않고 살 수가 있습니까? 그렇다면 이 '화'는 도대체 어디서부터 왔습니까?

분노 질문표를 한번 봅시다

얼마나 화가 많이 나는 지, 또 화가 날 수밖에 없는 존재인지, 한 번 진단을 해보겠습니다.
한 문제당 분노점수 만점이 5점입니다. 화가 굉장히 많이 나면 5점, 화가 하나도 나지 않으면 0점, 조금 나면 2점, 더 나면 4점 이렇게 올라갑니다. (오래 생각하지 않고 바로 체크 합니다.)

1. 다른 사람들의 잘못은 다 그냥 넘어 갔는데 유독 나만 지적되어서, 주의를 받고 있다.
2. 당신이 당신의 남편이나 아내를 위해서 기도하고 최선을 다하는데도 당신의 배우자는 신앙에 대해서 관심도 적극성도 보이지 않는다.
3. 당신이 어떤 사람에게 말을 걸었거나 인사를 했는데 그 사람이 못 본 척 한다.
4. 당신이 아는 사람을 보고 아는 체 하는데 그 사람은 당신을 보고 모른 체하고 있다.
5. 당신의 아이가 주의를 주었는데도 불구하고 부주의로 비싼 것을 깨뜨렸다.
6. 당신이 벽에 있는 옷걸이에 옷을 걸어 놓았는데 어떤 사람이 지나가다가 그 옷을 마루 바닥에 떨어뜨려 놓고 한번 밟고 걸어놓을 생각도 하지 않고 지나가버렸다.
7. 당신이 만든 반찬이 맛이 없다고 남편이 투정한다. (남편이 과일을 사왔는데 아내가 비싸게 사왔다고 투정한다.)
8. 당신이 어떤 일로 인해서 계속해서 조롱과 놀림을 받고 있다.

9. 공휴일인데 남편 혹은 아내는 가족과의 약속을 지키지 않고 다른 사람들과 하루를 보냈다.

10. 오른쪽으로 회전하여야 하는 주차장에서 실수로 왼쪽으로 회전하였다. 그랬더니 뒤에서 어떤 사람이 소리를 지른다. "이봐, 눈이 있어? 없어? 운전 똑바로 해! 집에서 밥이나 해!"

11. 어떤 사람이 잘못을 저질러 놓고 오히려 그 잘못을 당신에게 뒤집어 씌운다.

12. 당신이 정신을 집중해서 무언가를 하려고 하고 있는데, 당신의 옆 사람이 계속해서 발로 바닥을 툭툭 치고 있다.

13. 어떤 사람이 당신한테 중요한 책이나 도구를 빌려 갔는데 돌려줄 생각을 하지 않는다.

14. 당신이 매우 바빠서 정신이 없는데, 당신의 부인이나 혹은 남편은 전에 한 약속을 지키지 않는다고 불평을 털어 놓는다.

15. 당신이 중요한 문제를 배우자와 상의하고자 하는데 배우자는 당신이 감정을 표현할 기회를 조금도 주지 않는다.

16. 당신의 아이가 잘못이 없는데도 이웃집 아이에게 맞아서 울면서 들어왔다.

17. 당신 아이들이 자신의 방 책상, 침대 온 위에 물건을 어질러 놓고 어디를 나갔는지 보이지 않는다.

18. 당신이 걷고 있는 중에 누군가가 씹다 버린 껌을 밟아 버렸다. (좋은 옷을 입고 있는데 씹다 버린 껌을 깔고 앉아버렸다.)

19. 사람이 몇 명이 모인 곳을 지나가는 데 당신을 보고 그 사람들이 수군대는 것 같다.

20. 중요한 약속을 해야 해서 휴대폰으로 전화를 하는데 휴대폰의 배터리가 나가버렸다.

분노의 기원

하나님의 형상 상실 죄로 인하여 ➡ 죄책감 열등감 거절감 ➡ 채워지지 않는 굶주린 마음 ➡ 분노의 마음

아담이 죄를 지으면서 하나님의 형상을 상실하게 될 때 죄책감과 거절감, 열등감이 생겼습니다. 이 굶주린 마음은 인간의 그 어떤 것으로도 채울 수 없기에 분노하는 마음이 될 수밖에 없었습니다.

인간에게는 이렇게 근원적으로, 원죄로 인하여 생긴 깨어진 원마음이 있습니다.

원죄가 유전되듯이 깨어진 마음도 아담으로부터 내려왔습니다. 인간은 이미 근원적으로 열등감, 거절감을 가지고 있기에 어린 아이일지라도 거절 받을 때에 방어기제가 나타나지요.

분노의 원인

화가 나는 원인, 분노의 원인은 무엇일까요? "왜 분노가 날까?" 여러분도 때로 이유도 없이 화가 날 때가 있지요? 때로는 똑같은 일인데도 아무렇지도 않고, 때로는 어쩔 수도 없이 화가 납니다. 어떤 사람만 쳐다봐도 화가 나고, 생각만 해도 화가 납니다. 왜 그렇습니까? 성장과정에서 상처를 입었다는 뜻입니다.

우리의 상한 감정이 치유되어 회복되지 않으면 우리는 건강한 대화를 할 수가 없습니다. 좋은 관계를 가질 수도 없습니다. 이 땅에 모든 사람들이 자기가 가지고 있는 감정을 그대로 쏟아내고, 또 스트레스 받아서 상대에게 퍼붓고 이렇게 탁구공 치듯이 서로 상처를 주고 받습니다. 남편은 아내에게 상처를 주고 아내는 남편에게 다시 상처를 주면서 결국 상처를 풀 곳이 없어서 자녀에게 퍼붓고, 그렇게 됩니다.

우리 속에 있는 것은 감출 수가 없습니다. 회사에서 엄청난 스트레스를 받고 집에 들어 왔을때 내가 받은 이 스트레스는 누군가에게 풀고 싶어집니다. 그러면 누구에게 화를 내게 될까요? 집에 아내가 없는데 아이들이 집안을 엉망으로 만들어 놓고 숙제도 하지 않아서 아이들에게 화를 내고 있는데, 아이 엄마가 집에 들어왔습니다. 그러면 다음은 아내에게 "당신은 이 시간까지 뭐하고 다니는 거야?"라고 하게 됩니다.

상대를 대면 했을때 대화의 첫마디는 굉장히 중요합니다. 우리가 처음 만났을 때나 밖에서 집에 들어갔을 때 아이들한테나 가족들이 서로 제일 먼저 하는 말은 우리가 느낀 그대로를 다 말하게 됩니다.

엄마들도 마찬가지입니다. "야~ 텔레비전 꺼!, 숙제 했냐?, 숙제 해!, 학원은 갔다 왔냐?" 바로 이겁니다. 우리는 눈에 보이는 그대로 '확' 이야기하는 것에 대해 진단을 해야 합니다. 가만히 두면 자동으로 나옵니다. 그래서 습관대로 가만히 둔다면 자동으로 아내는 집에 들어와서 하는 말이 "야! 숙제했어? 텔레비전 꺼! 집구석이 이게 뭐야?"라고 큰 놈에게 뭐라고 합니다. 그러면 큰 놈이 작은 놈에게 "야! 이거 니가 그랬잖아! 이거 내가 너보고 이렇게 하라고 했잖아." 이렇게 분노는 위에서부터 아빠를 시작으로 엄마에 이어서 큰 아이, 이렇게 내려오면 작은 아이는 풀 데가 없는데 어떻게 할까요? 풀 곳이 없으니까 고양이나 강아지를 얼른 차 버립니다.

예전에 어떤 고등학생 아이와 상담을 하는데 아빠가 너무 폭력을 많이 행사를 해서 이 아이 안에 분노가 가득 차 있었습니다. 그러니 아이가 견딜 수가 없었습니다. 화가 많이 나면 문을 막 친다고 합니다. '그래서 우리집 문은 구멍이 안 난 문이 없어요.'라고 했습니다. 분노는 에너지입니다. 그래서 이 분노가 우리 안에 가득 차 있으면 어디라도 흘러가게 되어 있는 법입니다.

분노의 영향력

여러분! 우리는 '사랑의 정원사'이고 '축복의 정원사'입니다. 우리는 축복을 흘려보내야 하는 사람들입니다. 그런데, 내 안에 있는 것을 흘려보낼 수밖에 없습니다. 그러면 이 분노는 어떻게 해야 할까요? 본래 분노가 전혀 없는 사람이 있을까요? 우리가 화가 많이 날 때도 있지요? 어떤 때는 막 부수고 싶고 화가 많이 날 때 우리는 도자기라도 깨야지요. 전화기라도 던지고요. 텔레비전이라도 부숴야지요. 그럴 때는 싼 플라스틱 그릇을 가져다 놓고 부수기라도 해야 합니다.

화가 우리 안에 갇혀 있다가 분출이 되면 감당을 못 하게 됩니다. 압력솥을 꽉 막아서 불 위에 얹어 놓으면 어떻게 되겠습니까? 압력솥 추가 빙빙 돌아가는 것은 그 속에 김이 빠져나가는 거잖아요. 그런데 김이 빠져나갈 구멍도 없이 밑에서 계속 불만 태운다면 폭발합니다. 울고 싶을 때는 울어야 합니다. 그런데 "울지 마" 아이들이 떼를 계속 쓰고 우는 것은 처리되어야 할 부분도 있지만, 엄마, 아빠가 나에게 하는 것이 너무 억울해서 '우왕~' 하고 울음을 터뜨려야 하는데 울지 말라고 하며 매를 들면 어떻게 되겠습니까? 먹은 게 그대로 체하고 맙니다.

우리의 분노는 어딘가로 흘려보내야 합니다. 열을 가해 압력 추가 돌아가게만 한다면 이것이 흘러가게 되는 것입니다. 주님은 분명히 "해가 지도록 분을 품지 말라" 하셨습니다. 분노는 건강한 방법으로 흘려보내야 합니다.

언제인가 아침에 일어나니 포도주 냄새가 온 집에 진동을 하였습니다. 조그마한 주스 병에 담아둔 포도주가 폭발했습니다. 옆에 있는 작은 포도주 병도 폭격을 받아 병 두 개가 폭발하면서 온 집에 산산조각 유리가 흩어져 있었습니다. 포도주 병이 폭발한 것은 병뚜껑을 너무 꽉 잠가서 숨 쉴 구멍을 막았던 것이 결정적 이유였습니다.

우리가 열받았을 때 뚜껑 열리겠다고 말하듯 우리 안에도 열만 오르고 터트릴 곳이 없으면 포도주 병이 깨지는 것처럼 자신도 남도 깨지고 다칠 수가 있습니다. 포도주 병은 자신만 깨질 수도 있지만 견고한 쇠는 터지면서 옆 건물도 부수고, 옆에 있는 사람에게도 화상을 입히게 되는 것입니다. 우리가 이 분노에 대한 것을 처리하지 않으면, 결국은 누군가가 이 불똥을 맞게 되어 있습니다.

사람이 화를 내면 거기에서는 독소가 나오게 되어 있습니다. 사람이 화를 낼 때 나오는 그 독소를 쥐에게 주사를 했더니, 쥐가 바로 즉사했다고 합니다. 화를 내게 되면 이 분노의 독소는 사람 속으로 바로 들어가게 되는 것입니다. 우리는 이 독을 어떻게 해야 되겠습니까? 독을 너무 많이 먹었고 많이 주기도 합니다.

우리는 화내기가 생활화되어 있습니다. '나하고 다른 의견에는 화를 낸다. 내가 원하는 것이 아니면 화를 낸다.' 이것이 문화적으로 습관화되어 있기도 하고, 또 우리 안에 이것이 너무 많이 차 있습니다. 화를 내서 이야기를 해야 사람들은 권위가 있다고 생각합니다. 특히, 우리나라 남성들이 이런 경향이 많다고 합니다.

분노의 이유

본래 분노는 가치 중립적입니다. 분노가 꼭 나쁜 것은 아닙니다. 우리 하나님도 분노하실 때가 있었습니다. '분노하시며'라고 하는 표현들이 성경에 많이 나옵니다.

우리가 화를 내게 되는 이유는 이미 하나님이 본래 주신 좋은 것들을 죄로 인하여 깨뜨리고 상실하였기 때문입니다. 그리고 우리 안에 생리적으로 화를 낼 수밖에 없는 경우도 있습니다. 여성이 생리 중이거나 때로는 배가 너무 많이 고프든, 너무 아파서 견디지를 못하는 상황이든, 이럴 때는 화가 나게 되어 있습니다. 또한 생리적인 부분 외에 자기 힘으로 어떻게 할 수 없는 상황, 비행기가 폭파되거나 문제가 생기는 상황에서 대체로 블랙박스에 남는 것은 조종사가 욕을 하는 것이라고 합니다. 마지막으로 어떻게 할 수 없을 때에 사람은 분노를 표출하게 되어 있습니다. 과학적으로도 그렇습니다. 그래서 이러한 일들은 우리에게 얼마든지 많이 일어날 수 있습니다.

사울은 다윗이 칭찬을 듣는 것을 보고 화가 났습니다.

이렇게 우리는 화가 날 이유들이 엄청나게 많이 있습니다. '와! 저 사람 갑자기 너무 잘 되잖아!' 그러면 내 안에 시기심이 생기는데 이 또한 화입니다. 우리 안에 생기는 시기심도 화가 되고 우리 안의 걱정도 나중에는 화가 됩니다. 불평하는 것도 분노입니다.

불평, 불만, 증오 이런 것들로 인해 화가 나면 어떤 사람들은 아예 입을 닫고 말을 하는 것보다 훨씬 더 힘든 분위기를 만듭니다. 침묵도 원한을 가집니다. 비통한 기운으로 다른 사람에게 원망을 전합니다.

분노의 대상

① 하나님

'에이 어떻게 하나님께 화를 내?' 거룩하신 하나님께, 그러나 우리는 하나님께 화가 날 때도 있습니다. "하나님 너무하십니다.", "왜 하필이면 나입니까", "어찌하여 나에게 이렇게까지 하십니까?" 이렇게 하나님께 직접 화를 내기도 합니다. 그러나 우리가 다른 사람, 사건에 대하여 화를 내는 것도 결국은 그를 지으신 하나님께 화를 내는 결과가 됩니다.

② 자연, 환경

분노가 많은 사람들은 자연, 환경도 분노의 대상입니다. 왜 날씨가 이렇게 흐리나, 비는 왜 이렇게 많이 오나, 정치인들은 하는 짓이 맨날 그래, 축구 경기 왜 그 모양이냐, 매사에 불평입니다.

③ 권위자

분노가 많은 분들은 특히 권위자들에게 화를 많이 냅니다. 인간에게 기본 권위의 대표는 부모이기 때문에 상처가 많은 사람은 권위자인 부모로부터 시작된 분노는 모든 영역의 지도자에 이르기까지 분노의 대상이 됩니다.

④ 자기자신

화가 날 때 곰곰이 생각해 보면 나 자신 때문에 화가 나고 있음을 발견할 때가 있습니다. 자기자신을 사랑하지 않는 자입니다. 자기를 사랑하는 자는 배우자도 사랑할 수 있는 것처럼 배우자에게 화를 잘 내는 자는 자기 자신에게 화를 내고 있는 것과 같습니다. 분노는 처리 되어야만 하는, 그냥 무시하고 넘길 수 없는 활화산 같습니다.

분노의 형태

이것들은 어떤 사람이 갖고 있는 불평, 미움, 시기, 험담의 형태로, 각기 다른 사람의 기질대로, 분노를 머금고 살아가고 있기 때문에 상대를 찌르고, 물어뜯고, 퍼부으면서 살아가고 있습니다. 우리는 이 분노를 다루는 법을 모르기 때문에 힘들어합니다. 대체로 기독교인들은 분노에 대해서 어떻게 합니까? "참아라. 오래 참아라, 죽도록 참아라." 참아야 됩니다. 그런데 앞에서 이야기한 포도주 병이 터져 버리듯이 참다가 내가 터져버리는 겁니다. 꽉 눌러 놓고서는 '안 터지고 가만히 있어야지' 하지만, 안에서는 자꾸 발효가 되는 것입니다. 그러다가 터집니다. 내가 터져버리면 다른 사람에게도 화가 갑니다. 우리는 아무리 참으려 해도 잘 안됩니다. 참으면 참을수록 더 화가 납니다. 그렇기 때문에 이 분노에 대해서 처리를 할 줄 알아야 합니다. 싸움도 잘 싸울 수 있어야 합니다. 부부가 서로 무조건 말을 하지 않고 참는 것이 아니라 잘 싸워야 합니다. 잘 싸우면 둘 다 이기는 게임으로 마무리가 될 수 있습니다.

여러분은 분노를 어떻게 처리합니까? 분노를 처리하지 않고 그대로 두면 병이 납니다. 이것을 그대로 두면 우리는 몸이 울게 되어 있습니다. *황성주 박사*가 이런 이야기를 했습니다. "암을 예방하려면 울어라" 눈물을 억제하여 생긴 병이 '암'이라고 합니다. *월트 스미스 박사*는 이렇게 말했습니다. "힘껏 울 수 있는 사람이 언제나 눈물을 삼키는 사람보다 감기가 더 잘 걸리지 않는다."고 말했습니다.

자기 안의 자신을 표현할 수 있어야 건강한데 지금 여기 계신 여러분들의 세대들은 자기표현이 쉽지는 않지요? 기질적으로 타고 나서 자기표현을 잘하는 특별한 경우 외에는 우리는 대체로 감정을 억누르고 살아갑니다. 그래서 어떤 사람들은 늘 꽉 누르고 있든지, 아니면 항상 공격적으로 터뜨리든지 합니다.

분노를 항상 공격적으로 터뜨리는 권위자 자기 자신은 건강합니다. 이러한 성향의 사람들은 자기 안의 분노를 가족들에게 퍼붓고 가족들을 병들게 해서 죽일 수는 있지만 자신의 분노는 해소가 되는 겁니다. 간혹 자기 자신도 심장 질환이 와서 죽을 수도 있습니다.

우리는 어떻게 하면 되는 것일까요? 화를 실컷 내면 치료가 되니까 서로가 '나는 스펀지야. 나한테 마음껏 화를 내' 이렇게 해야 할까요?

몇 년 전 신문에서 스크랩해 놓은 기사를 소개합니다.

중국 난징에 첫 선을 보인 '눈물방'이 있었습니다. 손님들은 마음껏 울고, 소리를 지르고 집어던지고 할 수 있는 곳이었습니다. 처음 난징에서 시작해서 상하이로, 전국으로 확산이 되었습니다. 이곳은 한 시간에 50위안, 우리 돈으로는 7500원을 내고, 속상한 마음이 풀릴 때까지 마음껏, 실컷 울고 갈 수 있다는 것이 특징입니다. 손님들이 남자가 많을까요? 여자가 많을까요? 손님의 80%가 여자 손님으로 방 하나당 하루에 10명이 넘는 손님이 찾아왔다고 합니다. 방 하나당 수입이 하루에 우리 돈으로 75만 원으로 수입이 높아지니, 개인 전용 특실 눈물방까지 등장을 하게 되고, 눈물이 나도록 돕기 위한 고춧가루, 마늘, 최루 촉진제, 울다가 감정이 솟구칠 때 마음껏 던질 수 있는 유리컵, 인형 등도 배치되어 있다고 합니다. 2005년 신문 기사에 중국 상하이에서 눈물방이 이렇게 상당히 성업 중이라고 나와 있었습니다.

주님은 우리의 눈물방

여러분! 우리는 어떤 눈물방에 가야 할까요? 우리는 이런 것들이 어떤 원리인지를 알아야 할 필요가 있습니다. 주님이 우리의 눈물방이 되어 주십니다. 한 번도 분노를 표출하고 싶은 마음이 들지 않았던 삶을 산 사람은 없을 것입니다.

우리가 잘 알고 있는 큰 문제를 저지른 사람들은 전부 이 분노를 처리하지 못한 것이 문제입니다. '버지니아 총기 사건, 조승희의 인생'에 대한 많은 기사들도 있었습니다. 조승희는 본래는 평범한 아이였습니다. 다른 사람들은 그가 말수가 적어서 걱정

---

* 조선일보 2005' 26094호

을 했다고 합니다. 초등학교까지는 공부는 잘했지만, 말이 너무 없는 데다가 내성적이고 조용하게 다녔다고 합니다. 그런데 중학교에 가서는 자신을 괴롭히는 친구들도 많고 왕따를 당했으며 한국인 학생들과도 친하지 않았다고 합니다. 고등학교 때는 손봐줄 사람들의 명단을 적어 가지고 다녔지만 상당히 똑똑한 아이였다고 합니다. 버지니아 공대에 들어갈 정도면 아주 똑똑한 편이지만 대학교 때도 그는 자기 자신을 표출하지 않고 살았답니다.

사람들의 기억 속 조승희는 사고뭉치이며 깡패로 기억되었다고 합니다. 수업 시간에는 늘 선글라스를 쓰고 모자를 푹 눌러 쓰고 있어서 항상 선생님이 벗으라고 하며 실랑이를 자주 했다고 합니다. 그는 분노를 해결하지 못해서 31명의 무고한 생명을 죽이고 자기 자신도 죽었습니다. 철저하게 계획된 범죄였습니다. 속으로 칼을 갈고 있었던 것입니다.

사람 안의 이러한 것들이 처리되지 않으면 나도 죽고 너도 죽게 되며 좋은 사람들도 괴롭히게 된다는 것입니다. 그러면 이 문제를 어떻게 해야 할까요? 분노를 어떻게 처리를 해야 할까요? 분노는 감정입니다. 우리 안에 좋은 감정이 가득 차 있으면 나의 내면과 얼굴과 입, 관계 안에서 좋은 것이 나올 수밖에 없습니다. 그러나 분노가 가득 차 있으면 어떨까요? 조직폭력배들은 분노가 항상 그들 속에 가득 차 있어서, 그 분노가 사람들을 지배하고, 위협하는 무기가 됩니다.

우리가 이 분노를 해결하지 않으면 우리도 우리 가족 안에서, 또 우리가 몸담고 있는 직장 안에서, 혹은 어느 공동체 안에서 이 문제로 나와 남을 괴롭힐 수밖에 없습니다. 성경에 분명히 '해가 지도록 분을 품지 말라.'고 했는데 우리는 해가 질 때까지뿐만 아니라 품고 또 품고 품어서 우리 안에 분노의 나무를 아주 크게, 왕성하게 키우고 있을 수 있습니다. 어떻게 하면 이 분노를 처리할 수 있을까 생각해 봅시다.

분노처리 방법

> 내가 소리 내어 여호와께 부르짖으며 소리 내어 여호와께 간구하는도다 내가 내 원통함을 그의 앞에 토로하며 내 우환을 그의 앞에 진술하는도다 내 영이 내 속에서 상할 때에도 주께서 내 길을 아셨나이다 내가 가는 길에 그들이 나를 잡으려고 올무를 숨겼나이다(시 142:1~3)

> 여호와여 내가 주께 부르짖어 말하기를 주는 나의 피난처시요 살아 있는 사람들의 땅에서 나의 분깃이시라 하였나이다 나의 부르짖음을 들으소서 나는 심히 비천하니이다 나를 핍박하는 자들에게서 나를 건지소서 그들은 나보다 강하니이다(시 142:5~6)

소리를 사용하는 것은 바로 서류에 도장을 찍는 것입니다. 소리는 영적인 것이 물질계에 실제가 되는 과정입니다. 소리는 이론이나 개념이 실제가 되는 과정입니다. 소리가 있기 전에 어떤 단어는 하나의 개념에 지나지 않습니다. 그러나 그 단어가 소리가 되면 그 단어에 생명이 입혀집니다. 영계에서 물질계로 내려온 것입니다. 우리가 영혼만을 가지고 있다면 말할 필요가 없을 것이고 소리를 사용하지 않아도 됩니다. 마음은 생각을 통하여 움직이지만 몸은 소리를 통하여 움직입니다. 우리는 마음으로 믿어 의에 이르고 입으로 시인하여 구원에 이르게 되며 구원의 실제적인 역사를 경험하게 되는 것입니다. 강렬한 소리에서 구원이 시작됩니다. 강렬한 고백과 외침에서 능력의 역사가 시작됩니다. 이스라엘은 문제가 있을 때마다 부르짖었습니다. 사사기에서 반복되는 패턴은 범죄하고 고통 가운데 부르짖으면 그들의 부르짖음을 들으시고 구원자를 세우셔서 구원하시고...... 이러한 동일한 패턴이 반복됩니다.

분노 처리

분노를 처리할 수 있는 쉽고 빠른 방법을 소개를 드리고 싶습니다. 여러분은 화가 끓장히 많이 날 때에 어떻게 하고 싶습니까? 화가 너무 많이 날 때 비명을 지르고 싶지 않습니까?

견딜 수 없이 화가 나서 어쩔 수가 없을 때, 언어로는 구사할 수가 없습니다. 그래서 소리를 막 지르게 됩니다. 그러면 누구한테 소리를 지를까요? 소리를 지를 대상이 있습니까? 조금 전 이야기했던 눈물방은 우리의 분노를 해소하는데 아주 중요한 도움이 됩니다만, 그저 분노를 해소하는 것만으로는 되지 않습니다. 우리는 분노가 해소되어도 우리 안에 분노의 찌꺼기가 조금이라도 있으면 나중에 그것이 나오게 되어 있기 때문입니다. 언제라도 그것은 나오게 되어 있습니다. 아무렇지도 않게 즐겁고 행복하게 잘 살다가도 20년 전 것이 나와서 눈물이 날 수 있는 것입니다.

분노를 해결할 수 있는 중요한 것 가운데 한 가지는, 우리는 하나님께 부르짖고 토설하는 것입니다. 우리 안에 있는 것들을 바깥으로 표출하는 것입니다. 왜 이렇게 해야 하는가 하면 우리가 다른 사람으로부터 힘듦과 고통을 받을 때에 내 안으로 독이 들어옵니다. 그 독이 내 안에 묻게 되면 나 또한 독을 퍼부을 수밖에 없도록 내 안에서 독이 나오게 됩니다. 이러한 것에 대해 우리가 어떻게 해야 할 것인가? '시시로 토설하라'라고 했습니다. 꽉 갇혀 있었던 것들은 분명히 밖으로 나와야 합니다.

우리가 화가 많이 날 때에 우리의 몸속의 혈액은 정해져 있는 관을 통해서 급하게 더 많은 혈액이 돌게 됩니다. 그렇다면 화가 솟구칠 때 우리의 아주 얇은 혈관들이 터지게 되고 독소로 변하게 됩니다. 독소로 변한 것들은 일산화탄소와 같은 가스가 되기도 하는데 우리 몸에 축적되어서 암이 되기도 하고 또 다른 병을 만들기도 한다는 것입니다. 그렇기 때문에 분노를 치유하면 인격 치유의 아주 중요한 부분인 내면의 정서가 치유되고 건강을 회복하는 중요한 것이 되는 것입니다.

하나님께 분노 토설하기

내가 토설치 아니할 때에 종일 신음하므로 내 뼈가 쇠하였도다(시 32:3, 개역한글)
백성들아 시시로 그를 의지하고 그의 앞에 마음을 토하라 하나님은 우리의 피난처시로
다(셀라)(시 62:8)

'백성들아! 시시로 하나님께 이 분노를 토설하라'고 하셨습니다. 하나님은 우리의 연약함을 아시는 분이십니다. 앞에서 들은 강의들을 통해서 하나님께서 인간이 되셨다는 것을 배웠습니다. 하나님은 우리에게 인간으로 오셨습니다. 인간을 경험하셨기 때문에 인간의 감정의 고통이 어떠한 것인지 주님은 다 아시는 것입니다. 그래서 우리 안에 분노가 있든지, 없든지 상관없이 '너희는 예수를 믿으니까 다 참고 견뎌라'라고 한다면, 억압된 분노는 언제라도 드러나게 되어 있습니다. 기도하면서도 분노가 나오고, 제직회를 하면서도, 교회 안에서도, 예배드리면서도 분노가 나올 수밖에 없는 자들이 우리들입니다. 샘이 한 구멍에서 단물과 쓴물을 함께 낼 수가 있다는 것, 바로 우리가 그렇다는 것입니다.

토설한다는 것은 내 감정을 다 무시하고 거룩하신 하나님께 나오라 있는 모습 그대로 하나님께 내 마음을 아뢰라는 것입니다. 하나님은 들어주십니다. **하나님께 이것을 토설하지 않는 사람은 사람에게 항상 화를 낼 수 있다는 것입니다.** 하나님께서 오늘 이렇게 말씀하십니다. "내가 너희의 눈물 방이 되어 주겠다. 나에게 오너라. 그리고 시시로 너희의 감정을 토해라."

우리는 어떻게 토설을 할 수 있을 것인가?

어떤 분이 감정을 하나님께 토하라는 기도를 배웠습니다. 이분은 평소 기도를 많이 하는 분이셨기에 밤새도록 기도를 하고 새벽 기도가 끝나면 집에 가곤 했습니다. 밤새

도록 기도를 하고 왔는데도 자기도 모르게 화가 나곤 했다는 것입니다. 그래서 설거지, 빨래를 하면서 화를 내다보면 자기 안에서 자기도 모르게 입에서 욕이 나오는 겁니다. 이분이 분노의 토설, 감정의 표출에 대한 기도를 배우고 난 뒤 하루는 실천을 해보려고 마음을 먹고 기도를 할 때에 하나님 앞에 거룩한 기도를 하지 않고 "하나님, 그 인간 찢어 죽이고 싶어요." 하며 밤새도록 패악을 부렸다고 합니다.

분노의 대상은 남편과 시어머니였습니다. 분노가 너무나 많이 차 있었습니다. 그런데 두 사람에게만 분노가 차 있는 것이 아니었습니다. 분노가 가득한 사람들은 많은 분노의 대상이 만들어집니다. 목사님께도 화가 나고 소장님께도 화가 나고 다른 집사님한테도 화가 나고, 다른 사람들이 볼 때는 아무것도 아닌데도 자기에게는 엄청나게 화가 나는 사건인 것이었습니다. 심지어는 옆집 아줌마가 짜장면을 시켜 먹는 것도 화가 나는 것입니다.

자신의 남편이 자신과 아이들에게 너무나 잘못을 하는데 조카들에게는 학비도 대주고 컴퓨터도 사주고 인심을 쓰면서 정작 자녀들에게는 아이스크림 하나를 사주지 않는다고 하였습니다. 얼마나 화가 나겠습니까? 시어머니께 항상 몰래 용돈을 드리고, 조카들한테는 자녀들한테 보다 더 잘하고, 자기 가족을 이렇게 대하니 얼마나 화가 날까요? 그 화가 나중에는 옆집 아줌마한테 갔습니다. 옆집 아줌마가 아이를 유치원에 보내고, 짜장면을 시켜 먹는 모습을 바라보면서 화가 나서 못 견디는 것이었습니다. 그는 기도 중 어마어마하게 화를 내며 하나님께 패악질을 했다고 합니다. 그러다 겁이 덜컥 나면서 이러다가 하나님께 벌받는 것 아닌가 했지만 밤새도록 이와 같은 기도를 하고 집으로 돌아오는데 예전하고 다르게 자기 안에 찬양이 있고 기쁨과 평강이 깃드는 것을 느꼈다고 합니다. 이 분은 이 기도를 '욕기도'라고 이름을 지었습니다.

이렇게 토설하는 기도는 매우 중요합니다. 여러 가지 예를 들었던 것처럼 분노를 우리 안에 가두어 두었을 때는 자기가 깨어지든지, 뚜껑이 열리면서 천장에 튀든지, 아니면 폭발을 해서 다른 사람에게 화상을 입히고 다치게 하는 등 피해를 주게 되어 있습니다. 성경에는 '온유하여라, 겸손하여라'라고 합니다. 그런데 우리의 삶에서 화산 같은 분노가 이글거리는데 어떻게 온유하겠습니까? 어떻게 겸손할 수가 있겠습니까? 할 수가 없는 것입니다. 그렇기 때문에 궁극적인 치유는 '내 안에 있는 분노를 어떻게 처리하느냐'이며 일상적인 삶의 부분 부분에서 항상 잘 적용을 해야 하는 것입니다.

우리는 상처 없는 사람이 없고, 상처치유를 다 받았다고 해도 또다시 상처를 안 받을까요? 우리는 치유를 받았지만 또 상처받고 어려움을 겪고, 알지도 못하는 사이 내 안에 스트레스를 받기도 합니다. 그러다 보면 폭발하고 싶어지는 때도 있지요. 그래서 미친 척이라도 하고 싶을 정도로 참기 힘든 경우를 자주 경험하기도 합니다.

성경에 보면 이렇게 표현합니다.

> 내가 고통 중에 여호와께 부르짖었더니 여호와께서 응답하시고 나를 넓은 곳에 세우셨도다(시 118:5)

부르짖으라

성경에는 이 **부르짖으라**는 말이 많이 나오는데 몇 가지를 소개해 드리겠습니다.

> 네가 고난 중에 부르짖으매 내가 너를 건지었고(시편 81:7)

우리가 고난을 당할 때는 소리만 지를 수밖에 없습니다. 미주알고주알 말할 수가 없습니다. 하나님은 말하지 않아도 다 아시기에 내가 "아버지!" 하며 소리 지르면 내 안의 고통이 주님께 상달되는 것입니다. '부르짖으라, 내가 네게 응답하겠고'라고 하셨습니다.

내가 환난 중에서 여호와께 아뢰며 나의 하나님께 부르짖었더니 그가 그의 성전에서 내 소리를 들으심이여 그의 앞에서 나의 부르짖음이 그의 귀에 들렸도다(시 18:6)

하나님은 말하지 않아도 우리를 다 아시는데 굳이 부르짖어야 합니까? 이것은 영적인 원리입니다. 소리가 '확' 나가면 이 소리에 의해서 어두움의 세계가 물러가는 것입니다. 저도 예전에는 '몇 사람 안 되는데 마이크가 왜 필요할까?' 생각했습니다. 그런데 중요한 말이 마이크를 통해서 큰 소리로 선포될 때에 소곤소곤한 소리보다 훨씬 더 강한 능력이 있습니다.

어떤 책에 이런 이야기가 있습니다. 솔로몬 군도에 원시인들이 나무를 자르려 하는데 아무런 연장이 없다고 합니다. 그 동네의 원시인들이 모두 모여 나무를 둘러싸고 서서 일제히 나무를 향하여서 "넘어져라" 하고 소리를 지른다고 합니다. 한 달을 그렇게 소리를 지르면 나무가 넘어진다고 합니다. 그만큼 말의 힘, 소리의 힘이 크다고 합니다.

그러나 사람이 넘어질 때에 어찌 손을 펴지 아니하며 재앙을 당할 때에 어찌 도움을 부르짖지 아니하리이까(욥 30:24)

여러분, 우리가 어려운 일을 당할 때 하나님 앞에 통곡하고 울부짖습니다. 사자가 포효하듯이 소리를 지르는 겁니다. 이렇게 소리를 지른다는 것은 우리의 내면 안에 있지만 말로는 표현이 안 되는 감정, 내 안에 꽉 찬 응어리를 부르짖을 때에 풀려서 흘러 나가는 것입니다.

---

* 『부르짖는 기도』 1권, 2권, 정원, 영성의숲:2001, 이 과의 부르짖는 기도에 대한 모든 것

부르짖는 기도

부르짖는 기도는 고통 가운데 하나님께 쏟아내는 절규입니다. 고통이 극심하면 또 박또박 문장으로 기도할 수가 없습니다. 그저 비명 지르며 살려달라는 몸부림치는 기도입니다. 언어로 다 표현하기 어려운 가슴 터질듯한 고통을 주님께 쏟는 부르짖는 기도에 대해서 배워야 할 비밀한 진리가 있습니다.

> 이것이 애굽 땅에서 만군의 여호와를 위하여 징조와 증거가 되리니 이는 그들이 그 압박하는 자들로 말미암아 여호와께 부르짖겠고…(사 19:20)

'부르짖겠고' 이것으로 '여호와께서 한 구원자와 보호자를 보내서 그들을 건지실 것임이라' 우리가 힘이 들 때는 그냥 부르짖는 것입니다. 아무 말도 안 하고 "주여"만 했는데도 기도가 응답되더라는 이야기를 하는 사람들도 있습니다. 우리가 "주여"하며 계속 주님을 부르짖었을 때 주님은 들으십니다.

> 왕의 명령과 조서가 각 지방에 이르매 유다인이 크게 **애통하여 금식하며 울며 부르짖고** 굵은 베 옷을 입고 재에 누운 자가 무수하더라(에 4:3)

부르짖음 안에는 기도응답의 굉장히 영적인 비밀이 담겨있습니다. 이 부르짖는다는 것은 하나님께 도움을 청할 때 부르짖습니다. 몹시 상한 마음, 낮은 마음일 때에 "주님, 나의 기도를 들어 주시옵소서"라고 합니다. 부르짖는 기도는 신속히 응답됩니다. 부르짖는 기도는 기도의 수준으로 보았을 때 어떠한 수준일까요? 침묵하고 조용히 기도하는 것이 수준이 있는 기도일까요? 아니면 부르짖는 기도가 수준이 있는 기도일까요? 부르짖는 기도를 많이 하는 사람들 가운데 항상 목이 쉬어 있고 하나님의 성품과는 다르게 너무 드세고 거친 성품의 사람들도 종종 볼 수 있습니다. 우리가 이런 기도의 원리를 모르고 한 가지 경험한 방법만으로 기도를 이어 간다면 이렇게 될 수도 있습니다. 그래서 이 기도의 원리를 알아야합니다.

부르짖는 기도는 상처 치유뿐만 아니라, 내 안에 억압되어있던 나의 영이 해방 되는 것입니다. 방언으로 기도하는 것은 차를 예열하는 작업과 같다고 합니다. 매일 매일 하루에 30분~1시간씩 방언으로 소리를 낸다는 것은 내 안에 있는 영을 활성화시키는 것입니다. 그래서 방언을 한다는 것은 부르짖는 기도와 동일한 원리로 볼 수 있습니다.

열매

부르짖는 기도를 하다 보면 우리가 영적으로 예민해지며 은사들이 임할 수 있습니다. 또한 영적으로 강해질 수 있습니다. 항상 묵상 기도를 하는 사람들은 묵상 기도만 하고, 부르짖는 기도를 하는 사람들은 부르짖는 기도만 하는데 이 두 가지를 적당히 잘 섞어서 해야 합니다. 부르짖는 기도만 많이 하면 은사와 능력은 임하지만 사람들은 드세어집니다. 하나님의 성품을 가슴으로 닮아가기 어렵습니다.

부르짖는 기도의 유익

묵상 기도만 많이 하면 어떨까요? 어떤 교회는 새벽 기도회 때 소리를 내어서 열심히 기도하는 곳이 있는가 하면 또 다른 교회는 아무 소리도 없이 묵상으로만 기도합니다. 그렇게 할 때에 우리가 처음부터 하나님께 기도가 잘 되어집니까? 묵상 기도만으로 기도 줄을 잡기에는 시간이 많이 걸립니다. 온갖 생각들이 다 들어옵니다. 기도 줄을 잡는데 30분~1시간이 걸리기도 합니다. 그러다 보면 새벽 기도시간이 끝나버리기도 합니다.

가능한 장소에서라면 우리가 하나님께 마음껏 부르짖으면서 영을 여는 작업을 합니다. 영이 열리면서 하나님 앞에 부르짖다가 또 어느 순간 조용히 하나님 앞에 나아가면 쉽게 깊이 하나님과 만날 수 있는 시간이 될 수가 있습니다.

부르짖는 기도의 단계

묵상 기도에 비해 부르짖는 기도는 기본적인 초보 기도입니다. 그러나 부르짖는 기도를 하지 않으면서 깊은 지성소의 기도에 이르기는 상당히 어렵습니다. 그래서 이러한 기도의 과정을 따라가다 보면 하나님과의 깊은 만남을 가질 수 있습니다. 말하자면 첫 번째 단계는 전쟁을 하는 단계입니다. 기도를 하려고 하는데 온갖 미운 생각과 할 일들의 생각이 들어서 기도를 방해합니다. 이 전쟁의 단계는 지성소에 이르기 전 성전 바깥 뜰의 단계입니다. 애굽의 바로 군사들과의 전쟁과 같은 것입니다. 그다음 두 번째 단계, 성소에 들어가는 것입니다. 세 번째 단계가 지성소의 단계입니다. 이것은 가나안의 단계입니다.

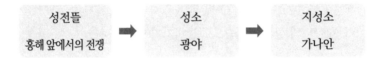

첫 번째 단계에서는 권능을 받습니다. 우리가 강하게 기도할 때에 우리를 방해하는 악한 것들을 물리치기가 쉽습니다. 그러면 하나님의 강하신 은혜가 우리에게 오기가 쉬워지는 겁니다. 한 30분쯤 기도를 하고 속이 시원해지면 원수의 진들이 파괴되었다고 느껴지면 이후 대화나 묵상의 단계인 2단계로 넘어갈 수가 있습니다.

첫 번째 단계에서 묵상 기도로 시작을 하면 우리가 기도 순서를 거꾸로 하게 되는 것이에요. 첫 번째는 부르짖는 기도로 시작하십시오. 혹은 모두가 함께 소리를 지르며 통성으로 부르짖는 것입니다. 지성소의 단계까지 가기 위해서는 우리가 이러한 경험을 해야 합니다. 이렇게 첫 번째 단계에 들어가게 되어 강하게 부르짖게 되면 권능이

---

* 『부르짖는 기도』 2권, 정원, 영성의숲:2001, 231p

임하고 기적도 오고 하늘의 은총이 내려 무기가 우리에게 주어지니 마귀의 진을 초토화 시킬 수 있는 힘이 생기는 것입니다.

또한, 강하게 기도를 하다 보면 우리 안의 악성이 드러납니다.

방언 기도를 할 때 모든 사람의 방언이 아름답고 좋은 방언이 아닙니다. 처음 우리 안의 상처가 씻겨 나갈 때는 듣기에 좋지 않은 방언이 나옵니다. 어느 정도 나쁜 것들이 씻겨져 나가고 방언으로 해소가 되어야 하는데 그 기간에 다른 사람들이 이런 방언을 곁에서 듣게 되면 심하게 불쾌한 느낌이 올 수도 있어서 이것에 대해 우리도 조심해야 할 부분이 있습니다. 웬만하면 아주 큰 소리로 통성 기도가 되어 다른 사람의 기도가 서로에게 들리지 않을 때나 혼자 있을 때 방언으로 기도하는 것이 좋겠습니다. 내 영을 자유롭게 풀어 놓아서 마음껏 하나님의 영광과 접촉할 기회를 갖는 것입니다. 여러분이 방언을 할 때 지금 하는 이 방언 기도를 계속 이어서 하는 것을 고집하지 말아야 할 필요도 있습니다. 내 안에서 나쁜 것들이 나올 때 나의 내면에서의 필요가 해소되는 데 다른 사람들이 듣고 느낄 수 있는 불쾌감이 기도회에 방해를 줄 수도 있다는 것입니다.

우리는 어떤 경우에 부르짖는 기도를 할 수 있을까요? 상처받았을 때, 남편 혹은 아내와 싸워서 기분이 엄청나게 안 좋을 때 그대로 잠들지 마세요. 부르짖어서 해소를 해야 합니다. 아니면 말로라도 풀어야 합니다. 화가 났을 때 그대로 자면 어떻게 될까요? 우리의 무의식 세계는 어떻습니까? 잠은 무의식이 시작되는 때인데, 만약 불쾌하고 억울한 감정을 가지고 잠이 들면 우리의 무의식의 바구니 속에 불쾌함과 좋지 않은 감정들이 쌓이게 되는 것입니다. 우리가 부르짖는 기도를 하는 것은 나도 모르게 나의 무의식의 바구니 속에 담겨 있던 것들을 끄집어 올리는 것입니다. 끄집어 올려서 전부 깨끗하게 정화하는 작업입니다. 그래서 소리를 질러야 합니다. 안되면 산에 가서라도 질러야 합니다.

치유사역을 하는 저도 제 안에 독이 있습니다. 나도 스트레스를 받습니다. 그러면 그때마다 차를 타고 가면서도 소리도 지르고 찬양, 방언을 하기도 하고 억울하면 비명을 지르든지 합니다. 그래야 삽니다. 묻어두지 마세요. 하나님이 우리에게 살 수 있는 길을 다 만들어 두셨습니다. 자꾸 쌓아두면 온갖 질병들이 몸에 나타나게 됩니다. 상처받았을 때에 나쁜 기운이 가슴 속에 들어오니까 답답하고 꽉 막힌 느낌을 받게 됩니다. 이럴 때는 소리를 한번 질러 보세요. 그러면 후련해집니다. 5분~10분만 방언으로 기도하거나 찬양을 크게 하면 소리로 내 안에 있는 독소가 나가게 되어 있습니다.

평소에 찬양할 때도 크게 찬양하십시오. 그때 여러분의 영적인 내면이 강건해집니다. 상처받은 것도 나가게 됩니다. 금방 받았던 것은 금방 나갑니다. 받은 상처마다 그대로 내 안의 바구니 속에 계속 넣어 놓으면 나의 얼굴이 어두워지고 나의 내면 전부가 어두워집니다. 지금까지 내가 그대로 넣어둔 것들을 꺼내어서 깨끗하게 씻는 작업을 해야 합니다. 내 안에 두려움이 들어갔을 때나, 두려워 떨고 있을 때는 방언을 하든지 소리를 지르세요.
지금 이 부분에 대해 상세히 설명할 수는 없어서 주제만 이야기하고 있습니다. 여러분께서는 '생명의 광합성'도 해야 하고 '부르짖는 기도'도 해야 합니다. 대화도 하고 한 과목 한 과목씩 훈련을 받아야 내 것이 됩니다.

내가 원치 않는 생각이 내 안에 들어 올 때, 감정이 내 안에 들어 올 때 나는 막을 수가 없습니다. 그러나 그 감정을 던져 버리지 않고 내 안에서 붙잡고 묵상하면 내게 죄가 되는 것입니다. 우리 안에 들어오는 두려움, 내 안에 들어오는 공포를 만날 때에 이것을 붙들고 묵상하지 말라는 이야기입니다. 던져야 합니다. 여러 가지 방법이 있습니다. 쉬운 방법으로 '내 영혼아 어찌하여 네가 낙망 하느냐, 두려워하느냐' 하나님의 말씀을 들을 때 해소될 수도 있고 또 어떤 것은 이 정도로는 되지 않아서 부르짖음으로써 내 안에서 영적 전쟁이 되기도 합니다. 부르짖어야 합니다. 마음이 불안할 때, 때로는 정신이 멍하고 혼미할 때에 부르짖으십시오.

실연을 당했을 때에 이별의 아픔이 내 안에 들어옵니다. 가족 중에 누군가 먼저 떠났을 때 슬픔이 내 안에 들어와 그것을 묵상합니다. 생각합니다. 그가 살았을 적에 갔던 장소, 먹던 음식 등을 늘 묵상하면서 슬픔이 절대 내 곁을 떠나지 않을 것이라고 생각을 합니다. 많은 사람들이 대체로 그렇게 살아갑니다. 연애를 7년 하다 헤어지면 내 안에 거절과 이별의 아픔이 들어와 슬픔과 억울함이 되어서 내 안에서 살고 있습니다. 그것에 먹이를 줍니다. '그래... 가을이 되면 네가 생각이 나.', '그래서 내가 너의 무덤을 찾아가지.' 이런 식으로 자꾸 가꾸어 나가면 내 안에서 슬픔의 집이 자라나게 됩니다. 이것을 뜯어내야 합니다. 파괴시켜야 합니다. 부수어야 합니다. 부르짖으면 이것이 뜯기어 나가는 것입니다. 부숴지는 것입니다. 그래서 때로는 어떤 사람들은 지속적으로 소리를 내어 부르짖으며 하나님께 기도해야 합니다.

보통은 여러분께서 묵상으로 기도를 많이 하지만, 하루에 최소한 몇 분 정도씩 소리 내어 기도하면 내 안에 영이 열리게 됩니다. 어떤 때는 찬양을 하면서 해 볼 수도 있고 그 어떤 방법도 괜찮습니다. 이렇게 부르짖게 되면 우리의 영이 건강하고 튼튼해집니다. 그래서 이별의 영을 쫓아내야 합니다. 슬픔을 고이 간직하고 있지 마세요. 소리를 내뱉으세요. 소리를 지르면 나갑니다. '내 안에 있는 이별의 영, 슬픔의 영 떠나라, 떠나라' 이것도 영적 전쟁입니다. 그리고 그 집이 완전히 뜯겨 나가도록 소리를 지르는 것입니다. 내 안에 하나님의 영으로 계속 호흡하는 겁니다. 소리는 호흡과 같습니다. 하나님의 영을 마시세요. 성악하는 사람들은 항상 발성을 하는데, 제대로 된 발성 연습을 해야 소리가 제대로 나오게 되듯이 우리 안에. 내 안에 나쁜 것들을 뱉어내세요.

하나님의 영을, 예수님의 영을, 하나님의 생명을 마시는 것입니다. '생명의 광합성' 그리고 내뱉을 때에는 나쁜 것을 내뱉는 것입니다. 그렇게 하면 정화가 됩니다. 호흡은 의식하지 않습니다. 그렇지만 우리 자신이 스스로의 호흡을 자세히 살펴봅시다. 내가 마시는 호흡은 하나님을 호흡한다. 그리고 내가 내뱉는 숨은 독소를 내뱉는다.

상대방이 나한테 욕을 하면, 보이지는 않지만 독소가 내 안에 들어와 있어요. 그것이 내가 음식을 먹으면 내 안의 독과 음식이 합쳐져서 뭉치게 됩니다. 묶이는 것입니다. 우리의 몸은 혈액 순환이 잘 되어야 건강한데 독소를 먹음으로 우리 몸의 군데 군데 가 순환이 되지 않고 묶이는 겁니다. 이것이 다 분해가 되어야 건강한 육체가 되지 않 습니까? 우리의 정서도 마찬가지입니다. 그래서 우리가 산에 올라가는 것은 우리에게 좋은 것을 줍니다. 산 정상 높은 곳에 올라가서 '야호'를 외치든지 같은 값이면 '주님'을 부르면 더 좋겠지요. '주님'을 부르며 소리를 지르면 내 안의 나쁜 것들이 모두 빠져 나 갑니다.

생명의 광합성은 여러 가지 모양으로 할 수 있어요. 조용히 누워서도 할 수 있고, 가을 길을 걸으면서도, 운동하면서도, 기다리면서도, 어떤 곳에서도 할 수가 있는 것입니다.

부르짖을 힘도 없을 정도로 피곤할 때에도 부르짖고 나면 몸이 회복됩니다. 때로는 어떤 피곤함은 영적인 것으로 확 몰려올 때가 있습니다. 그렇기 때문에 우리가 소리를 지르며 부르짖으면 이것이 나가는 경우가 많습니다.

'마음에 무거운 짐이 있다.', '낙심이 된다.' 할 때 부르짖으십시오. 또한 신체적으로 느껴지는 결림이 있거나 할 때에도 부르짖으라고 합니다. '담'이 붙어서 잠을 잘못 자서 몸이 불편하다거나 찬 곳에 누워서 몸이 아프다든지 하는 그럴듯한 이유는 다 있지만, 그 통증에는 무엇인가 묶임이 있습니다. 이럴 때에도 부르짖으면 통증이 풀린다는 것입니다.

겁이 많이 날 때도 부르짖으십시오. 이제 부르짖는 기도를 어떻게 해야 할지 이해가 되었습니까? 이해가 되셨으면 우리 함께 부르짖으면서 하나님 앞에 나가 봅시다. 마음이 불안한 사람은 낮은 목소리로 5분 정도만 발성 기도를 합니다. 머리가 혼란스러운 사람은 높은 목소리 찬양을 5분 정도 하면 괜찮아집니다. 가슴이 답답할 때에는 배에 힘을 주고 방언으로 5분만 소리를 지르면 해소가 됩니다.

참된 치유를 위해서, 우리의 영적인 회복과 열림을 위해서 함께 기도해 봅시다.
부르짖는 것은 아무데서나 부르짖기 쉽지 않기에 어떤 사람들은 상상으로 부르짖기도 하는데 이것도 효과가 있습니다. 아파트에서는 앞 집, 옆 집 다 붙어있는 데 어디서 부르짖겠습니까? 어떤 사람들은 방석을 뒤집어쓰고, 이불을 뒤집어쓰고, 얼굴과 입을 다 가리고 부르짖기도 합니다. 이렇게라도 해야 하는 것은, 부르짖는 원리는 분명히 효과가 있기 때문입니다. 발성은 부르짖는 것과 같은 종류입니다. 그렇기에 말씀을 또박또박 소리를 내어 읽는 것도 굉장히 효과가 있습니다. 부르짖는 것!! 필요합니다.

이 시간 하나님 말씀을 먼저 읽어 보겠습니다. 시편 91편은 아주 중요한 말씀이기 때문에 날마다 읽어서 외우는 것이 좋겠습니다. 이 말씀이 선포될 때 현실이 된다는 것을 우리가 믿음으로 받으면서 큰 소리로 함께 선포하고 함께 부르짖어 기도하겠습니다.

---

* 『부르짖는 기도』, 정원, 영성의숲

지존자의 은밀한 곳에 거주하며 전능자의 그늘 아래에 사는 자여

나는 여호와를 향하여 말하기를 그는 나의 피난처요 나의 요새요 내가 의뢰하는 하나님
이라 하리니 이는 그가 너를 새 사냥꾼의 올무에서와 심한 전염병에서 건지실 것임이로
다 그가 너를 그의 깃으로 덮으시리니 네가 그의 날개 아래에 피하리로다 그의 진실함
은 방패와 손 방패가 되시나니

너는 밤에 찾아오는 공포와 낮에 날아드는 화살과 어두울 때 퍼지는 전염병과 밝을 때
닥쳐오는 재앙을 두려워하지 아니하리로다 천 명이 네 왼쪽에서 만 명이 네 오른쪽에서
엎드러지나 이 재앙이 네게 가까이 하지 못하리로다

오직 너는 똑똑히 보리니 악인들의 보응을 네가 보리로다

네가 말하기를 여호와는 나의 피난처시라 하고 지존자를 너의 거처로 삼았으므로 화가
네게 미치지 못하며 재앙이 네 장막에 가까이 오지 못하리니 그가 너를 위하여 그의 천
사들을 명령하사 네 모든 길에서 너를 지키게 하심이라 그들이 그들의 손으로 너를 붙
들어 발이 돌에 부딪히지 아니하게 하리로다 네가 사자와 독사를 밟으며 젊은 사자와
뱀을 발로 누르리로다

하나님이 이르시되 그가 나를 사랑한즉 내가 그를 건지리라 그가 내 이름을 안즉 내가
그를 높이리라 그가 내게 간구하리니 내가 그에게 응답하리라 그들이 환난 당할 때에
내가 그와 함께 하여 그를 건지고 영화롭게 하리라. 내가 그를 장수하게 함으로 그를 만
족하게 하며 나의 구원을 그에게 보이리라 하시도다(시 91:1-16)

우리 함께 부르짖읍시다. 우리의 안이 막혀 있기 때문에 소리를 질러야 합니다. 소리
를 지르는 것은 영의 세계가 열려지는 것입니다. 그래서 우리가 소리를 지르는 것입니
다. 우리가 소리를 지르고 부를 때에는 물질세계도 열린다고 합니다. 성령님께서 여러
분들 내면에 역사하심을 따라서 각자 주님을 계속 부르거나, 찬양을 하거나 하면서 기
도해 보겠습니다. 주님을 크게 연속해서 부르짖으며 어느 정도 지나서 이제 다른 소리
를 내어도 괜찮겠다는 느낌이 왔을 때에는 다른 소리로 기도해 보십시오.

　"주여!!"

나의 역사 치유여행 안내　　**나의 일생에 구체적인 치유를 위하여**

　분노 치유를 위한 안내는 모두를 위하여 필요하지만 혹 어떤 분에게는 일생을 통한 구체적인 치유가 필요하기도 합니다.

　한기에 하루 혹은 일정 기간을 정하고 주님과 단둘이의 시간·장소를 확보한다. 나의 역사 여행기의 질문을 먼저 읽고 치유 받아야 할 부분을 성령님께 가르쳐달라고 기도한다.

태아기

① 부모의 부부관계는 어떠하였는가?

② 어머니의 심리 상태는 어떠하였는가?

③ 원하는 아이였는가 원치 않는 아이였는가?

④ 태아기에 부모에게 특별한 사건이 있었는가?

⑤ 이렇게 정보를 수집하라.

> *기도 '예'
>
> 성령 하나님 이 시간 이 자리에 성령님을 초청합니다. 나는 태아기 때에 어머니가 원하지 않는 아이 였습니다. 아빠의 폭력이 있었으므로 엄마가 심히 공포스런 시간들이 많았습니다. 혹은 ＿＿＿한 사건들이 있었습니다. 성령님 친히 오셔서 나를 치유하여 주세요.

⑥ 잘 모르면 성령님께 가르쳐 달라고 기도하라.

⑦ 이제 치유를 위하여 조용한 장소를 정하고 예수님과 마주 앉는다. (이 기도를 곁에서 도울 수 있는 분이 있으면 도움을 받아도 좋고 없다면 혼자서 기도해도 괜찮다.)

　이렇게 기도를 드리며 성령님의 만짐의 시간을 갖는다.

　이러한 형식으로 유아기, 유년기, 청소년기, 청년기, 장년기 등 시간을 갖는다. 혹은 사건 중심으로, 치유 기도의 시간을 가져도 좋다.

(성령님은 우리의 아픔의 현장에서 우리의 마음을 치유하시기를 원하십니다.)

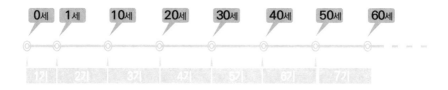

1기 0-출생(태아) / 2기 1-7세 / 3기 8-14세(초등)
4기 15-21세(중·고등) / 5기 21-30세 / 6기 30-40세 / 7기 41세~

*매일 동일한 장소를 택하고 몸과 마음을 편히 쉬게 하며...

a. 아픈 기억(불쾌한 기억) 중 중요한 사건은 무엇인가?

b. 용서받지 못한 기억이 있는가?

c. 용서해야 할 기억이 있는가?

d. 사함을 받지 못한 죄가 있는가?

e. 역사 이야기를 써 가는 동안 무슨 감정을 느끼는가?

f. 나의 성장기에 부모님과의 기억들 중 특별한 것이 있는가?

g. 나의 부모는 행복한 결혼 생활을 했는가?

h. 나의 부모님의 인생에서 중요한 사건들은 무엇인가?

I. 나의 부모는 나를 어떻게 양육했는가?

j. 아버지와 어머니는 의사소통이 원활했는가?

k. 나와 부모는 충분한 대화가 있었는가?

l. 나의 부모는 사랑을 표현한 적이 있는가?

첫째 날 제1기로 돌아가 본다.

둘째 날 동일한 장소에서 제2기로 돌아가 본다.

셋째 날 여섯째 날까지 동일하게 반복한다.

마지막 날 24시간 동안 조용한 곳을 찾아 묵상하면서 만지심을 받고 상담자나 도움을 줄 수 있는 사람을 찾아 도움을 청해도 좋다.

하나님의 은혜 안에 있으면 그냥 기쁩니다. 내 마음이 불편하고 염려하고 두려울 때 하나님이 주시는 기쁨이나 평안을 누린다는 것은 우리의 영혼이 깨어있는 것입니다. 우리는 나쁜 일들을 과장되게 기억하는 습성이 있습니다. 내게 피해를 준 사람보다 그 사람의 죄를 묵상하면서 내가 더 많은 죄를 지을 수 있음을 경계해야 합니다. 원망하는 마음, 억울한 마음, 괘씸해하는 마음, 정죄하고 판단하는 마음, 나는 그런 인간과는 질적으로 다르다는 우월감 등의 독소를 품고 또 품어서 우리 안의 분노를 왕성하게 키우고 있기 쉽습니다. 그래서 우리의 연약함을 아시는 하나님은 해가 지도록 분을 품지 말라고 시시로 분노를 토설하고 하나님께 부르짖으라고 말씀하십니다. 독이 되는 감정을 붙들고 묵상하지 않고 부르짖는 기도를 통해 토해내는 것도 영적 전쟁의 일부입니다. 그런 다음에야 비로소 우리는 정결해진 마음으로 하나님의 생명의 영으로 채워질 수 있습니다.

1. 나는 주로 누구에게 자주 분을 냅니까?

2. 내가 분노할 때 연상되는 사람이나 사건이 있습니까?

3. 별 일 아닌데도 심한 분노가 자주 일어난다면 성령님께 그 이유를 묻고 기도합시다.

4. 누가 자주 나에게 화를 냅니까?

5. 나는 그 분노에 대하여 어떻게 대처하고 있습니까?

6. 나에게 별 타당한 이유 없이 분노를 표출하는 사람을 어떻게 도와줄 수 있겠습니까?

당신은 하나님의 영광입니다

본래대로
BEING IN
BECOMING

3부: 권세 | 능력 | 정체성

나는 하나님의 영광입니다

하나님 안에서 존재화
되어가고 있는 존재

Being in becoming

8강 언어의 치유 I
말의 권세

비난을 받을 때는
내가 과연 그리스도와 함께 죽었는지를 확인하는 때입니다.
비난 받을 이유가 있든 없든 우리가 성장할 수 있는 놀라운 기회입니다.
어떤 목사님이 십자가의 주님을 사랑한다면 우리는 비난도 사랑해야 한다고 했습니다.
바로 그것이 온전히 기쁘게 여기는 것이 아닐까요?
결코 불쾌하고 기억조차 하고 싶지 않은 일을 기뻐하기는 어렵습니다.
그러나 주님을 신뢰함으로 기쁘게 여길 수 있습니다.
나에게 잘못이 없더라도 비난을 들었을 때 그 비난의 말 속에도
나를 향하신 하나님의 진리가 들어 있는지를 겸손히 살펴보아야 할 필요가 있습니다.
그 비난이 아무리 잘못되었더라도 사람과 싸우지는 말아야 합니다.
우리는 어떤 희생을 치르더라도 관계를 회복하여야 합니다.
그 이유는 사람과 사람과의 관계는 하나님과의 관계의 표현이기 때문입니다.
주님은 우리의 하나됨을 위하여 그의 몸을 찢었습니다.
주님의 보혈의 능력은 우리의 불가능해 보이는 관계를 회복할 수 있습니다.
용서하고 축복했을지라도 마음의 간격이 느껴질 때
기도의 세계에서 그를 만나 대화를 나누어 봅시다.
현실세계에서는 분노와 섭섭함의 감정으로 원만한 대화가 어렵겠지만,
기도의 세계에서 그를 만나 대화를 나누어 봅시다.
기도의 세계 속에서의 대화는 구원하심으로 인한 거룩함이 있습니다.
기도의 세계 속에서 그를 격려하고 조용히 축복의 손을 잡아 머지않아
주님의 구원하심이 벽을 허물고 함께 웃을 수 있을 것입니다.

8강 언어의 치유 I
말의 권세

태초에 말씀이 계시니라 이 말씀이 하나님과 함께 계셨으니 이 말씀은 곧 하나님이시라 (요1:1)

하나님의 또 다른 별명은 말, 즉 말씀이십니다. "말씀은 곧 하나님이시라"

◎말씀이 사람이 되시다.

영이요 생명이신 하나님께서 말씀이신 이유는 육체를 입은 인간에게 오시기에 안성맞춤입니다. 인간이 영으로만 존재한다면 말이라는 매체가 없어도 소통이 가능합니다. 그러나 육체를 입은 인간이 소통을 위해서는 '말'이 꼭 필요합니다. 말씀(말)이신 하나님이 육체를 입고 오셨다는 사실은 사랑이신 삼위 하나님의 존재 방식의 신비입니다.

말씀 = 하나님
↓
육신 = 예수 그리스도
↓
우리 가운데 거하심 = 성령님

말씀이신 하나님께서 우리 각자의 이름을 불러 주시면서

"사랑하는 딸아, 사랑하는 아들아, 너는 나의 영광이다. 너는 나의 찬송이다. 너는 날 닮았어!"

그분의 귀한 손으로 본래의 나를 만드실 때에 그분의 손으로 주무르고 만지고 빚어서 하나님 안에 있는 하나님의 생명을 후~ 불어 넣는 그 순간을 한번 상상해 보십시오. 내가 최초의 지음을 받은 그 사람이라고 한번 생각해 보십시오. 하나님이 나를 지으실 때에 하나님의 계획 속에 여러 가지 모양의 우리의 모습을 이미 다 그려놓고 그 모양을 하나님의 거룩한 손으로 만지고 빚어 가셔서 여러분의 온 몸을 하나님의 손이 깊이 터치해서 만들고 있다고 그것을 그대로 한번 느껴봅시다.

하나님의 손이 우리의 머리, 얼굴, 귀를 빚으시고, 눈을, 코를, 우리의 입술을, 우리 속에 있는 모든 장기를 그리고 어깨와 두 팔을, 우리의 손가락 하나하나를, 지금 내가 하나님의 눈 앞에, 하나님의 무릎 위에서, 하나님의 작품으로 빚어지고 , 하나님의 그 성품, 하나님의 생명을 나에게 불어 넣으셔서 살아있는 영혼으로 만들고 계심을...

우리가 그러한 존재입니다. **하나님 자신을 표현한 존재입니다.** 하나님 자신을 이 땅에 표현한 친구이며 하나님의 대화 상대입니다. 그토록 존귀한 하나님께 속하였고 하나님의 생명이 흐르는 존재입니다.

'나는 무가치해', '나는 이 세상을 살아야 할 이유가 있을까?', '나는 별로 중요하지 않는 것 같다' 이런 생각들이 힘든 환경을 통하여 나에게 몰아쳐 온다할지라도
나는 하나님의 생명을 받은 자, 나는 하나님이 사랑하는 자라는 것을 잊지 말아야 합니다.
주님은 지금 이 시간 우리와 함께 계셔서 나를 만지시고 계십니다.
본래 하나님께서 나를 하나님 닮은 존재로 지으셨는데 굉장한 존재인 "나"가 하나님의 좋은 것들을 잃어버렸습니다. 아담의 계약 위반 때문에 하나님의 그 놀라운 영광의 형상을 상실해버렸지요. 그래서 이제 그 하나님의 놀라운 영광이 내 안에 새롭게 있다

는 것을, 아담이 범죄함으로 우리 인간에게 주어진 이 놀라운 권세와 권리를 사탄에게 넘겨주었지만 예수 그리스도께서 죽으심으로, 우리의 죄를 담당하시므로, 죽음과 부활의 축복을 통하여 사탄에게 넘겨주었던 그 권세를 되찾았습니다. 하나님의 아들의 죽음을 통하여 되찾게 된 이 놀라운 축복, 이제 그 축복의 권세가 우리에게 이미 부어진 바 되었습니다.

그래서 말씀이 육신이 되었습니다. '우리는 하나님의 형상, 하나님의 모양대로 창조되었다' 라는 것을 머리로만 알고 있습니다. '빛이 있으라!' 하나님의 입으로 선포하신 말은 현실이 되었습니다. 하나님의 그 축복과 생명을 가진 하나님과 같은 과(科), 즉 하나님의 DNA로 지음을 받았습니다. 그러므로 우리도 동일한 역사를 창조해 낼 수 있는 그 권세를 새롭게 되찾았습니다. 본래 하나님이 아담에게 주셨던 그 놀라운 권세를 다시 인간에게 위임하셨습니다. 아담은 모든 짐승들을 부렸고, 만물을 다스리는 놀라운 영감을 가지고 있었습니다. 이제 우리는 빼앗기고 훼손되고 구겨졌던 그 모든 것을 이천년 전에 죽으신 예수님을 통하여 우리의 그 권세를 새롭게 되찾았습니다.

감사의 능력

말에는 권세와 능력이 있습니다. 감사한다는 것은 하나님의 하나님 되심을 이 땅 가운데 선포하는 굉장한 능력입니다. 그냥 감사 '이것 주셔서 감사합니다' 이 정도는 이 세상에 하나님을 모르는 사람들도 할 수 있습니다. 그러나 우리가 하나님께 감사하는 것, '어떠한 환경 속에서도 감사하다'라고 하는 것은 '하나님이 나의 왕이시다'라는 선포입니다. **'나의 삶의 모든 주권이 하나님의 손에 있다'**고 고백하는 행위입니다. 그리고 **'하나님! 당신께 이 모든 것을 위탁하고 맡겨드립니다. 나의 모든 것의 구원이 하나님의 손에 있습니다.'**라는 표현입니다.

말의 능력

입술의 열매를 짓는 여호와

말에는 힘이 있습니다! 말에는 놀라운 능력이 있습니다!

> 입술의 열매를 짓는 나 여호와가 말하노라 먼 데 있는 자에게든지 가까운 데 있는 자에게든지 평강이 있을지어다 평강이 있을지어다 내가 그를 고치리라 하셨느니라(사 57:19, 개역한글)

'입술의 열매를 짓는 나 여호와가 말하노라.'

입술의 열매를 누가 짓습니까? 하나님이 지으십니다. 그래서 우리의 입술로 '뭐가 되나, 되는 것이 없네, 나는 왜 이래, 하는 것 보니까 뻔하다, 안되겠구나' 우리의 입으로 선포한 그대로 하나님은 해주시겠다고 하셨습니다.

가나안 정탐꾼 열두 명이 가나안을 탐지하고 돌아와서 열 명이 한 말이 '우리가 탐지한 땅은 진짜 아름답고 좋기는 하다. 포도도 크~더라. 굉장히 땅도 좋더라. 다른 건 다 좋았다. 그런데 그 땅은 거민을 삼키는 땅이요 거인이 있더라. 네피림 후손, 아낙 자손 그 거인들을 보았다. 그 거인들 보니까 우리는 간담이 녹는 것 같았다. 우리의 처자식이 다 망하게 되겠더라' 하고 불평불만을 막 터뜨렸습니다. 그러니까 하나님께서 **"네 말이 내 귀에 들린 대로 내가 행하겠다"**고 하셨습니다.

우리는 하나님이 우리에게 주신 은혜를 선포하는 자들입니다. 그래서 하나님이 주신 것을 안다는 것이 중요합니다. 무엇을 선포하느냐는 나의 욕심과 기대가 아니라 하나님이 우리의 영혼을 향하여 말씀하시는 그 약속들을 선포하는 것입니다.

그들은 우리의 밥

우리가 여호와의 마음에 들기만 하면 우리는 그 땅으로 들어가 차지할 수 있을 것이오

그 땅은 정녕 젖과 꿀이 흐르는 땅이오 여호와를 거역하는 짓은 하지 맙시다 그 땅 백성
을 두려워하지 마시오 그들은 이미 우리의 밥이오 그들을 덮어주던 그늘은 이미 지나가
버렸소 여호와께서 우리의 편이시니 두려워하지 맙시다(민 14:8-9 공동번역)

여호수아와 갈렙은 그들을 안돈시키려고 '그들의 보호자는 그들에게서 떠났고 여호
와께서 우리와 함께 하시면 우리가 이기리라 그들은 우리 밥이다' 이렇게 말한 것입니
다. 하나님의 선하심을, 하나님의 약속을 선포하라고 계속해서 말씀하십니다. 어떤 것
이 하나님의 것인가, 어떤 것을 선포해야 할 것인가, 우리가 무엇을 취해야 할 것인가
는 우리가 날마다 말씀을 들으므로 알게 되는 것이 중요하다는 것입니다. 방금 읽었던
말씀처럼 입술의 열매를 짓는 여호와, 여호와께서 이제 말씀하십니다.

먼 데 있는 자에게든지 가까운 데 있는 자에게든지

우리가 선포하는 것은 먼 곳일지라도 전해집니다. 그 분이 아무리 멀리 있지만 '평
강, 평강이 있을지어다' 이렇게 선포할 때에 믿음의 말은 현실이 되는 것입니다.

말씀이 육체가 되다

이 땅에 믿음을 심고 믿음을 선포해야 됩니다. 마치 무엇과 같으냐하면

천사 가브리엘이 하나님의 보내심을 받고 마리아에게 나타납니다. "은혜를 받은자
여 평안할지어다 주께서 너와 함께 하시도다" 놀라고 있는 마리아에게 "네가 아들을
낳으리니 이름을 예수라 하라"고 합니다. 마리아는 더욱 놀라서 '내가 사내를 알지 못
하는데, 어찌 이런 일.' 이렇게 질문을 했어요. 마리아는 무조건 아멘! 하지 않았습니
다. '이상해요. 그런 일이 논리적으로 가능하지 않습니다. 나는 처녀입니다'라고 반문
합니다. '성령이 네게 임하고 거룩하신 하나님의 능력이 너를 덮을 때에 이 일이 네게
이루리라 대저 하나님의 모든 말씀은 능치 못하심이 없느니라'라고 말씀 하실 때에 마
리아는 '말씀대로 종에게 이루어질 것입니다. 아멘!' 했습니다. 천사가 하나님의 것을

전할 때 마리아가 '아닙니다.' 하고 거부하고 있을 그때가 아니라 '예. 그 말씀이 나에게 이루어지길 원합니다' 하고 내 편에서 하나님의 그 말씀이 이루어질 것을 믿음으로 선포하고 받아들일 때에 마리아의 태에 그 말씀이신 하나님의 육체를 입게 되었습니다. 하나님이 사람의 몸을 입고 이 땅으로 오시는 놀라운 역사적인 사건이 성취되었습니다. 그러므로 우리에게 주어진 이 말씀을 선포한다는 것은 중요합니다.

아버지에게 축복의 말을 들으려고 원수가 된 형제

성경에 좋은 말 들으려고 형제끼리 원수가 된 경우가 있습니다. 아버지에게 재산 받으려고 한 것이 아니고, 아버지에게 좋은 말을 좀 들어 보겠다고 형제끼리 원수가 되었습니다. 야곱과 에서입니다. 야곱과 에서는 아버지가 하는 좋은 말 좀 들어보겠다고, 축복의 말 듣겠다고 굉장한 모험을 했습니다. 어머니 리브가가 야곱에게 '너 이것 가져가서 아버지에게 축복 받아라' 이렇게 할 때에 야곱이 무슨 말을 합니까? '오히려 내가 아버지를 속였다고 축복은 커녕 저주를 받으면 어떻게 하겠습니까?' 그러니까 엄마가 '아들아, 걱정하지마라. 그것은 내가 다 받으마' 이것은 편 가르기 사랑입니다. '내가 다 책임질게. 그 벌은 내가 담당할게. 그리고 내가 시키는 대로 하면 네가 더 많은 축복을 받을 수 있다.' 야곱이 엄마가 차려준 음식을 가지고 아버지에게 들어갔을 때 아버지가 갸우뚱했습니다. 끝까지 속이는 겁니다. 그럴 때 아버지가 속아줬는지 모르지만 어쨌든 속였습니다. 그래서 '내 아들의 향취는 여호와의 복 주신 밭에 향취로다. 하나님이 너에게 풍성한 곡식과 포도주로 복 주시길 원하노라. 만민이 너를 섬기고 열국이 네게 굴복하고 형제들이 네게 굴복하리라. 오히려 너의 형제들이 너의 종이 될 것이다. 너에게 축복하는 자는 복을 받고 너를 저주하는 자는 저주를 받을 것이다.' 있는 대로 복을 전부 빌어주었습니다.

그러고 나서 에서가 왔습니다. '아버지, 내게 줄 복 남아 있지 않습니까?' 이럴 때에 아버지가 '너의 동생이 축복을 다 빼앗아갔구나. 취소하자, 취소!' 할 수가 없습니다. 그래서 '남은 것, 찌꺼기 복이라도 나에게 주십시오.' 해도 그에게는 축복이 아니라 저주만 남아 있었던 거에요. 취소할 수 없었습니다.

말에는 힘이 있습니다. 구약시대에는 자녀에게 아버지가 비는 축복이 바로 하나님이 주시는 약속 그대로 대대로 이루어지는 것입니다. 부모가 자녀에게 하는 말이 그렇습니다. 부모가 자녀에게 잘 되라고 '너 그러다가, 너 뭔가 제대로 하겠냐, 시집 가서 뭐 제대로 하겠나?' 분명히 잘 되라고 하는 말인데, 오히려 파멸과 절망을 예고합니다. '너 그렇게 하면 너에게 파멸이 임할 것이다. 너 망한다. 앞날이 뻔하다 뻔해!' 우리가 이렇게 말하는 것은 저주입니다. 우리 편에서 논리적으로 봐서 '이렇게 안하면 이렇게 될 것이다' 틀린 말은 아닙니다. 맞는 말입니다. 그러나 그 말의 파장은 그에게 저주가 흘러가는 것입니다. '아하! 이거 지금 내가 뱉은 말이 큰일났구나.' 하여도 거두어 들일 수가 없습니다. 이미 이 일에 대하여 뱉은 말은 취소할 수 없다고 이삭은 말합니다.

말씀, 치유의 능력

말은 말로 치료할 수가 있습니다. 동종요법이라고 합니다. 옛날에 어릴 때에 오징어 먹고 체하면 오징어를 태워가지고 먹으면 나았어요. *히포크라테스*도 이 동종요법의 치료법을 실제로 적용을 했다고 합니다. 그래서 만약에 납 중독이 되면 납을 엄청나게 희석을 해 가지고 그 물을 마시게 해서 납 중독을 완화시키는 그런 요법이 동종요법이라고 합니다. 동종요법이 있기 때문에 말이 치료된다는 뜻은 아니고, 분명히 성경 말씀에 아비가 저주했다 할지라도 우리는 그것에 대하여 그 저주를 축복으로 바꿀 수 있는 권세가 우리에게 있는 겁니다.

저주의 권세를 축복으로 바꿀 수 있습니다. 아담이 130세에 아버지, 그 아비 곧 아버지를 닮은, 아담을 닮은 아들을 낳았습니다. 우리는 전부 닮은 자식을 낳고 또 우리 안에 있는 대로, 알코올 중독 있는 사람들은 알코올 중독을 흘려 보내고, 화 잘내는 사람들은 화를 흘려보내는 것들이 있습니다. 우리 안에 축복을 선포하지 아니하고 저주를 이야기하면 저주가 흘러가게 되어있는 겁니다. 하지만 우리가 했던 말들에 대하여 이제 예수 그리스도의 피로 씻지 못할 말이 없습니다. 씻지 못할 것이 없어요. 능히 깨끗이 치유할 수 있는 권세들이 있는 것입니다. 우리는 말로 인하여 많이 상처받고 힘들어 합니다.

말이 말을 치유할 수 있습니다. 이제는 축복을 선포해야 합니다. 하나님의 것을 선포해야 합니다. 지금까지 우리는 입을 가만히 닫고 있었습니다. 우리의 입술로 선포될 때에 현실이 됩니다. 마리아가 '주의 계집 종이오니, 말씀이 나에게 이루어질 것입니다.' 그 말씀이 자기에게 이루어질 것이라고 선포했습니다. 그럴 때에 그의 태에서 말씀이 육신이 되는 놀라운 역사가 이루어졌습니다. 말씀이 실제화되었습니다. 그래서 하나님의 선하심을 선포해야 됩니다. '하나님. 나는 하나님의 것입니다!', '나는 하나님의 영광입니다!'

우리를 향하여서 '너는 무가치해. 너는 지금까지 뭐 되는 게 있었나? 너는 성공할 수 없어', '사람들이 너를 좋아할 리가 없어'라고 사탄이 씨를 뿌립니다. 사탄은 이러한 말을 빌미 삼아 '그래 맞아. 넌 제대로 하는 것 있어? 앞길이 뻔해. 잘 될 수가 없어. 하나님도 너의 문제는 해결할 수가 없을 거야' 하고 이렇게 비난하지요. 우리는 사탄의 속삭이는 말을 거부하고, 하나님의 진리를 선포해야 합니다. 하나님의 선하심을 선포해야 합니다.

당신은 하나님의 영광입니다

① 언어의 치유

아마 30년 전쯤인 것 같습니다. 서부경남지역 사모님들과 그룹 스터디를 하고 있을 때였는데 어느 사모님의 얼굴이 환하게 예뻐지기 시작했어요. '사모님, 요즘 좋은 일

있으세요?' 했더니, 사모님의 대답이 내가 하나님의 영광이라는 사실이 실제로 다가오면서 자존감이 회복되는 기쁨을 느끼고 있다고 말씀하시는 것입니다. 자신이 너무나 못생겼다고 생각하고 교인들의 얼굴을 못 외울 정도로 쳐다보지도 못하고 어두웠던 분이 회복되어 가면서 화장을 하고 자신의 몸을 사랑하며 학교 상담 봉사도 하고 멋지게 변화되는 모습을 보았습니다.

이 사모님이 자기를 싫어했던 이유는 형제들이 여덟 명인데 오빠하고 가면 사람들이 '오빠 참 멋있게 생겼다.' 그렇게 말하고, 언니하고 가면 '참 그 언니 예쁘다' 그렇게 말하면서 항상 자기의 외모에 대한 칭찬을 안 해주는 것입니다. 그리고 언니하고 둘이서 싸우면 엄마가 매일 하는 말이 '어디 언니한테 대들고' 하며 구박을 하셔서 자신은 사랑받지 못한다는 생각을 많이 했습니다. '그래, 나는 엄마를 닮아서 못생겼어' 그러면서 더욱 자신을 미워한 겁니다.

주변의 많은 사람들이 자기를 그렇게 볼 거라고 생각하니까 미운 자기를 보기 싫어서 사춘기를 지나면서 거울을 보지 않았답니다. 그리고 교회에서도 사람들을 만나지 않으려고 축도 끝나면 항상 제일 먼저 뛰어나가는 그런 분이었는데, 나중에 그 자신에 대하여 하나님의 영광이라는 것을 새롭게 인식하기 시작했어요. '간사님! 내가 정말 예뻐 보여요. 어디 외출을 하려고 화장을 하며 거울을 보고 있는데 오늘 정말 예뻐 보여요. 내가 하나님의 영광인 줄 알겠어요.' 하며 전화를 했습니다.

내가 하나님의 영광인 줄 알 때까지는 고개를 들지 못했답니다. 사역을 하면서도 나는 못생겼기 때문에 다른 사람들이 나를 비난할 것이라 생각하고 고개를 안 드니까 사람들의 얼굴을 익힐 수가 없었습니다. 인사를 안 한다고 다른 사람들에게 오해를 받기도 하고, 늘 자기 닮은 아이 낳을까 봐 걱정했습니다. '하나님 나 닮은 아이 절대 낳고 싶지 않습니다.'가 기도제목이었습니다. 이렇게 자기를 미워하면서 살게 되니 재미가 없고 고통스럽습니다.

②어떠하든지, 그럼에도 불구하고

우리 모두는 자신에 대한 이미지를 갖고 있습니다. 우리는 내가 얼마나 사랑스럽고 존귀한 존재인가, 나는 하나님의 형상, 하나님의 영광이다, 잠시 멈추어 생각해 볼까요? 내가 하나님의 영광이라는 사실을...나는 하나님의 영광입니다.

때로는 나는 뭐가 제대로 성공하는 것이 없다. 나는 가족관계 안에서도 뭔가 대우를 받지 못하고 있다. 우리가 가지고 있는 환경들이, 내가 가지고 있는 지위가, 지금 내가 가지고 있는 문제들이 나 자신을 한없이 비천하다고 말로 속삭이고 멸시할 수도 있습니다. 주로 우리는 환경에 지배를 많이 받습니다. **어떠하든지, 그럼에도 불구하고** 나를 향하여서 말씀하시는 하나님의 그 목소리 '**너는 하나님의 영광이다. 하나님의 형상이다**' 이 말씀을 내가 정말 듣게 되면 우리가 세상을 보는 눈이 달라집니다.

③보라! 새 것이 되었도다!

우리는 놀라운 권세를 되찾게 되었습니다. 예수 그리스도께서 가지셨던 권세! 그것을 받아서 믿는 사람들에게 나타납니다. 지금까지 우리는 우리의 마음 안에 내 방식대로 프로그램을 만들어 놓고 그 방식대로 살고 있었습니다. 우리도 모르는 사이에 우리 내면 안에 잘못된 프로그램이 만들어져 있습니다. 컴퓨터가 바이러스를 먹고 나면 속도도 느려지고 완전히 기능이 다 가라앉습니다. 내가 원하는 프로그램을 사용할 수도 없고 문서를 검색할 수 없는 것과 같습니다. 이와 같이 우리 내면에 잘못되어 있는 것들을 이 기간을 통하여 하나님의 것으로 새롭게 재구성하고 재창조하시려고 우리에게 말씀하시는 그 하나님의 선언!

우리는 새로운 피조물입니다. '**보라. 새 것이 되었도다. 그리스도 안에 있으면 새로운 피조물이라.**' 이것을 우리가 외우고 있지만, 이 말씀이 실제화된다면 굉장한 살리는 힘을 가지고 있습니다. '**그런즉, 그리스도 안에 있으면**' 이 말은 엄청난 축복입니다. 우리가 그리스도 안에 있습니다. 주님이 나의 향취를 맡으시면서 '나의 사랑, 나의 어여쁜 자여! 일어나 함께 가자. 이제는 겨울도 지났다. 꽃이 피고 새의 노래할 때가 되었다'라고 말씀합니다. '보라! 새 것이 되었다. 새로운 피조물이라. 언제나 망가졌다고 생각하고 있지 말아라. 내가 이제 너를 고치리라. 너를 치료하리라. 너를 온전케 하리라' 지금 이미 새로운 피조물인 것으로 취하고 받아들이라는 말씀입니다. 구체적인 작업을 하나님께서 앞으로 해가실 것인데, **이미 완전히 새롭게 된 것을 우리는 바라보아야 합니다. 그것이 복을 취하는 겁니다.** 이제 나 자신을 향하여 이야기합시다.

'나는 그리스도 안에 있으므로 새로운 피조물이라. 이전 것은 지나갔으니, 보라! 새 것이 되었도다.'

평소의 간절한 소원은 하나님의 임재하심이었습니다. '주님. 내가 산에 가서 소나무를 붙들고 흔들 때에 하나님 안 오셔도 괜찮아요. 나는 소나무를 뽑을 힘도 없고 그렇게는 하고 싶지 않지만 내 삶에 현장 가운데 주님이 함께 임재해 계신다는 그것만은 늘 알고 싶고 보고 싶습니다. 내가 그런 소원을 가지고 늘 불렀던 찬양도 그런 임재의 찬양이었습니다. 내가 말씀을 전할 때에 주의 성령이 임하셔야 되는 것이 당연하고 내 삶의 현장 가운데에 있을 때에 주님의 임재하심 가운데 늘 살고 싶습니다. 나에게 그 소원이 너무도 컸습니다.

♪ 주님의 얼굴보기를 주님을 만져보기를 진심으로 원합니다. 주님 ♫

이 찬양을 그토록 좋아하고, 많이 부르며 주님의 임재를 기다린 적도 많았습니다. 그러던 중, 일상 가운데서 주님의 임재 가운데 기도하는 방법을 가르쳐 주셨습니다. 이 강의 끝에 대화식 기도를 꼭 실천해 보세요.

대화식 기도

나는 그리스도의 대사

> 그런즉 누구든지 그리스도 안에 있으면 새로운 피조물이라 이전 것은 지나갔으니 보라 새 것이 되었도다 모든 것이 하나님께로서 났으며 그가 그리스도로 말미암아 우리를 자기와 화목하게 하시고 또 우리에게 화목하게 하는 직분을 주셨으니(고후 5:17-18)

그리스도로 말미암아 화목케 하셔서 우리가 가지고 있는 본래의 권위와 권세를 회복하신 것입니다.

> 곧 하나님께서 그리스도 안에 계시사 세상을 자기와 화목하게 하시며 그들의 죄를 그들에게 돌리지 아니하시고 화목하게 하는 말씀을 우리에게 부탁하셨느니라 그러므로 우리가 그리스도를 대신하여 사신이 되어 하나님이 우리를 통하여 너희를 권면하시는 것 같이 그리스도를 대신하여 간청하노니 너희는 하나님과 화목하라(고후 5:19-20)

여러분은 그리스도를 대신하여 사신이 되었습니다. 사신은 다른 말로 하면 대사입니다. 그 대사는 우리나라의 대통령의 모든 것을 위임받아서 그곳에 파송을 받은 자입니다. 우리가 예수님의 대사로 이 땅에 보냄을 받았습니다. 그래서 바울이 '그러므로 우리가 그리스도를 대신하여 사신이 되어'라고 하신 것처럼 예수님의 대사가 되었습니다. 예수님의 메신저가 되었습니다. 그러니까 우리가 그리스도를 대신하여 사신이 되었다는 것은 굉장한 축복입니다.

내가 누구인가를 계속해서 배워가고 있습니다. 나는 하나님의 영광입니다. 나는 하나님의 형상입니다. 나의 값은 예수님의 생명 값만큼이나 소중합니다. 이것을 알면 자기를 부인하는 것과 자기를 무시하는 것을 똑바로 알아 나의 가치를 알게 됩니다. 성경에 '자기를 부인하고 십자가를 지고 나를 따르라'라고 합니다. **'자기를 부인하라' 이 말은 나의 옛사람을 다 벗어버리는 것입니다.** 옛 자아가 시키는 대로 하는 것이 아니라 이제는 내 안에 계신 그분이 시키는 대로 사는 것입니다. 내 안에 계신 그분이 주인임을 인정하는 것입니다.

그러므로 우리는 놀라운 권세를 가졌습니다. 우리는 계속해서 그 권세를 사용해야 합니다.

> 믿는 자들에게는 이런 표적이 따르리니 곧 그들이 내 이름으로 귀신을 쫓아내며 새 방언을 말하며… 뱀을 집어올리며 무슨 독을 마실지라도 해를 받지 아니하며 병든 사람에게 손을 얹은즉 나으리라 하시더라(막 16:17-18)

이것은 그리스도의 사신인 우리에게 주신 권세와 권위입니다. 우리로 인해서 세상이 복을 받게 됩니다. 내가 가는 그곳이 나로 인해 복을 받아야 됩니다. 여러분이 만나는 그곳 사람들이 여러분으로 인하여 복을 받아야 합니다. 여러분이 사업을 하면 여러분의 사업장을 드나드는 사람들이 예수님의 뭔가를 묻혀갖고 가게 되어있습니다. 우리는 그리스도의 향기입니다. 향이 얼마나 그윽하고 좋은지 감출 수가 없습니다. 그 향을 어떻게 부인할 수 있습니까? 우리는 예수님의 향기입니다. 그 향기가 어떻게 해야 나겠습니까? 그리스도의 옳은 행실은 우리의 의지와 결단으로 되는 것이 아닙니다. 옳게 행하는 데서 향기가 나는 것이 아니고 완벽한 사람이 되는 데서 향기가 나는 것이 아니라 우리가 연약하여 실수했지만 나의 연약함으로 인하여서 주님이 내 안에서 향기가 날 수 있도록 예수 그리스도와 하나되는 삶입니다.

우리는 주님의 임재 가운데 먹고 마시고 주와 더불어 호흡하고 주님이 주신 이 권세, 아들로서의 권세를 회복해 나가야 합니다. 우리가 생각하는 권세는 군림하고 착취하는 것이라고 우리 머릿속에 떠오릅니다. 그러나 그리스도인이 가지고 있는 권세는 섬기고 축복을 흘려보내는 것입니다. 그래서 나 때문에 내 옆에 있는 이가 복을 받아야 됩니다. 그냥 쉬운 예로 들면 하나님이 내 밭에 복을 주시면 내 밭에만 비를 주시고 다른 사람 밭에는 비를 안주시고 이래서야 되겠습니까? 아브라함 때문에 롯이 복을 받는 것처럼. 그래서 여러분과 저 때문에 이 나라가 복을 받아야 됩니다. 여러분과 저 때문에 여러분의 공동체가 복을 받아야 됩니다. 그래서 도대체 내가 누구이기에, 내가 어떤 자이기에 나로 인해서 그러한 복을 흘려보낼 수 있는 자인가? 라고 무릎을 꿇게 됩니다.

나의 정체감 선포 (나 양육하기)

하나님이 나를 귀하다고 말씀하고 나를 존귀하게 여기십니다.

> **나는 하나님의 영광입니다.**
> **나의 가치는 예수님의 생명 값만큼 소중합니다.**
> **나는 이 세상 누구와도 같지 않는 독특한 존재입니다.**
> **나는 나의 능력과 소유에 상관없이 소중한 존재입니다.**
> **하나님은 나의 있는 모습 그대로를 사랑하십니다.**
> **나는 가치 있는 존재가 되기 위해서 다른 사람과 같아야 할 이유가 없습니다.**

여러분은 여러분 있는 모습 그대로 귀합니다. 사과가 귤이 되어야 할 필요가 없습니다. 이 세상에 사과만 있으면 안 되지요? 밀감도 있고, 오렌지도 있고 키위도 있고 골고루 다 있어야 이 세상이 맛이 있고 조화롭고 아름답습니다. 그러나 우리는 이 세상을 다 똑같이 살려고 합니다. 똑같이 서울대 보내려고, 똑같이 공부 잘하려고 하고, 똑같이 수학도 국어도 영어도 전부 다 백점 받으려고 합니다. 그러다 보면 우리의 독특성이 없어지는 거예요. 하나님께서 주셔서 고유하게 나만이 가지고 있는 독특한 것이 다 있습니다. 그래서 다른 사람이 되려고 다른 사람과 같이 되려고 할 이유가 전혀 없습니다. **나는 나 자신이 되어야 할 권리가 있습니다.**

너 양육하기

마찬가지로 나 자신에게도 그런 권리를 부여해야 되고 우리의 가족이나 내가 영향을 주는 사람에게도 '너는 너가 되어야 될 자유가 있어' 그 자유를 박탈하면 안 됩니다. '내가 원하는 너가 되어야 된다' 이것은 하나님에 대한 월권입니다.

우리는 다 양육하는 부모이기도 하고 교사이기도 하고 다른 어떤 사람들에게 축복을 나눠 주는 그런 사람들입니다. 그래서 우리는 하나님과 나와의 관계를 깊이 하다보면 나를 사역하는 거예요. 여러분 자신을 계속 사역할 것입니다. 나를 잘 사역하면 다른 사람에게 잘 사역할 수 있습니다. 다른 사람을 잘 사역할 수 있다는 것은 나의 가정, 교회, 직장생활을 잘 할 수 있다는 뜻입니다. 내가 어떤 곳에 부름을 받아도 나의 소명을 이룰 수 있다는 뜻입니다.

나는 너를 사랑한다!
너는 우리 가족이야!
너는 할 수 있어!
나는 너를 믿는다!
나는 너의 느낌과 요구들을 진지하게 받아들인다.
너는 너 자신이 될 자유가 있어.
네가 어떠하든지 하나님은 너를 사랑하셔.

받아쓰기 백점 받아오고 막 점수 올라갈 때는 '어이구, 내 새끼야' 하고 막 칭찬해주고 사랑한다고 하다가 그냥 내가 아무런 일 안할 때에, 그냥 실수할 때에, 성적이 내려가서 아들이 절망하고 있을 때에 '너 공부 조금만 더 열심히 해봐라' 그 말은 격려가 되는 말이 아닙니다. 이미 자녀는 벌을 받고 있습니다.

그때에 들었던 한마디 어떤 청년의 고백이에요. 수능 모의고사 30점이 내려가서 혼자 막 고민하고 있는데 아버지가 했던 그 말이 그냥 격려와 위로가 되고 생명이 되더라는 거예요. '아들아, 너를 사랑한다!'

그래서 우리가 조건 없이 줘야 됩니다. '내가 너를 사랑한다.' 라는 말을 반복적으로 들을 때에 우리 모두는 소속감을 느낍니다.

소속감 = 안전감

사람 안에는 내가 어디에 들어갈까? 사춘기 아이들이 문제를 일으킬 때 혼자 하지 않고 또래끼리 합니다. 그런데 그 안에는 나쁜 아이들만 있는 게 아니고 착한 아이들도 있습니다. 그런데 그 아이들이 왜 같이 어울려서 본드를 마시고 하느냐? 거기서 나오면 왕따 되기 때문입니다. 사람들은 어디든 소속감을 느껴야 됩니다. 심지어 깡패 그룹에서도 내가 왕따 되는 것에 대한 두려움이 있는 거예요. **사랑받고 있을 때에 소속감을 느낍니다. 소속감은 곧 안전감입니다.** 말씀을 읽을 때 우리에게 말씀하시는 하나님의 그 음성을 들어야 됩니다.

'나의 사랑 나의 어여쁜 자야 함께 가자'
'너는 나에게 속하였고 나는 너에게 속하였구나'

이런 사랑의 음성을 들을 때에 소속감(안전감)이 생기는 것입니다. 이렇게 사랑받고 소속감이 생기면 우리 안에는 무엇인가를 할 수 있는 자신감(유능성)이 생깁니다. 사람이 계속 훈련만 시키고 학원 보내고 하면 뭔가 되는 것 같다고 느끼지만 실제로 그렇게 되지 않습니다.

중요감

1937년 미국 하버드대에서 2학년 학생 268명을 인생 사례 연구를 위해 선발하였습니다. 연구 재정을 지원한 백화점 재벌 *WT 그랜트(Grant)*의 이름을 따서 **[그랜트 연구]** 라고 하는 연구팀은 72년간의 인생을 추적한 결과 ⅓이 정신 질환을 앓았다는 연구 결과가 있습니다.[*] 엘리트라는 껍질 아래 고통하는 심장을 가지고 있었던 것이죠.

사랑받고 있을 때 '나는 중요하구나.' 하고 느낍니다. 누군가가 나를 향하여서 '나는 너를 사랑해' 이렇게 말해주지 않으면 사람은 '나는 사랑스런 존재구나'라는 것을 모른 다는 겁니다. 참 괜찮아 보이는 분들 중에서도 본인 스스로도 자신을 그렇게 생각하고 있겠지 싶었는데 나중에 보니까 우리가 보고 있는 모습처럼 자신을 보지 않고 스스로는 너무 형편없는, 아무 것도 할 수 없는 그런 사람으로 알고 있는 사람이 많아요. 가치감은 사랑 받고 있을 때에 느껴집니다. '아. 나는 중요하구나. 나는 가치 있는 사람이구나.'

유능성

사랑 받으므로 자신이 가치 있다고 여기는 자는 자신감이 생깁니다. 우리 안에 아무리 좋은 것들을 많이 갖고 있어도 내가 가치감이 없고 소속감이 없으면 유능성! 즉 능력 발휘가 되지 않습니다. 아무것도 할 수가 없습니다.

우리는 전문적인 기능인을 만들려고 합니다. 영재, 천재를 만들려고 합니다.

그렇지만 이 바탕이 없으면 결코 행복하게 살 수 없습니다. 이것이 없으면 사람들은 죽고 싶어져요. 이것이 없으면 우울해집니다. 우울증이 자주 옵니다.

우리나라는 하루에 37.5명[**]이 자살을 합니다. 이유는 낮은 자존감의 문제입니다.

소속감! 중요감! 유능성! 이것들이 없으면 의미가 없습니다. 그렇다면 어떻게 이런

---

[*] 2009년 시사월간지 'Atlantic Monthly' 6월호

[**] 2018년 OECD 통계자료

것들을 심어줄 수가 있느냐? 그것은 계속해서 **말로 선포될 때에 축복의 실체가 시작됩니다.**

마리아가 '주의 종이오니 말씀대로 이루어지이다' 하나님의 말씀이 나의 태에서 성령의 능력으로 이루어질 것을 나는 이제 받아들입니다. 그리고 선포합니다. 그렇게 믿음으로 취할 때에 말씀이 태에서 육체가 되어지는, 이런 능력이 나타난 것처럼 우리 안에 말씀이신 그분의 영이 있으니까 하나님의 약속에 대하여 축복을 선포해야 합니다. 하나님의 선하심을 선포해야 합니다.

나의 하는 일을 너희도 하리라

> 어찌하여 자기를 우리에게는 나타내시고 세상에게는 아니하려 하시나이까(요 14:22b)
> 나를 믿는 자는 나의 하는 일을 저도 할 것이요 또한 이보다 큰 것도 하리니 이는 내가 아버지께로 감이니라(요 14:12b 개역한글)

그런데 우리는 아담이 범죄 하기 이전 처음 지음을 받았을 때의 아담의 능력만큼 우리는 회복을 못하고 있습니다. 예수님의 말씀이 내가 하는 일을 너희도 하고 이 보다 더 큰일도 할 것이다. 왜냐하면 내가 아버지께로 가기 때문이다. 내가 아버지께로 가니 너희는 나를 대신하는 사신이 되어 내 이름으로 귀신을 쫓아내고 내 이름으로 병을 고치고 가는 곳마다 축복과 평강을 선포하면 그 축복이 현실이 될 것이라 약속하셨습니다.

선포되는 말은 현실이 되고 그 선포된 말은 이 모든 공간에 인화됩니다. 공명됩니다. 그래서 거기에는 그 개념과 함께 설계도가 만들어지는 것입니다. 그 설계도대로 그 안에서 그 일이 이루어지는 것입니다. 그래서 내가 하나님의 선하심을 선포하면 나의 삶 안에 하나님의 선하심이 오는 거예요.

그 하나님의 선하심은 나를 향하신 하나님의 성품을 선포하는 것입니다.

다시 말해서 우리가 선포해야 될 한 가지는 '하나님이 나를 어떻게 보고 계시는가?'입니다.

그래서 '나는 하나님께 속하였습니다. 나를 하나님이 사랑하고 계시군요. 내가 하나님의 가족이군요.' 하나님의 성품을 나에게 선포하는 거예요. 여러분이 어떤 선포를 하면서 지내느냐에 따라서 여러분에게 주어지는 축복이 다르게 됩니다.

우리의 어두웠던 마음과 어두웠던 생각들이 하나님의 프로그램과 창조적인 프로그램으로 바뀌고 침입한 바이러스는 전부 다 완전히 소멸시키고 하나님의 것으로 새롭게 재창조되어야 합니다.

재창조의 실천편인 '너 양육하기 나 양육하기'를 삶의 현장에서 적용해야 합니다.

말의 권세를 사용하십시오.

하나님! 나의 이 공간을 축복합니다. 여러분이 집에 문을 열고 들어갈 때에 먼저 우리의 집을 축복하십시오. 이 집에 하나님의 평강이 임할지어다.

'하나님. 이 집은 하나님의 임재가 가득한 집입니다. 하나님이 주인 되시는 집입니다.'

우리의 입으로 선포할 때에 그 공간의 기류가 변하는 것입니다. 우리가 거기서 짜증내고 싸우고 소리 지르면 그곳의 기류는 어두움과 분노로 바뀝니다. 그래서 우리는 자꾸 선포해야 합니다. 한번 선포한 것으로 끝났다고 하지 마시고 하나님의 축복을 계속하여 선포해야 됩니다. 그래서 여러분이 가는 곳마다 여러분의 방안을, 침실을, 주방을, 책상을, 현장을, 일터를, 여러분의 가는 걸음걸음을 축복해야 합니다. 공간이 복을 받아야 됩니다. 우리 몸이 하나님의 성전인 것은 하나님의 성령이 우리 안에 계시기 때문이고 우리가 있는 곳은 성전이 됩니다. 우리를 담은 그릇이 성전이 되지 않겠습니까?

'너의 밟는 모든 땅 주님 다스리리 너는 주의 길 예비케 되리'

이것은 그냥 주님 나라를 위하여 파송되는 선교사에게만 해당되는 것이 아니라 지금 현재의 우리 모두에게 하루를 시작하면서 '오늘은 주님의 날입니다' 하고 선포해야 합니다. 주님의 날입니다. 그 시간 모든 것이 주님의 충만으로, 주님의 통치로 하나님 앞에 드리는 행위가 되거든요. 선포해야 됩니다. 우리는 계속적으로 선포해야 됩니다.

우리의 방에서, 우리의 현장에서, 우리가 만나는 사람, 우리의 공동체 안에. 계속해서 사람들을 축복해 보십시오. 이 축복이 그들에게 흘러갑니다. 우리는 아브라함의 축복을 이 세상에 전하고 흘려보내는 자입니다. 우리 때문에 이 땅이 복을 받아야 합니다. 이 나라가 우리 때문에 복을 받아야 합니다.

여러분이 타고 다니는 차도 축복을 받아야 합니다. 여러분 가는 길이 축복을 받아야 합니다. '하나님! 사고 안 나게 해주시고 위험한 것을 면하게 해주십시오'를 넘어서서 내가 지금 남해 고속도로를 지나고 있으면 '하나님, 남해 고속도로를 축복합니다. 주님의 보혈로 덮습니다. 이곳에 하나님의 질서를 선포합니다.' 하고 선포해야 합니다.

때로는 차가 정체가 될 때가 있지요. 이 때 차가 정체되는 이유 중에는 질서가 안 잡히고 혼란이 와서 정체되는 경우도 있고 차가 많기 때문에 정체되는 경우도 있습니다. 근데 우리가 그런 때 일지라도 '아이구 차가 밀리는구나' 이렇게 하는 것이 아니고 그냥 어떤 이유에서 밀리든지 우리의 그 선포를 통하여 묶이고 밀리고 정체된 것이 풀릴 수 있다면 우리는 선포해야 합니다.

저는 운전을 하고 가다가 그런 기도를 자주 하게 됩니다. 그럴 때에 열립니다. 우연일까요? 열릴 때가 되어 열리나요? 우리가 믿음으로 하는 거예요. 시간 내에 어디까지 도착해야 되는데 차가 정체되거나, 사고가 났을 경우, 이런 것들에 대하여 우리가 그곳에 묶임, 그곳에 정체된 것들 '너희가 이 땅에서 무엇이든지 매면 하늘에서도 매이고 땅에서 풀면 하늘에서도 풀린다' 그러니까 우리가 이 땅에서 하나님의 사신으로서의 역할을 할 때에 하나님이 우리와 동역하시는 것입니다.

그래서 우리가 가는 곳마다 하나님의 나라를 선포하고 그곳에 평강을 선포하고 우리가 어떤 집을 들어갈 때에 '이 집이 평안할 지어다' 하고 축복을 선포하는 것입니다. 그러면 그 집에 축복이 갈 것이고 그 집이 합당하지 않으면 우리가 한 말은 살아 있기 때문에 어디로 가도 갑니다. 나에게로 돌아옵니다. 내가 복을 받는다고 합니다. 이 원리입니다. 그래서 많이 축복합시다. 우리의 자녀를 축복하고 우리가 만나는 사람들을 계속해서 축복합시다.

그리고 천국을 여는 이 열쇠는 감사와 찬송의 열쇠입니다. 우리가 감사함으로 그 문에 들어가고 찬송함으로 그 궁정에 들어갑니다. 지옥을 여는 열쇠는 '왜 이래?, 짜증나네, 못 살겠다, 항상 이 모양이야' 이것은 지옥을 여는 열쇠입니다. 천국의 열쇠는 감사와 찬양입니다. 그래서 우리가 가진 하나님이 주신 이 축복의 열쇠를 가지고 계속해서 선포해 보십시오.

하나님이 보시는 나의 모습대로 하나님이 나에게 예수님의 이름을 통하여서 이 땅에 보냄을 받은 그리스도의 사신이라는 사실은 내 안에 능력이 있든 없든 우리의 신분이 그러한 겁니다.

우리는 그 신분을 우리의 삶 가운데 활용하고 사용하게 될 때 우리 안에 천국이 열려집니다. 우리는 축복을 선포하는 자가 되어야 합니다.

기도사역 주님의 임재 안으로

입술의 열매를 창조하는 자 여호와가 말하노라 먼 데 있는 자에게든지 가까운 데 있는 자에게든지 평강이 있을지어다 평강이 있을지어다 내가 그를 고치리라 하셨느니라 (사 57:19)

말씀이 육신이 되어 우리 가운데 거하시매 우리가 그의 영광을 보니 아버지의 독생자의 영광이요 은혜와 진리가 충만하더라(요 1:14)

그런즉 누구든지 그리스도 안에 있으면 새로운 피조물이라 이전 것은 지나갔으니 보라

새 것이 되었도다(고후 5:17)

그러므로 우리가 그리스도를 대신하여 사신이 되어 하나님이 우리를 통하여 너희를 권면하시는 것 같이 그리스도를 대신하여 간청하노니 너희는 하나님과 화목하라(고후 5:20)

어두운 데에 빛이 비치라 말씀하셨던 그 하나님께서 예수 그리스도의 얼굴에 있는 하나님의 영광을 아는 빛을 우리 마음에 비추셨느니라(고후 4:6)

우리와 함께 하셔서 감사합니다.

나의 눈을 열어 주님의 영광 보게 하신 그 놀라운 축복 감사합니다.

빛이 어두움에 비추되 이전에는 깨닫지 못하였지만 이제 그리스도의 얼굴에 있는 하나님의 영광을 아는 그 빛을 우리 마음에 비추셨으므로 우리가 그 빛을 받아서 이제 주님을 보는 축복을 얻게 되어 감사합니다.

보냄을 받은 하나님의 사람으로 멋지게 살게 하옵소서.

말씀하시는 주님의 사랑의 음성을 듣게 하옵소서.

내가 서 있는 땅이 나로 인하여 축복을 받을 수 있도록 축복의 통로로서 서게 하옵소서. 기름 부어 주옵소서.

나의 시간에 기름 부어 주옵소서.

나의 만남에 기름 부어 주옵소서.

나의 현장 가운데 나의 일터 가운데 기름 부어 주옵소서.

또한 내가 지고 있는 무거운 짐 이제 주님의 손에 올려드리고 나를 구원하시는 주님의 걸음으로 주와 함께 걷게 하옵소서.

감사합니다.

우리와 함께 계시는 주님을 찬양하며 예수님의 이름으로 기도합니다. 아멘.

말의 근원은 하나님이시며 하나님은 우리에게 말씀하십니다. 그 말씀이 현실이 되듯이, 하나님의 자녀인 우리도 하나님의 것을 선포할 때 동일한 역사를 창조해 낼 수 있는 능력과 권세가 있습니다. 우리는 하나님의 진리와 하나님의 선하심을 선포하는 자들 즉, 그리스도의 사신입니다. 우리가 하나님의 영을 충만히 담아서 축복과 생명의 말을 선포할 때 놀라운 역사가 이루어집니다. 우리로 인하여 우리가 가는 곳과 우리가 만나는 사람이 그리스도의 향기로 채워집니다. 이는 우리의 연약함을 인정하고 그리스도께서 내 안에서 향기를 피우실 수 있도록 주권을 내어 드릴 때 예수 그리스도와 하나 되는 삶입니다. 우리가 그리스도의 사신이라는 신분을 우리의 삶에 실현할 때 우리 안에 천국이 열립니다.

생각나눔

1. 입술의 열매를 짓는 하나님의 임재 가운데 사는 당신은 해서는 안될 말이 어떤 것인가?

2. 나 양육하기 너 양육하기를 날마다 선포하라.

3. 당신이 하나님의 영광이란 이 놀라운 사실을 깊이 음미해보라.

5. **대화식 기도**를 이 시간 함께 해보라.

6. 당신이 그리스도의 대사라는 사실을 실제화할 수 있겠는가? 그 구체적인 적용은 어떻게 할 수 있는가?

7. 당신의 유능성은 어디로부터 근원되는가? 사람들의 칭찬, 인정?
   소속감 -> 중요감 -> 유능성 설명해보라.

흔히들 기도는 하나님과의 대화라고 이해하고 있습니다. 그러나 실제로 주님과 대화하는 사람들은 그리 많지 않습니다. 기도를 많이 하더라도 가까이 내 곁에 살아계신 분으로 인식하지 않고 멀리 계신 분으로 생각함으로 일방적인 독백에 머물 때가 많은 것 같습니다.

주님의 현존하심은 개념이 아니고 실제인데, 실제로 주님의 임재를 느낄 수 없는 것이 우리에게는 가장 안타까운 현실입니다.

주님은 '지금', '여기', '나와' 함께 계시는 분임을 말씀 가운데서 깨닫게 됩니다.

그러나 주님의 현존하심이 잘 느껴지지 않던 30여 년 전이었습니다.

주님의 실재하심을 갈망하고 사모하던 중 주님이 주신 마음이 있어 가족들과 함께 가정예배나 혹은 함께 식사를 할 때 **대화식 기도**를 시도해 보았습니다.

먼저 예수님의 의자나 방석을 준비하였습니다.

그리고 가족이 다함께 "예수님이 여기 계십니다. 이곳에 오셔서 함께 계셔서 감사합니다."라고 먼저 얘기합니다.

"예수님이 여기 계십니다."라고 고백하는 순간 저의 가슴은 울컥 감격으로 변합니다. 가족들이 한 사람씩 예수님께 짧은 기도를 예수님을 바라보면서 말씀을 드립니다. **"예수님! 이곳에 저희와 함께 계셔서 감사합니다. 우리 가족과 함께 식탁에 앉아 주셔서 감사합니다."** 큰 아이는 "예수님! 방학이 끝나 가는데 아직 숙제를 덜 했어요. 도와주세요." 작은 아이는 "예수님! 오늘 친구 만나서 즐겁게 놀게 해주셔서 고마워요." 남편은 "예수님! 우리 가족이 주님의 가족임을 감사합니다. 맛있는 것들 주셔서 감사합니다."

예수님 이름으로……. 이렇게 일상적이고 단순하게 드리는 기도 가운데 우리는 예수님의 임재하심을 점점 경험하게 되었습니다.

그 후로 계속 사역 현장에서나 소그룹의 훈련 나눔의 장에서나, 구역 모임을 할 때나, 유년 주일 학교의 분반 공부할 때나, 아니면 말씀을 공부하고 마칠 때는 늘 **대화식**

기도를 하게 되었습니다.

많은 분들이 그저 마주보며 둘러앉아 주님께 그들의 진심을 천천히 한 마디씩 얘기할 때 울먹이며 감격하는 분들이 대부분이었습니다.

사역 중 이런 **대화식 기도**를 통하여 많은 분들이 그들의 삶의 현장에서까지 말씀을 실제로 적용하며 주님의 현존하심을 경험하게 되면서 삶이 변하기 시작했습니다

주님의 임재를 경험하는 많은 길들이 있는데 그 중에 이 소박한 **대화식 기도**를 권해봅니다. 주님께서 여기 계신 분으로 가정해 보자는 것이 아닙니다. 주님께서는 지금, 여기, 나와 함께 실존하여 계신 분입니다.

대화식 기도는 실제로 나의 곁에 계신 주님을 나의 눈을 열어 바라보면서 하는 대화입니다. 이렇게 나와 단둘이 주님과 마주 앉아 주님의 눈빛을 바라보십시오.

주님께서는 나의 많은 얘기를 듣기 원하시기도 하지만 나에게 주님이 하시는 말씀을 듣기도 원하십니다. 주님께서는 일방적으로 요구하거나 얘기하기만 하는 우리들과 보다 더욱 친밀한 관계를 갖기를 심히 원하십니다. 우리가 이렇게 실제적으로 주님 얼굴 앞으로 다가갈 때 주님께서 그동안 나의 일방적인 관계 때문에 많이 외로워하셨음을 우리는 깨닫게 됩니다.

부부 관계에서도 마찬가지죠. 서로 마음을 주고 받는 친밀한 관계가 되지 않으면 얼마나 우리의 마음이 외롭고 불편하고 삭막하겠습니까?

주님께서는 우리의 신랑되셔서 교회인 우리와 연합하시기를 간절히 원하십니다. 더이상 이제 주님을 외롭게 하지 않아야 되겠습니다. 나의 곁에 앉아 계신 주님께 친구처럼 친근하고 부드럽게 나의 마음을 표현해 보십시오.

주님! 너무 그리웠습니다. 사모합니다. 주님 사랑합니다. 내 곁에 계셔서 나를 사랑

의 눈빛으로 바라보시는 주님의 사랑의 눈빛 속으로 들어가 보십시오.

주님께서는 나의 어깨를 만져주며 위로하십니다.

주님께서는 나의 손을 잡고 꽃이 핀 봄 동산을 함께 거닐기도 하십니다. 때로는 지친 나의 몸과 마음을 주님의 무릎에 뉘여 쉬게 하실 것입니다.

어떤 분은 이런 기도를 배우고 집에 돌아가 남편에게 "나 눈 뜨고 하는 기도 배웠다."라고 자랑하며 식사 시간에 가족들과 함께 이런 기도를 시도해 보았더니 평소 가족 대표 기도하기도 쑥스러워 하던 남편이 "예수님, 예수님이 여기 계시니 참 고맙습니다. 앞으로 잘 해 보겠습니다."라고 한마디 하는 기도 때문에 아내의 마음이 울컥했다고. 아이들은 아주 솔직하게 기도하므로 "아! 이렇게 예수님께 기도해도 되는구나." 하면서 좋아하더라고 합니다.

외식할 때도 실천해 보세요.

복잡한 식당에서 4~5명 정도가 식사 전 기도하기에도 **대화식 기도**는 좋습니다.

대화식 기도는 이렇게 하시면 됩니다.

"예수님이 여기 계십니다."라고 먼저 선포해 보세요.

이 한마디의 시작 기도는 그 공간에 주님의 주인 되심을 선포하는 놀라운 능력이 있습니다. 그리고 돌아가면서 짧게 한 마디씩 얘기하고 마지막에 한 분이 감사와 함께 "예수님의 이름으로 기도합니다."라고 맺는 기도를 드리면 됩니다.

서로 소곤대듯 이야기하지만 이 가운데 주님의 임재가운데 진정한 코이노니아를 경험하는 놀라운 일이 생길 것입니다.

대화식 기도를 꼭 한번 실천해보세요.

나의 가치는 예수님의 생명 값만큼 소중합니다

하나님 안에서 존재화
되어가고 있는 존재

Being in becoming

9강 언어의 치유 II
축복의 언어

사람에게는 인정받고자 하는 기본적인 욕구가 있다.
그래서 많은 사람들은 인정받기 위해 안간힘을 쏟기도 하고
인정받지 못함으로 말미암아 고통을 겪기도 하고
마음에 커다란 장애를 남기기도 한다.
그러나 우리는 오직 한 분 우리가 겪게 되는 모든 아픔과
인간으로서 경험할 수 있는 최상의 고통과 쓰라림을 몸소 체험하시고
우리의 위로자로 내 속에 계신 분이 있으니
그분이 바로 예수 그리스도이시다.
그는 나를 있는 그대로 받아주실 뿐만 아니라 나와 같이 되시기 위하여
이 땅에 오셔서 나의 모든 질고와 아픔을 대신 당하시며
싫어버린 바 되셨으니 어느 누구도 나를 알아주지 못한다 하더라도
그분만은 나의 사정을 속속들이 아시고 나를 이해하시고
나의 아픔에 기꺼이 함께 하시기를 기뻐하시는 분이다.
그러므로 나는 어떤 어려움에 처하게 되더라도
위로 받을 수 있고 새로운 소망을 갖게 되는 것이며
그분이야 말로 나의 유일한 '의지할 자'이신 것이다.

9강 언어의 치유 II
축복의 언어

"우리는 더 이상 죽은 자가 아니라 산 자임을 감사합니다. 우리가 죽어도 살고 살아도 영원히 사는 자임을 감사합니다. 주님 이 곳에 임하소서. 감사합니다.

이 시간 주께서 우리의 어두운 마음에 하나님 당신의 빛을 비추고 계셔서 감사합니다. 우리의 어두운 길을 밝게 열어주셔서 감사합니다. 이곳에 나와 함께 좌정하신 그 주님의 얼굴을 보게 하셔서 감사합니다. 주님의 그 목소리로 듣게 하셔서 감사합니다. 이 시간 모든 말씀을 통하여 우리에게 말씀하실 것을 인하여 또한 감사를 드리며 예수님의 이름으로 기도드립니다. 아멘."

사랑합니다!! 많이 많이 사랑합니다!!

우리 옆에 계신 분에게도 사랑한다고 좀 말씀해주세요.

사랑한다구요. 사랑합니다!! 사랑합니다!!

사랑은 하나님께 속한 것입니다. 사랑은 생명입니다. 사랑은 또한 빛입니다.

막달라 마리아가 예수님을 무척 사랑했습니다. 만약에 예수님이 이 자리에 오신다면 '예수님! 제가 예수님의 발을 씻겨드리겠습니다' 하겠습니까? 아니면 서로 나중에 씻겨 드리려고 양보하겠습니까? 먼저 가서 예수님 발 한 번 잡아보고 만져보고 싶을 것입니다. 막달라 마리아가 예수님의 무덤에 예수님의 시체에 향유를 바르려고 갔습니다. 그 가난한 살림에 값비싼 향유를 구하려면 얼마나 힘들었을까요? 예수님의 시체에 향유를 바르려고 너무 설레는 마음으로, 예수님을 사랑하는 마음으로 정성을 다하고 싶어서 아마 잠도 잘 자지 못했을 거예요. 그래서 예수님을 찾았는데 엄청나게 많이 실망했습니다. 내가 소원하던 그 일이 모두 수포로 돌아갔습니다. 마음에 심히 큰 근심이 됐었습니다.

그때에 "어찌하여 산자를 무덤에서 찾느냐?" 하는 음성이 마리아에게 들렸습니다. 우리는 무덤에 찾아가서 내가 가지고 있는 정말 좋은 것을 예수님께 드리려고, 발라 드리려고 정성껏 각자 다른 향유를 준비하고 있을 것입니다. 그런데 부활하신 예수님은 값비싼 그 귀한 향유가 필요 없으셨습니다.

"어찌하여 산자를 무덤에서 찾느냐?" 부활하셨습니다. 우리가 머리로는 잘 믿고 있습니다. 그 '부활하셨다' 라는 말씀 안에는 굉장히 많은 내용들이 포함되어 있습니다. 그 중 한 가지는 지금 나와 함께 살아서 함께 계신다. 지금 여기 나와 함께 계신다. 이것만으로도 우리가 무덤에 가서 시체를 찾고 있는 종교인, 종교적인 신앙인의 삶은 이제는 끝내야 합니다. 오늘 살아계신 그 예수님을 오늘 만나는 게 아니고 부활절에 만나셨습니까? 오늘도 만나고 싶은데, 부활절에 만났으니까 '예수님 다음 부활절 날까지 안녕~ ' 이렇게 하지는 않습니다. 그 예수님이 지금 여러분과 저와 함께 계시기 때문입니다.

예수님이 살아나셨습니다!!
그 예수님이 지금 여기 계십니다!
지금 바로 여기 나와 함께 계시면서 오늘도 말씀하시는 하나님을 만나게 되기를 바랍니다.

평강이 있을지어다!

> 입술의 열매를 창조하는 자 여호와가 말하노라 먼 데 있는 자에게든지 가까운 데 있는 자에게든지 평강이 있을지어다 평강이 있을지어다 내가 그를 고치리라 하셨느니라(사 57:19)

여러분! 우리에게 가장 필요한 것은 평강입니다. 예수님도 '평강이 있을지어다!' 하셨습니다.

요한복음 20장에서 제자들이 두려워서 문을 닫고 모인 곳에 예수님이 나타나셨습니다. 꼭꼭 숨어 있었습니다. 그들 안에는 죽음에 대한 공포가 있었습니다. 문을 닫고 모인 곳에 예수님이 나타나셔서 "너희에게 평강이 있을지어다!" 부활하신 그분께서 우리에게 주시고 싶은 것이 평강입니다. 곧, 그 평강은 예수님 자신입니다. "평강이 있을지어다. 평강이 있을지어다" 두 번 말씀하시고, 그 사이에 예수님께서 손에 못 자국을 보여주시면서 다시 말씀하셨어요.

"또 가라사대, 너희에게 평강이 있을지어다."

이사야 57장에서도 "평강이 있을지어다, 평강이 있을지어다." 이렇게 했고, 예수님도 또 가라사대 "평강이 있을지어다" 하셨습니다.

> 이 날 곧 안식 후 첫날 저녁 때에 제자들이 유대인들을 두려워하여 모인 곳의 문들을 닫았더니 예수께서 오사 가운데 서서 이르시되 너희에게 평강이 있을지어다 이 말씀을 하시고 손과 옆구리를 보이시니 제자들이 주를 보고 기뻐하더라(요 20:19-20)

이 말씀은 예수님께서 십자가를 지심으로 '인간이 가지고 있는 두려움과 죄의 모든 문제들을 완전히 해결하셨다. 이루셨다. 다 이루셨다.' 마지막 말씀하신 그 말씀의 표징을 그대로 보여주시는 것입니다. 손과 옆구리를 보이시면서 '너희에게 평강이 있을지어다' 이 말씀을 하실 때에 이 말에는 능력이 있을 수밖에 없지 않겠습니까?

화를 내거나 욕을 할 때에 그 말을 들으면 우리는 가슴에 칼을 찌르는 것과 같은 고통과 아픔을 느낍니다. 그러나 예수님께서 그들 가운데 나타나셔서 "너희에게 평강이 있을지어다"라고 말씀하실 그때에, 여러분이 그 자리에 앉아있다고 생각해 보십시오.

"딸아, 너에게 평강이 있을지어다!"

우리는 이 말씀을 들을 때에 우리의 불안하고 두려웠던 가슴이 편안해집니다. 그 평강이 우리 안에 부어질 것입니다. 이 시간도 말씀이신 그분이 육체를 입고 오셔서 목적을 완전히 다 이루시고 '너희에게 평강이 있을지어다'라고 하실 때에 우리 안에 있는 모든 두려움과 불안한 마음들이 다 사라집니다. 그 다음 말씀을 보면 제자들이 주를 보고 기뻐하더라고 합니다.

예수께서 또 "평강이 있을지어다 아버지께서 나를 보내신 것 같이 나도 너희를 보내노라." 여기에서 중요한 것이 있습니다.

아버지께서 나를 보내신 것 같이...

나의 정체감

내가 누군지를 제대로 아는 사람은 행복합니다. 지금 나의 정체감에 대한 중요한 말씀을 예수님이 해주시는 것입니다.

아버지께서 나를 보내신 것 같이 나도 너희를 보내노라!

그렇다면 하나님이 아들을 보내신 것처럼 예수님이 우리를 보내셨다면 우리는 누구하고 같은 자리에 있는 것입니까? 예수님의 자리입니다. 예수님이 이 땅에서 할 일을 다 이루시고 떠나가시면서 아버지께서 나를 보내신 것처럼 나도 이제는 너희를 보낸다. 예삿말이 아닙니다.

저와 여러분이 얼마나 소중하다고 했습니까? 예수님의 생명 값만큼 소중할 뿐만 아니라, 아버지께서 아들을 보내신 것처럼 동일하게 예수님께서 나를 이 땅에 보내셨단 말입니다. 저와 여러분은 엄청난 정체성을 가진 자들입니다.

"모세야, 가라. 내가 너를 보낸다." 할 때에

"하나님이 나를 보내셨다는 증거가 나에게 어디 있습니까?

무엇을 가지고 하나님이 나를 보내서 왔다 이렇게 말하겠습니까?"

"내가 정녕 너와 함께 하리라"

"도대체 내가 누구이기에? 바로에게 가겠습니까? 내가 도대체 뭔데..."

모세는 옛날 잘 나갈 때 왕궁에서 모든 교육 다 받고 '내가 백성을 구원하리라' 이런 부푼 꿈들을 가지고 있다가 일순간에 그 꿈들이 다 무너졌습니다. 세월이 10년, 20년... 40년이 지나고 80살이 되었습니다. 도망자! 살인자! 그런 죄인인 모세가 '내가 누구간데?' 할 때에 '내가 누굽니까.', '도대체, 나는 이런 자입니다. 그런데 내가 어떻게 바로에게 가며 내가 어떻게 이 백성을 인도하리이까?'라고 합니다.

'내가 정녕 너와 함께 하리라!'

이 말씀은 소속감, 정체감, 자존감을 더해주시는 하나님의 약속과 보장입니다.

모세에게 여러 가지 증표를 보여주었습니다. 물론 가시나무 불꽃 가운데서 나타나신 그 하나님을 만나면서도 무엇인가 자기 자신에 대한 정체감이 흔들리고 희미했습니다. 동일하게 우리도 때로는 세상에서 구겨지기도 하고 무시 받기도 합니다.

'다른 사람 다 잘나가는데 난 뭐야? 난 뭘 제대로 하는 게 있나? 나는 부자도 아니고 명예도 없고. 뭐 그렇다고 우리 가족들이 그리 귀하게 사랑해주는 것도 아닌 것 같고. 그런데 내가 뭐 인기가 있는 것 같지도 않고' 뿐만 아니라 내면 안에서 나 자신에 대하여 스스로에게 하고 있는 말은 '너는 아무것도 아니야. 넌 무가치하단 말이야. 넌 이런 존재야.' 이렇게 여러분 자신을 향하여서 '나는 병들었어. 나는 안 좋은 습관도 있어. 나는 무가치해' 그러고 있지 않습니까?

여러분의 과거 때문에 혹시 '나는 무가치해' 이러고 있지 않습니까?

그런데 하나님께서 모세에게 '내가 정녕 너와 함께 하리라' 이렇게 말씀하셨습니다.

하나님의 영이신 성령

동일하게 이제는 아주 더 확실한 증거로 예수님께서 '아버지께서 나를 보내신 것처럼 나도 너희를 보낸다'라고 할 때에 '아이고, 내가 어떻게 가겠습니까? 무엇으로 가겠습니까?' 우리는 이렇게 반응합니다. 외국으로 대사를 파견하는 것과 같습니다. 대한민국을 대표하는 대통령의 권한을 대행할 수 있는 대사로서 미국에 보내지면 대사관은 그것을 수행하는데 필요한 자격과 모든 것을 완벽하게 구비합니다.

그런데 우리에게 하나님이 '내가 너와 함께 할 것이다'라고 하십니다. '함께 하나? 안하나?' 어떤 때는 함께 하는 것 같고 어떤 때는 하나님은 어디 계십니까? 도대체, 그래서 예수님이 다시 사셨다. 사셨네~~ 사셨네~~ 우리가 열심히 찬양을 해도 사신 것은 사신 것이지, 사신 것하고 나하고 별로 관계가 없는 우리의 모습. 혹시 아니십니까?

예수님께서 너희를 보낸다고 하실 때에 중요한 예수님의 행동이 있습니다.

이 말씀을 하시고 그들을 향하사 숨을 내쉬며 이르시되 성령을 받으라(요 20:22)

바로 이것입니다. 내가 너희를 보낸 이 증거. 내가 너희를 이 세상에 보낸 증거로 우리 안에 하나님의 영을 주셨습니다.

내가 누구입니까?

우리는 하나님의 영이 계시는, 하나님의 생명이 있는, 하나님의 성품이 있는 자입니다. 예수님이 성령을 우리 모두에게 확실한 증거로 주셨습니다. 나중에 더 확실한 증거로 120명의 모든 성도들이 모여서 기도할 때에 오순절에 성령이 임하셨습니다. 오순절에 임하신 그 성령님을 제자들에게 먼저 주신 것입니다. 예수님의 지금 행위는 숨을 내쉬며 가라사대 어떻게 했을까요? "후~"

예수님은 제자들에게 예수님 자신의 숨을 불어넣으셨어요.

지금 제자들이 있는 그 자리에 살아계신 예수님이 함께 계시면서
'이제 내가 떠나간다.' 말씀하시니까 제자들 안에 근심이 가득했어요.

> …내가 떠나가는 것이 너희에게 유익이라 내가 떠나가지 아니하면 보혜사가 너희에게로 오시지 아니할 것이요 가면 내가 그를 너희에게로 보내리니(요 16:7)

우리를 세상에 홀로 보내지 아니하시고 보혜사를 보내사 함께 하게 하셨습니다. 성령님은 하나님의 영입니다. 우리 가운데 오셔서 지금 우리 안에 계시는 것입니다. 얼마나 우리가 존귀한 자입니까? 예수님같이 존귀한 자입니다. 모두 예수님과 같은 과라는 겁니다. 그래서 우리는 예수님처럼 성령님과 함께 각자 자기 현장으로 보냄을 받은 자입니다.

여러분을 때로는 엄마로 아빠로, 때로는 교회 공동체에, 여러분의 선교현장으로 보내셨습니다. 그 보낸 증거는 우리 안에 성령님이 계신다는 거예요. 이와 비슷한 사건이 창세기에 있습니다.

하나님이 우리 몸을 빚어서 만드실 때에 내가 아담이, 하와가 되어서 하나님의 손길에 빚음을 받아 내가 지음을 받고 있는 그 현장을 우리가 한 번 가보았죠? 그런데 그때에 하나님께서 지금 요한복음 20장에서 하셨던 동일한 행위를 하신 거예요. 코에 숨을 불어 넣으셨어요.

인간이 인간인 것은 하나님의 숨이 우리에게 들어왔기 때문에 하나님 닮은 인간이 되었습니다. 그러나 우리는 실수하고 구겨지고 실패하고 모두 당해서 전부 환자가 되었어요. 환자가 따로 있는 게 아니에요. 멀리서 보면 다 정상 같은데 가까이서 보면 모두 비정상이에요.

눈에는 뿌옇게 안개 낀 안경을 쓴 거처럼 잘 보이지도 않고 귀에는 보청기를 끼워서 잘 들릴 듯 말듯 한 그런 우리의 귀의 성능, 우리의 생각, 우리의 감정 이런 것들이 죄 때문에 본래 하나님 주신 것에서 전부 구겨지고 부서졌습니다. 그래서 예수님의 죽음과 부활을 통하여 완성하신, 그 놀라운 예수 그리스도의 십자가에서의 이루심을 통하여서 이제 우리에게 완벽하다는 도장을 쾅 찍어 주신 거예요. '숨을 내쉬며 가라사대' 아담에게 숨을 불어넣었을 때에 '아담이 생령이 된지라' 그랬죠?

우리가 힘이 없을 때에 우리가 기운이 다 빠져있을 때에 하나님의 기운을 마셔보십시오. 주님이 나를 향하여 주님의 숨을 불어넣어 주셨고 온 우주 가운데 하나님의 사랑과 치유와 빛의 에너지로 충만함으로 우리가 이 모든 것들을 그대로 호흡하는 것입니다. 주님의 영을 마시는 것입니다.

> …숨을 내쉬며 이르시되 성령을 받으라 너희가 누구의 죄든지 사하면 사하여질 것이요 누구의 죄든지 그대로 두면 그대로 있으리라 하시니라(요 20:22-23)

'우리가 누구의 죄든지 사하면 사하여 질 것이요' 부활의 주님을 만난 우리가 땅에서 무엇이든지 매면 하늘에서도 매이고 땅에서 무엇이든지 풀면 하늘에서도 풀리는 권세가 있다는 것입니다.

하나님은 우리와 동역하기를 원하십니다. '나는 하나님의 영광이다. 나는 하나님의 형상이다'라는 것은 구체적으로 성령 하나님이 우리 안에 거하시는 거예요. 아브라함에게 주신 축복이 뭡니까? 창세기 12장에 "너는 복이 될지니라." 이제는 더 확실하게 우리가 축복의 통로가 되었습니다. 성령의 은혜가 우리 안에 있기 때문에 하나님의 영을 가지고 있는 자들은 더 이상 나 혼자 살아가는 자가 아닙니다. 혼자 살고 있지 않아요. 주님과 함께 사는 자입니다.

예수쟁이! 그리스도인! 주님과 함께 사는 자!

그 말은 그냥 예수님을 많이 생각하는 정도로 사는 게 아니고 살아계신 그분과 함께 사는 것입니다. 이 놀라운 축복을 우리가 받았습니다. 예수님과 함께 사는 이 놀라운 축복을 가진 우리에게 '나는 누구인가?' 이것은 다른 말로 표현하면 정체성을 말합니다. 나는 누구인가? 이 말씀을 볼 때에 내가 누구인지 나의 정체성이 좀 더 확실해 졌습니까?

'나는 이런 존재야. 나는 낙오자야, 실패자야, 나는 약해, 나는 제대로 하는 게 없어.'

아닙니다! 우리는 근본적으로 신분이 다릅니다. 하나님의 영이 우리 안에 계셔서 하나님으로 사는 자, '말씀이 육신이 되어 우리 가운데 거하시는 그 성령님과 더불어 함께 사는 자'입니다.

그래서 우리가 '뉘 죄든지 사하면 사하여 질것이요'라고 할 때 누구의 죄에 대해서 '내가 네 죄 사해준다' 이것이 아니라 우리가 다른 사람들에 죄에 대하여서 '하나님! 저 사람의 죄를 용서해 주옵소서. 저 사람이 하는 것을 알지 못합니다'라고 말해야 합니다. 여러분! '누가 죄가 있고, 누가 이런 자다'라고 말할 수 있는 권한이 있는 자는 아무도 없습니다. 우리는 단지 '주님. 저 사람의 죄를 용서해 주십시오', '저 사람을 씻어주옵소서'라고 용서를 빌면서 천국을 여는 자들입니다.

우리 안에 주님의 영이 있습니다.

아버지께서 나를 보내신 것처럼 나도 너희를 보내노라. 하나님이 예수님을 보낸 것 같이 예수님도 우리를 보내주셨어요. 우리가 보통 사람 아닙니다.

특별한 사람입니다. 그래서 하나님께서 우리 한 사람, 한 사람을 특별하게 대합니다. 일대일의 특별한 관계입니다. 특별한 권세입니다.

예수님은 우리의 약함을 아시고, 우리의 아픔을 아십니다. 우리의 눈물을 아시는 분입니다. 우리가 치유받아야 할 어떤 것이 있는지 아시는 분입니다.

　…평강이 있을지어다 평강이 있을지어다 내가 그를 고치리라(사 57:19)

이 말씀 앞에 여러분의 어떤 것을 주님 앞에 고침 받고 싶습니까?

'주님, 나는 이것입니다' 하고 주님 앞에 올려 드리세요.

'너는 무엇을 하나님 앞에 기도하느냐?' ' 하나님! 나는 이것입니다. 이것'

'내가 너를 고치리라' 이 말은 '내가 너를 구원하리라. 내가 너를 건지리라. 내가 너를 해결하리라.'와 같은 말입니다. 우리와 함께 계시는 하나님이십니다.

우리에게 이토록 함께 계시는 그 하나님이 주시는 그 축복이 무엇입니까?

우리는 축복을 위해서 부름 받은 자입니다. 우리는 하나님의 축복의 대상입니다. 하나님이 인간을 창조하시고 인간을 향하신 본래 계획은 우리들을 축복하시는 것입니다.

성경에는 축복에 해당하는 단어들이 굉장히 많이 있습니다.

　하나님이 자기 형상 곧 하나님의 형상대로 사람을 창조하시되 남자와 여자를 창조하시고(창1:27)

하나님이 복 주시기를 원하십니다. 우리는 하나님의 축복을 받기에 본래 합당한 존재였습니다. 예수님도 아이들을 무릎에 안고 축복해 주셨습니다. 그래서 엄마들이 아기들을 데리고 예수님께 축복 받기를 원했습니다. 우리도 축복이 필요합니다.

서로 서로 축복합시다. 무엇이라도 좋습니다.

축복합니다! 사랑합니다! 당신은 보통 존재가 아닙니다! 보통 사람이 아닙니다!

말에 힘이 있기 때문에! 말에 권세가 있기 때문에!

말은 없어지지 않고 다시 돌아옵니다.

> 이는 비와 눈이 하늘로부터 내려서 그리로 되돌아가지 아니하고 땅을 적셔서 소출이 나게 하며 싹이 나게 하여 파종하는 자에게는 종자를 주며 먹는 자에게는 양식을 줌과 같이 내 입에서 나가는 말도 이와 같이 헛되이 내게로 되돌아오지 아니하고 나의 기뻐하는 뜻을 이루며 내가 보낸 일에 형통함이니라(사 55:10-11)

하나님 입에서 나온 그 말이 없어지지 않습니다. 마찬가지로 하나님의 형상으로 지음을 받은 우리의 말도 사라지지 아니하고 우리가 뱉은 축복의 말은 축복의 열매를 계속해서 맺습니다. 빛의 속도보다 더 빠른 속도로 거슬러 되돌아가면 예수님이 옛날에 하셨던 말씀도 다 잡아낼 수 있다고 하지 않습니까?

> 여호와께서 이르시되 내가 그들과 세운 나의 언약이 이러하니 곧 네 위에 있는 나의 영과 네 입에 둔 나의 말이 이제부터 영원하도록 네 입에서와 네 후손의 입에서와 네 후손의 후손의 입에서 떠나지 아니하리라 하시니라 여호와의 말씀이니라(사 59:21)

얼마나 놀라운 축복입니까? 우리가 이 축복을 받은 자입니다. 우리의 영적인 후손이나 우리의 가족을 통하여 주시는 '후손의 입에 떠나지 아니하리라.'

하나님이 주신 축복의 말은 없어지지 않습니다. 비가 내려서 식물을 자라게 하고 열매를 맺은 것이 또 돌아오는 것처럼 결코 우리 입의 말은 없어지지 않습니다. 우리는 어떤 말을 해야겠습니까? 하나님이 입술의 열매를 짓는 분이신데 우리의 입술로 어떤 열매를 지어야 되겠습니까?

하나님의 것을 선포해야 됩니다. 하나님의 선하심을 선포해야 됩니다. 우리가 하나님의 말씀을 많이 알지 아니하면 우리 안에 있는 짜증과 분노와 나의 지식밖에는 내가 선포하고 말할 것이 없습니다. 내 속에 가득한 것이 입으로 나오게 되어있기 때문입니다.

> 내가 내 말을 네 입에 두고 내 손 그늘로 너를 덮었나니 이는 내가 하늘을 펴며 땅의 기초를 정하며 시온에게 이르기를 너는 내 백성이라 말하기 위함이니라(사 51:16)

우리의 입에는 하나님의 말을 두었습니다. 그래서 우리가 만날 때마다 축복해 주어야 합니다. "너는 하나님의 사람이라!"

어떤 사람을 만났을 때 '너를 만나니까 이 말씀이 생각이 난다.' 그러면서 그 생각나는 그 말씀을 선포하는 것입니다. 하나님 안에 있을 때 우리에게 생각되는 것들을 선포하게 될 때에 예사로 이야기하는 것 같지만 그 사람에게는 바로 하나님의 음성으로 들려질 수가 있습니다. 우리가 하나님 안에 거할 때 '하나님의 말씀을 내 입에 두셨고 하나님이 나를 손 그늘 안에 나를 두셨구나' 하는 것을 알게 됩니다.

어떤 분이 오랫동안 머리가 아파서 고생을 참 많이 했답니다. 정신과에 가서 약을 먹는 등의 온갖 방법을 동원해도 머리가 낫질 않았습니다. 그래서 옛날에 예수 안 믿을 때 술을 한 잔 먹으면 나아서 술을 먹어봐도 효과가 없었습니다. 그 머리 아픈 것 때문에 고생을 많이 했는데 우리 간사님 한 분이 문자를 보냈어요. 근데 그 문자를 딱 받는 순간에 그 말씀이 자기에게 부딪치면서 그 때부터 몇 달 동안 아프던 머리가 깨끗이 낫더라는 겁니다.

이 말씀은 살아서 역사하고 있습니다. 우리 입에 하나님의 영을 충만히 담아서 하나님의 것으로 말할 때에 우리에게서 하나님의 것이 나가게 됩니다. 아무리 좋은 사람의 말을 많이 인용하더라도 거기서 하나님의 영으로 나가지 않으면 그 말은 그냥 하나의 듣기 좋고 재미있는 말일 뿐이지만 하나님의 말씀이 하나님의 영으로 나가게 되면 우리의 가정을 살립니다. 우리의 가슴을 만집니다.

> 주 여호와께서 학자들의 혀를 내게 주사 나로 곤고한 자를 말로 어떻게 도와 줄 줄을 알게 하시고 아침마다 깨우치시되 나의 귀를 깨우치사 학자들 같이 알아듣게 하시도다(사 50:4)

우리가 묵상 할 때에 그 말씀을 깨닫는 은혜를 주셔서 학자같이 알아듣게 하십니다. 좋은 대학을 나오고 많은 공부를 했다고 해서 이 말씀을 알아듣는 것이 아니고 아무것도 알지 못하더라도 심지어 글도 잘 몰라도 하나님의 말씀을 학자같이 알아들을 수 있습니다. 그런 부분이 훈련되면 주님이 우리를 통하여 다른 사람들을 만질 수 있습니다. 우리 입에 말이 그 만큼 권세가 있습니다. 축복을 선포합시다.

> 말씀이 육신이 되어 우리 가운데 거하시매 우리가 그의 영광을 보니 아버지의 독생자의 영광이요 은혜와 진리가 충만하더라(요 1:14)

말씀이 육신이 되어 우리 가운데에 거하시매 은혜와 진리가 충만했답니다. 우리는 계속해서 이 실제를 경험하고 있습니다. 말씀이 육신이 되어 우리에게 오셨습니다. 그리고 말씀이 성령으로 오셔서 우리 가운데 거하십니다. 말씀이 하나님이십니다.

예수님이 육신으로 우리에게 오셨습니다. 성령님이 우리에게 오셔서 거하십니다. 하나님께서 아담에게 불어 넣어주셨던 그 영. 예수님께서 제자들에게 부어 주셨던 성령. 오순절에 다락방에 내려주셨던 그 성령. 그분이 우리에게 인격으로 오셔서 우리와 함께 사십니다. 말의 근원은 하나님입니다. 하나님은 우리에게 말씀하시는 것입니다.

말의 능력

하나님이 우리에게 말씀하십니다. 그래서 그 말은 힘이 있습니다. 말의 영역 뒤에는 영적인 힘이 있습니다. 축복의 말을 하면 축복의 힘이 있고 저주의 말을 하면 저주의 힘이 있습니다. 저주도 생명이 있어서 자랍니다. 사람의 마음에 잉태된 그 말은 사람의 혀에 의해서 만들어집니다. 그러나 우리는 사탄의 능력의 말을 할 수도 있고 하나님의 능력의 말을 할 수도 있습니다.

마리아에게 '네가 아들을 낳으리라' 이렇게 할 때에 '나는 사내를 알지 못하는데 어찌 이런 일이 있을 수 있습니까?' 반문을 했습니다. 그때에 "성령이 네게 임하시고 지극히 높으신 이의 능력이 너를 덮으리니 대저 하나님의 모든 말씀은 능치 못하심이 없느니라." 마리아의 태에 하나님의 성령이 임하였습니다. 말씀이 육신이 되었습니다. 마리아가 "주의 계집종이오니 그대로 되리이다." 대답합니다.

"거룩하신 하나님의 능력이 너를 덮을 것이다."

"성령이 네게 임하시면 하나님의 모든 말씀은 능치 못하심이 없느니라."

마리아는 순종했습니다. 그때에 마리아의 태에 성령, 하나님께서 육신의 몸을 입고 잉태되신 겁니다. 말의 능력이 굉장합니다. 마리아의 순종과 마리아의 아멘으로 말씀이 육신이 되었습니다. 그분이 이제는 우리 안에 거하십니다.

죽고 사는 것이 혀의 힘에 달렸나니 혀를 쓰기 좋아하는 자는 혀의 열매를 먹으리라(잠 18:21)

혀는 얼마나 힘이 있는지 모릅니다. 혀로 사람을 죽일 수도 있습니다. 얼마나 많은 사람들이 혀로 사람을 죽이는지 모릅니다. 혀로 살인을 합니다. 입으로 독을 내보냅니다.

사람 입에서 분노가 나갈 때 그 분노의 기운을 농축해서 쥐에게 주사하니까 쥐가 즉사했다고 합니다. 이 분노의 기운을 먹으면 그만큼 사람이 훼손을 당하는 것입니다. 이 땅의 많은 사람들이 축복을 선포하는 것이 아니고 저주를 이야기하는 것입니다.

'너희 말이 내 귀에 들린대로 행하리라'

'나는 되는 것이 없어' 그렇게 말하면 되는 것이 없어지는 것입니다. 그 말은 믿음은 바라는 것들의 실체라는 말을 거꾸로 한 것입니다. 내가 두려워하고 있으면 두려워하는 것이 이루어집니다. 이것이 하나님이 주신 영적인 원리입니다.

'우리가 다 말의 실수가 많으니 만일 말의 실수가 없는 자면 온전한 자다.'

혀는 곧 불이요 불의의 세계라(약 3:6)

혀는 지체 중에 작은 것이지만 온 몸을 더럽힙니다. 나를 더럽힙니다. 내가 한 말로 상대를 더럽히고 가족들을 더럽히고 사람들을 더럽힙니다.

우리가 책을 읽을 때에도 책을 잘 선택해야 됩니다. 왜냐하면 저자의 영적인 모든 기운들이 책을 통해 흘러 나오기 때문입니다. 그만큼 말과 글은 힘이 있습니다. 이 세미나 도중에 참석하신 한 분이 손을 들고 '우리 오빠가 그랬습니다. 엄만 오빠를 싫어하고 맨날 오빠를 나가 뒈져라 이야기했습니다. 그런데 오빠는 40세에 진짜 객사를 했습니다.' 또 어떤 분은 자기 엄마가 화가 나면 자꾸 나가라고, 나가라고 욕을 하더래요. 근데 자기가 이제 엄마가 되었는데 자기도 화가 나면 딸한테 나가라고 욕을 하더라는 거에요.

우리 속으로 흘러 들어왔던 것은 끊고 처리하지 아니하면 그대로 또 흘러갑니다. 저주가 흘러왔으면 그 저주를 받아서 연습을 해서 다시 흘려보내게 됩니다. 욕하면서 배운다는 말이 있습니다. 욕하는 그 자체가 그 더러운 영적인 파장들을 내가 다 먹는다는 것입니다. 욕을 할 때 나는 깨끗하고 거룩하고 너만 더럽다가 아니고 욕하면 그 사람도 똑같이 더러워지는 것입니다. 그래서 혀는 곧 불의의 세계다!

혀는 가장 작은 것이지만 온 몸을 더럽힐 뿐만 아니라 생의 바퀴를 불사르고 그 사르는 것이 지옥 불에서 나온다고 성경은 말합니다.

인생의 바퀴가 두 개든, 세개든, 네 개든지 그 바퀴가 다 타버리고 없으면 인생을 경영할 수가 없습니다. 굴러갈 수가 없습니다. 우리는 말로 인생의 바퀴를 태웠습니다. 많은 사람들이 말로 인생을 망치는 일에 많이 협력했습니다. 인생을 망치는 일에 이바지 했습니다.

성경은 '혀는 능히 길들일 사람이 없나니...'라고 합니다. 우리 혀에서는 쉬지 않는 악이 나오고 죽이는 독이 가득합니다. 한 샘에서 쓴 물과 단 물이 나옵니다. 우리가 내면 깊이 이 작업을 해 나가는 것은 우리 안에 있는 더러운 것들이 나오는 것을 하나님이 처리해 주셔야하기 때문입니다. 내 안에 있는 모든 세계들은 지금 가만 두면 무질서하고 불안하고 초조합니다. 나의 내면 깊은 곳이 혼돈되면 내가 하고 싶은 것을 할 수 없습니다. 나는 화를 안내고 싶은데 화를 냅니다. 나는 그렇게 안하고 싶은데 나도 모르게 습관적으로 하고 있습니다. 내면 깊은 곳은 그냥 두고 항상 위에 것만 자르기 때문입니다. 위에 싹이 나오면 '그래, 이러면 안 되지.'하고 자르고 나면 또 싹이 올라옵니다. 하나님은 우리의 깊은 마음 밭을 만져서 그 밭을 옥토와 같이 만드시길 원합니다. 우리가 지금은 자신에 대해서 다 신사·숙녀처럼 자신을 잘 가누고 있습니다. 그런데 이게 통제를 벗어나면 우리 안에 혼란이 옵니다.

문제는 내가 모두 만들어 놓고 하나님을 원망합니다. 그래서 우리의 내면 안에서 우리를 방해하던 모든 것들을 완전히 다 제거하고 우리의 무의식까지도 예수 그리스도의 질서와 예수 그리스도의 사랑과 평강이 든든히 뿌리내릴 수 있도록 먼저 저마다 치유 기간을 가지게 됩니다.

하나님의 성품을 알고 하나님의 선하심을 알고 하나님의 말씀을 알아야 축복의 사람으로 살아갈 수 있습니다. 축복의 예가 구약 성경에는 640회나 나옵니다. 이것이 하나님이 우리에게 주고 싶어 하시는 본질입니다. 인간이 평안하기를 원하시는 것이 하나님의 본 마음입니다. 인간이 고생하기를 원하시는 것은 하나님의 본심이 아닙니다.

> 주 예수 그리스도의 은혜와 하나님의 사랑과 성령의 교통하심이 너희 무리와 함께 있을
> 지어다(고후 13:13)

축복의 언어

축복의 말을 그대로 선포해야 합니다.

주 예수 그리스도의 은혜와 하나님의 사랑과 성령의 교통하심! 이 말씀을 선포할 때에 하나님으로부터 복이 옵니다. 사탄도 다른 사람들이 생각하는 복(福)을 줄 수가 있습니다. 그러나 겉으로 잘 되는 것만이 축복이 아닙니다. 모세도 광야에서 백성들에게 축복을 했습니다. 멜기세덱이 아브라함의 권속들을 모아놓고 축복했습니다. 굉장한 축복입니다. 목사님이 선포할 때에 우리가 어떻게 받느냐에 따라서 그것이 내 것이 될 수 있습니다. 우리 역시 다른 사람에게 축복을 흘려보낼 수 있는 통로입니다.

축복합니다! 사랑합니다! 하며 축복을 흘려보내야 합니다.

우리가 누군가를 멀리 떠나보낼 때나 선교사를 파송할 때에 '너 가는 길에 주의 평강 있으리. 너희의 걸음 걸음 주 인도하시리'라고 축복합니다. 이렇게 우리가 말로 선포하고 찬양으로 선포할 때 그 축복을 다 받는 것입니다. 우리가 교회에서 축복송을 할 때 '그거 하니까 좋더라' 이 정도가 아닙니다. 우리의 손에 하나님이 주신 축복이 흐르는데 손을 내밀어서 축복을 보내주는 것입니다.

'너희 앞에 어려움과 아픔이 있지만 너는 담대하게 하나님을 바라보라. 너는 택한 족속이다! 왕 같은 제사장이다!' 이것이 얼마나 큰 축복입니까? 우리는 사람들에게 이렇게 축복합니다.

생일을 맞이할 때에 축복합니다. 집사님, 사랑합니다! 이 짧은 축복의 말 한마디도 굉장히 중요합니다. 성탄 때면 카드를 만들어 축복의 말을 적어 보내기도 합니다. 우리가 그렇게 사람들을 섬기는 것이 사람들 안에 굶주려 있는 것들을 하나님의 것으로 채워지게 하는 통로가 될 수 있습니다. 우리가 속해 있는 공동체 안에서 작지만 축복의 통로로서 역할을 할 수 있는 것이 많습니다.

이삭이 야곱에게 장자 축복을 할 때 '너는 아무데나 가서 아내를 얻지 말아라.' 축복해 줍니다. 결혼 때도 축복해 줍니다. 우리가 기념식이 있을 때에도 축복을 흘려보내고 지도자가 교체되고 왕이 교체될 때도 축복을 흘려보내고 성년식을 할 때도 축복을 흘려보내야 합니다. 또 우리는 자녀들에게 유대인들처럼 개인적인 성년식을 할 필요가 있습니다.

"○○야 너는 이제부터 어른이란다. 이제는 너 혼자 목욕을 해야 돼. 이제 너의 몸은 하나님의 거룩하신 성전이야."

자녀들의 몸과 그의 장래를 축복해야 합니다.

우리가 축복할 때에 선포하는 말들이 현실이 된다고 했습니다.

네 입의 말로 네가 얽혔으며 네 입의 말로 인하여 잡히게 되었느니라(잠 6:2)

우리가 사탄에 대하여 '사탄. 능력 있다. 굉장히 무섭다' 이렇게 말하면 사탄에게 기름 붓는 말이 됩니다.

그들이 어떠하다 할지라도 하나님은 우리를 통하여 그들을 진멸하고 이길 수 있다!

하나님의 능력을 계속해서 선포해야 합니다.

우리가 무엇을 더 선포하고 인정하느냐에 따라서 그 말의 힘이 역사하게 됩니다. 우리가 말한 대로 다 받습니다. 우리는 좋은 말을 많이 해야 됩니다.

비언어 축복 : 신체 접촉

축복에는 말로 축복하는 것과 만짐으로 축복하는 것 두 가지가 있습니다. 마음에 가득한 것이 말로, 표정으로 나오게 되어 있습니다. 때로는 눈빛만 봐도 흘러갈 때가 있습니다. 때로는 손만 잡아도 흘러갑니다. 그러므로 비언어의 수준을 새롭게 해야 합니다.

쌍둥이가 태어났는데 한 아이가 선천적으로 심장질환이 아주 심한 아이였어요. 그런데 의사의 진단은 아이가 살 가망성이 희박하다고 예상을 했답니다. 그런데 며칠 후 심장박동이 빨라지고 병세가 더 악화가 되고 심해졌어요. 그 때 한 간호사가 아주 반짝 아이디어가 떠올랐대요. '이 아이 옆에 쌍둥이 형을 데려다 놓으면 어떨까요?' 실제로는 병원 규칙에 어긋나는 것이지만 그렇게 했다고 합니다. 이 쌍둥이 형을 인큐베이터 안에 넣어 주는 순간 쌍둥이 형이 동생을 포옹하더래요. 시간이 흐르자 점차적으로 심장 박동, 호흡 그리고 혈압이 회복되어가는 것입니다. 그렇게 되면서 이 아이가 점점 치료가 되었는데 그때에 기자들이 와서 인큐베이터에 있는 두 아이의 사진을 찍어 '생명을 구하는 포옹'이라는 제목으로 보도가 되기도 했답니다.

산후조리원에 갔었는데 인큐베이터처럼 생긴 상자 안에 아기 두 명이 안고 있었어요. 제가 옆에 가서 쌍둥이냐고 물어보니까 아니래요. 그렇게 한 이유는 많이 우는 아이들은 옆에 그렇게 같이 눕혀 놓으면 안 운다고 합니다.

사람이 생존하기를 위해서는 하루에 4번의 포옹이 필요하다고 합니다. 정상 상태를 유지하기 위해서는 8번 정도의 포옹이 필요하답니다. 우리 아이들을 안아 주어야 됩니다. 안아줄 때에 아이들이 자존감이 높아집니다. 건강해집니다. 또, 캘리포니아 대학의 한 연구진이 이런 것을 연구했습니다. [A성향의 남자들]이라고 하는 이 남자들은 경쟁심이 강하고 몸이 깡마르고 신경질도 잘내는 성향으로 이런 성향을 가진 사람들은 관상동맥 계통의 병을 앓을 가능성이 아주 높다는 것입니다. 이런 사람들을 매일 하루에 세 번 내지 네 번씩 아내들이 안아 준다면 그들의 생명이 2년 정도 더 연장된답니다. 그래서 많이 안아주어야 됩니다.

자연분만의 경우 아기가 엄마의 질을 통과할 때 일생에 가장 최상의 쾌락을 느낀다고 합니다. 만짐이 굉장히 중요하다는 것입니다.

오래 전 [2단계 과정] 중에서 재정에 대한 강의를 했습니다. 그런데 주께서 돈 때문에 상처받은 사람들을 치유하기 시작했습니다. 어떤 분이 돈 때문에 받은 상처로 누워서 구르고 난리났어요. 그래서 그분을 위해서 저와 간사님들이 기도를 하는데 축복을 받고 싶은 갈망이 많은 어떤 분이 앉아 있었는데 이 분이 '나도 좀 받고 싶은데' 하며 그 집사님 다리를 딱 잡았습니다. 다리를 딱 잡는 순간에 성령님의 강력한 임재하심이 자기에게 확 흘러왔다고 무척 좋아하였습니다. 갈망하는 자에게 흘러 갑니다.

때로는 목사님을 통해서 축복이 흘러가기도 하고 또 가장을 통하여 축복이 흘러가고 남편을 통하여도 흘러갑니다. 아내가 기도도 많이 하고 영빨이 있다고 남편을 무시하면 안 됩니다. 때로는 남편이 더 깊지 않더라도 하나님이 머리로 세우셨기 때문에 그러한 믿음으로 기도를 받으면 그것이 흘러갑니다. 제가 좀 몸이 피곤하든지 아플 때에 남편에게 등에 손을 얹어서 기도를 해달라고 합니다. 저에게 얹은 것은 남편의 손이 아니라 하나님의 손입니다. 이렇게 축복은 전수되는 겁니다. 받는 사람의 마음도 마찬가지로 흘려보내는 사람도 그런 역할을 할 수 있어요.

안수의 능력

'안수한다.'라고 할 때에 그 사람의 능력이 흘러갈 수 있습니다. 우리가 애정 어린 축복을 할 때에 머리에 손을 얹고 합니다. 엘리야가 엘리사에게 안수했을 때 엘리사의 엘리야의 갑절의 영감을 받고 싶다고 했습니다. 엘리야는 그대로 안수해 주었습니다. 안수를 통하여 그 사람의 것이 상대에게 흘러갑니다.

> 그의 광명이 햇빛 같고 광선이 그의 손에서 나오니 그의 권능이 그 속에 감추어졌도다
> (합 3:4)

여러분의 손에 무엇이 있습니까? 하나님의 손에 하나님의 능력이 있고, 치유의 광선이 하나님의 손에서 나온다고 합니다. 그런데 사람의 손에도 0.7 ~ 1.xxV 정도의 전류가 흐른다 합니다. 사람의 몸은 500만 개가 넘는 교감신경의 세포로 우리 몸에 척수로부터 세포로 연결되어 있는데 ⅓이 손에 다 있다고 합니다. 그래서 수지침도 하는 것 같습니다.

뉴욕대학의 유아교육과 *크리커 박사*라는 사람이 안수의 효과에 대해서 연구를 했습니다. *크리커 박사*가 연구한 내용에 보면 안수하고 있을 동안에 헤모글로빈이 양쪽 다 많이 증가한다고 합니다. 손을 얹고 있는 사람도 헤모글로빈이 증가하고 산소 공급이 활발하게 되고 또 안수 받고 있는 사람도 그렇게 된다고 합니다. 이런 현상을 설명할 수 있는 것만으로도 어떤 생리적인 현상이 일어나서 병이 치료된다든지 좋아진다고 합니다. 이렇게 손을 한 번 얹어보십시오. 옆 사람에게 아니면 나에게 손을 얹어도 됩니다. 이 손에는 굉장한 능력이 흐르고 있습니다.

*[치유의 빛]*이라는 책에 보면 **토레이 신부**의 부인도 *아그네스 샌포드*의 안수를 받고 병이 치유된 케이스입니다. 그 책에 보면 우리가 손을 얹는 것을 통하여서 치료되는 경우가 많이 있습니다. 축복은 '사랑합니다, 축복합니다, 평강이 있을지어다.' 말로 하지만 손을 얹을 때에도 축복이 흐릅니다. 그의 이야기로는 자기가 알고 있는 성공회 신부가 죽어가는 아이를 안아주게 되는데 아이가 살아난 예가 세 번 정도 있었답니다. 그래서 그분은 그냥 기도했으면 일어나지 않았을 수도 있는데 손을 얹었기 때문이라고 말하고 있습니다.

대 속죄일이 되면 아론이 양에게 안수를 합니다. 백성을 대표하여, 백성의 죄를 대신하여서 그 염소의 머리에 손을 얹고 안수하므로 염소의 머리에 백성의 죄를 다 전가시킵니다. 그리고 그 염소는 아사셀 양으로 광야로 보냅니다. 그래서 아무에게나 머리를 내밀면 안 됩니다.

우리의 손은 굉장한 손입니다. 우리의 손에 하나님의 축복과 하나님의 치유의 광선이 흐르고 우리가 하나님과 연합한 자이기 때문에 우리를 통하여서 흘러갈 수가 있습니다.

주님의 만지심

사람에게는 사람의 손의 만짐이 필요합니다. 사람은 하나님의 손으로 깊이 터치해서 지음을 받았기 때문입니다.

미숙아들을 대상으로 실험을 했습니다. 이 미숙아들을 반씩 나눠 가지고 안아줬는데, 열심히 안아주고 쓰다듬어 주고 이렇게 해줬어요. 많이 안아 주고 정기적으로 하루에 세 번씩 안아준 그 아이들은 체중이 빨리 늘고 식욕이 좋아졌답니다. 그러지 못하고 어쩌다가 한 번씩 안아 준 아이들보다 그만큼 건강도 더 좋아졌어요. 그래서 우리의 세포도 사랑을 먹어야 됩니다. 주님께 만짐을 받아야 될 필요가 있습니다. 이 기간을 통하여 주님이 나를 만져주시는 그런 경험을 해봅시다.

나를 만져줄 사람이 없을 때 주님이 만져주시면 이건 굉장한 경험입니다. 우리가 먼저 예수님께 발을 내밀고 발 씻김을 받아보십시오. 받은 것은 줄 수 있습니다. 한 번도 안아주지 않고 별로 안김을 받지 않고 살아온 사람은 자기 아이도 잘 안아주기 어렵습니다. 모든 것은 받은 것으로 흘려보낼 수가 있는 것입니다.

우리 마음도, 우리 귀도 우리의 피부도 사랑의 축복을 먹어야 됩니다. 엄마 손은 사랑의 손이기 때문에 약손입니다.

'사랑받는 세포는 암을 이긴다.' 김영준이란 의사가 쓴 책입니다. 세포도 사랑받으면 병을 이길 수 있는 능력이 있다는 것입니다. 우리가 만짐을 통하여도 사랑을 받아야 됩니다. 선포되는 말을 통하여 사랑을 받아야 됩니다. 우리가 하나님의 말씀을 많이 들읍시다. 그러면 축복을 많이 흘려보낼 수가 있습니다. 성령님의 음성을 제대로 확인하고 들을 수 있어야 됩니다.

내가 누구인지를 새롭게 확인해 봅시다. 하나님의 영광입니다. 하나님의 형상입니다. 그리고 나의 정체감은 나의 신분은 예수님의 생명 값만큼이나 소중합니다. 하나님이 아들을 보내신 것처럼 예수님이 나를 이 땅에 보내신 자로 이 땅에 서 있습니다. 이제 남은 기간들을 통하여 때로는 만짐을 받고 때로는 여러 가지 훈련을 통하여서 우리가 누구인지를 계속해서 이야기해야 됩니다. '내가 너를 사랑한다'라고 이야기하지 아니하면 그 사람은 자기가 사랑스러운 존재인지를 모른다고 합니다. 그래서 축복은 표현이 되어야 축복이 됩니다. 표현해야 됩니다.

우리 내면이 잘못 프로그래밍되어 병들어 있으면 하나님께서 사랑한다고 말씀을 하셔도 다른 말로 들립니다. '너는 아직도 모자라. 아직도 이것 밖에 안 돼.' 우리가 지금 하나님의 그 큰 사랑을 많이 먹고 나면 하나님의 선하심을 알게 되고 진리를 행할 수 있게 됩니다. 우리 인간은 듣기 좋은 것만 듣고 싶어 하는 경향이 있습니다. 근원적인 것은 하나님의 변함없이 끝없이 베푸시는 그 사랑을 충분히 먹어야 됩니다. 성령이 우리에게 임재할 때에 제일 먼저 들리는 음성은 '내가 너를 사랑한다'입니다. 예수님께서 세례를 받으실 때 성령이 임하셔서 '이는 내 사랑하는 아들이라' 하셨습니다.

우리가 사랑을 많이 받으면 가치감이 생기고 그다음에는 능력이 생깁니다.

우리 가운데 임재해 계신 성령 하나님을 느낄 때에 들리는 그 음성은 '내가 너를 사랑한다. 사랑하는 아들아, 사랑하는 딸아, 내가 너를 사랑한다'입니다.

기도사역 주님의 임재 안으로

하나님께서 우리를 축복하기를 기뻐하시고 하나님의 것을 먹고 하나님의 사람들로 살기를 기뻐하십니다. 이 시간 먼저 나를 안수하고 나를 축복해 주시는 주님이 내 곁에 서서 내 머리에 손을 얹고 축복해 주시는 그 축복을 느껴봅시다.

내가 내 자신을 향하여 모자라고 부족하고 별로 가치 없다고 생각했던 모든 것들을 이제 다 벗어버리고 나를 사랑하시고 나를 향하여 가치 있다고 하시는 주님의 그 축복의 안수를 받아들입시다.

하나님은 나를 특별하게 창조하셨고, 나를 사랑하십니다.
하나님은 나를 그분 자신의 소유로 선택하셨습니다.
하나님은 내 안에 살아계시며 나는 또한 그분 속에 살아있습니다.
나의 몸은 그분이 거하시는 거룩한 성전입니다.
주님은 내가 자유롭고 풍성한 삶을 살기를 원하십니다.
그가 나를 얼마나 사랑하시는지 기쁨을 이기지 못하십니다.
지금도 나를 향하여 미소짓는 얼굴로 나를 사랑스럽게 바라보고 계십니다.
주님은 나와 함께 계시며 나의 만족의 근원이십니다.

내가 열등하거나 부족하다고 느낄 이유가 없습니다.

그분이 나를 얼마나 사랑하시는지 이 세상에 존재하는 사람이 나 혼자였더라도 하나님은 나를 위하여 독생자를 기꺼이 주셨을 것입니다.

하나님의 그 은혜는 그분의 사랑을 받을 자격이 없는 나를 위하여 아들을 주심으로 지금도 그분의 사랑을 확증하고 계십니다.

내 안에 이미 와 계시는 성령님으로 인하여 내가 새로운 확증을 계속하여 받고 있습니다.

나의 있는 모습 그대로를 사랑하고 계십니다.

나는 하나님의 자녀입니다. 내가 태어나기 전부터 하나님은 나와 함께 계셨습니다. 성령님은 나의 어머니와 아버지와 함께 어머니 모태에서 나를 만드셨습니다.

그러므로 나는 소중한 존재입니다.

하나님은 나의 있는 모습 그대로를 사랑하십니다.

나는 충분히 하나님의 용납을 받을 자녀이며 사랑스런 존재입니다.

이 세상 누가 무엇이라고 하더라도 하나님은 나를 사랑하시므로 그 아들의 생명 값만큼 나를 소중히 대우해 주십니다.

이제 주님의 그 음성을 나의 온 가슴으로 간직하고 나의 육체 가운데 연약한 부분, 그분의 만짐이 필요한 부분을 주님의 손에 맡겨 주십시오.

지금 주님이 여러분의 연약한 부분을 만져주고 계십니다.

주님은 나의 모든 것의 모든 것 되십니다.

하나님의 영광, 하나님의 형상인 나!!

감사합니다. 주님! 이토록 나를 사랑하심 감사합니다.

모세가 자신의 연약한 모습을 바라보고 자신의 정체감이 혼돈되어 있을 때에

'내가 정녕 너와 함께 하리라'는 그 말씀으로 그가 주와 함께 일어나 주님의 길을 갔던 것처럼 이 시간도 나를 향하여 함께 하시는 주님의 그 음성으로 인하여 내가 주님의 길을 걷게 됨을 감사합니다.

이제 더 이상 이렇게 소중한 나를 무시하거나 미워하지 않겠습니다.

주님이 나를 귀히 여기시는 만큼 나를 소중히 여기겠습니다.

그리하여 내 속에 있는 옛 자아들이 죽고 내 옛 자아가 십자가에 못 박히는 과정들을 통하여 날마다 주 안에서 겸손하고 자유롭게 되어가는 하나님의 아름다운 자녀들되게 하셔서 감사합니다.

우리의 남은 시간들을 통하여 계속하여 일하여 주시옵소서.

우리와 함께 계신 주님 감사합니다. 예수님의 이름으로 기도합니다. 아멘.

말의 근원은 하나님이시며 하나님은 우리에게 말씀하십니다. 그 말씀이 현실이 되듯이, 하나님의 자녀인 우리도 하나님의 것을 선포할 때 동일한 역사를 창조해 낼 수 있는 능력과 권세가 있습니다. 우리는 하나님의 진리와 하나님의 선하심을 선포하는 자들 즉, 그리스도의 사신입니다. 우리가 하나님의 영을 충만히 담아서 축복과 생명의 말을 선포할 때 놀라운 역사가 이루어집니다. 우리로 인하여 우리가 가는 곳과 우리가 만나는 사람이 그리스도의 향기로 채워집니다. 이는 우리의 연약함을 인정하고 그리스도께서 내 안에서 향기를 피우실 수 있도록 주권을 내어 드릴 때 예수 그리스도와 하나 되는 삶입니다. 우리가 그리스도의 사신이라는 신분을 우리의 삶에 실현할 때 우리 안에 천국이 열립니다.

그리스도인이 가지고 있는 권세는 세상의 권세와는 달리 섬기는 자세와 축복을 흘려 보내는 것입니다. 언어뿐 아니라 우리의 손을 통해서도 하나님의 축복과 치료의 힘이 흐릅니다. 하나님께서 나를 존귀하게 여기신다는 것을 안다면 마찬가지로 타인도 존귀하게 여기신다는 것을 알게 됩니다. 타인을 판단하고 정죄할 수 있는 권한이 있는 자는 아무도 없습니다. 단지 우리는 그들에 대한 용서를 빌면서 그들의 매임을 이 땅에서 풀어주어 천국을 여는 자들입니다.

우리는 예수님의 생명 값만큼 소중할 뿐만 아니라, 하나님께서 아들을 보내신 것처럼 예수님이 우리를 보내셨습니다. 우리는 하나님의 생명이 있는, 하나님의 성품이 있는 자들이며 하나님과 동역하는 자들입니다. 말씀이 육신이 되어 우리 가운데 거하시는 성령님과 더불어 함께 사는 자들입니다.

1. 내가 평소에 가족에게 자주 사용하는 언어 중 저주의 언어들은 어떤 것이 있습니까?

2. 이것들을 축복의 언어로 바꾸면 어떻게 되겠습니까?

3. 나는 주님과 매일 어느 정도 동행하고 있습니까? 그분의 뜻을 묻고 음성을 듣는 일에 익숙해지려면 어떻게 하면 되겠습니까?

4. 지금도 생생히 아프게 기억나는 말은 어떤 것들이 있습니까?

5. 하나님의 선하심과 축복과 생명의 말은 어떤 말입니까? 나 자신과 이웃에게 선포합시다.

10강 용서 I
복음의 능력과 핵심

미움과 원망으로 가득 차 있는

마음을 안고 첫 시간 세미나에 참석했다.

너의 깨어진 형상이 나의 기쁨입니다.

말도 안 되는 말은 …

"남편의 약점이 나의 기쁨입니다"라고 선포했다.

웬말인가. 매주 부어지는 말씀은

내 어두운 영혼을 밝히는 빛으로 임하였고

내 인생이 남편 때문에 힘들다고 생각하고 미워하고 원망하던

내가 남편에게 오히려 미안하면서부터

내 안에 하나님의 나라가 임하기 시작했다.

강의 때마다 회개의 눈물 감사의 눈물이 범벅이 되면서

나는 점점 하나님의 형상으로 회복되어져갔다.

나는 이제 수면제를 먹지 않아도

하나님의 사랑의 품에서 단잠을 잘 수 있게 되었다.

하나님의 사랑에 감사하며 울보가 되었다.

"나는 하나님의 영광입니다"

* * 전도사

10강 용서 I
복음의 능력과 핵심

주여 몇 번이나 용서하여 주리이까?
(복음=인간을 향한 하나님의 용서하심)

그 때에 베드로가 나아와 이르되 주여 형제가 내게 죄를 범하면 몇 번이나 용서하여 주리이까 일곱 번까지 하오리이까 예수께서 이르시되 네게 이르노니 일곱 번뿐 아니라 일곱 번을 일흔 번까지라도 할지니라(마 18:21~22)

여러분의 삶 속에서 일흔번씩 일곱번을 용서하는 일이 가능한 일입니까?

*용서가 필요한 증상들
 ① 화가 자주 난다.   ② 어떤 사람은 피하고 싶어진다.
 ③ 오랫동안 말을 안 하고 사는 사람이 있다.   ④ 부정적인 기억이 많다.
 ⑤ 과거에 대해 기억하거나 말하고 싶지 않다.

그러므로 너희는 하나님이 택하사 거룩하고 사랑 받는 자처럼 긍휼과 자비와 겸손과 온유와 오래 참음을 옷 입고 누가 누구에게 불만이 있거든 서로 용납하여 피차 용서하되 주께서 너희를 용서하신 것 같이 너희도 그리하고 이 모든 것 위에 사랑을 더하라 이는 온전하게 매는 띠니라 그리스도의 평강이 너희 마음을 주장하게 하라 너희는 평강을 위하여 한 몸으로 부르심을 받았나니 너희는 또한 감사하는 자가 되라(골 3:12-15)

복음의 핵심을 구체적으로 표현하면 인간을 용서하신 하나님의 사랑이라고 말할 수 있습니다.

하나님의 백성은 하나님을 만나면서 살 수 있는 특권이 있습니다. 그러나 하나님을 뵙지 못하고 사는 이유는 모든 사람으로 더불어 화평의 관계가 깨어졌기 때문입니다. 관계가 깨어지면 서로에게 괴로움과 더러움을 받고 입히므로 하나님의 은혜에 이르지 못하게 될 뿐입니다.

거룩은 관계 안에서 이루어 집니다. 화평하지 못하면 거룩한 삶은 더럽혀질 수 밖에 없습니다.

용서의 능력

이 세미나의 주제는 치유 그리고 하나님 나라의 회복입니다. '용서'는 치유의 열쇠입니다. 회복으로의 여정에는 용서의 삶이 필수입니다. 은혜의 해, 하나님의 나라는 용서 없이는 불가능합니다.

용서는 희년 사역입니다.

주 여호와의 영이 내게 내리셨으니 이는 여호와께서 내게 기름을 부으사 가난한 자에게 아름다운 소식을 전하게 하려 하심이라 나를 보내사 마음이 상한 자를 고치며 포로된 자에게 자유를, 갇힌 자에게 놓임을 선포하며 여호와의 은혜의 해와 우리 하나님의 보복의 날을 선포하여 모든 슬픈 자를 위로하되 무릇 시온에서 슬퍼하는 자에게 화관을 주어 그 재를 대신하며 기쁨의 기름으로 그 슬픔을 대신하며 찬송의 옷으로 그 근심을 대신하시고 그들이 의의 나무 곧 여호와께서 심으신 그 영광을 나타낼 자라 일컬음을 받게 하려 하심이라(사 61:1-3)

예수님의 오신 목적을 예언한 이사야의 말씀을 예수님은 눅 4장에서 이 말씀을 읽으십니다. 예수님 자신이 오심으로 이 예언이 성취 되었음을 회당에 있는 자들을 주목하여 말씀하십니다. '오늘날 너희 귀에 이 말씀이 응하였느니라(눅 4:21)'

이 말씀의 성취는 예수님의 죽음을 통한 용서를 기초로 하고 있습니다. 마찬가지로

이 희년의 누림은 용서받은 나 자신이 용서하므로 가능해집니다. 용서는 생명이 자라는 거름이며 인간의 생명은 용서를 먹어야 자라게 됩니다.

용서는 결박을 풀어주는 능력입니다.

☞ **용서는 천국을 여는 열쇠입니다.**

> 내가 천국 열쇠를 네게 주리니 네가 땅에서 무엇이든지 매면 하늘에서도 매일 것이요 네가 땅에서 무엇이든지 풀면 하늘에서도 풀리리라 하시고(마16:19)

또한 용서는 영적 전쟁에서의 승리의 기초입니다.

용서하는 것은 하나님이 일하실 기회를 드리는 것이지만 용서하지 않는 것은 내가 그의 심판자가 되겠다는 것과 같습니다.

> 이 말씀을 하시고 그들을 향하사 숨을 내쉬며 이르시되 성령을 받으라
> 너희가 누구의 죄든지 사하면 사하여질 것이요 누구의 죄든지 그대로 두면 그대로 있으리라 하시니라(요 20:22-23)

성령을 받은 자는 형제의 죄를 대신지고 하나님께 나아가 대신 회개하므로 형제의 죄가 사함받도록 기도할 중보자로서의 권위와 책임이 부여됩니다. 죄사함을 구하지 않으면 죄가 그대로 있게되므로 그 죄의 결과, 죄의 영향력을 입을 수 밖에 없습니다.

> 무릎을 꿇고 크게 불러 이르되 주여 이 죄를 그들에게 돌리지 마옵소서 이 말을 하고 자니라(행 7:60)

스데반이 돌에 맞아 죽으면서 그들의 죄를 용서했습니다. 스데반의 용서로 인하여 스데반을 죽이는데 앞장섰던 사울이 구원을 받고 사도가 됩니다. 스데반의 용서로 땅에서 묶임을 풀어주므로 하나님께서 하늘에서 사울을 용서하시는 사건입니다.

용서는 하나님께 순복하겠다는 선택입니다. 나의 감정으로는 불가능합니다. 어느 누구도 자신의 힘으로 용서할 수 없으므로 우리가 할 수 있는 것은 용서를 선택하는

일입니다. 용서를 선택하는 것은 하나님의 사랑이 흘러가는 통로가 되어 서로 간에 맺혀있는 미움과 증오의 벽을 허물 수 있게 됩니다. 또한 용서를 선택하는 것은 하나님의 보호 장치 속으로 들어가는 것입니다. 용서하는 것은 상대를 나의 개인적인 심판에서 풀어주는 것이며 내가 하나님의 자리에서 내려오는 것입니다. 용서하는 것은 그 상황을 하나님의 심판에 맡기는 행위입니다.

용서하지 않으면

- 용서하지 않으면 상대의 죄의 결과를 먹고 살게 됩니다.
- 나도 용서하지 않은 죄를 범하게 되므로 하나님과 사이에 장벽이 생깁니다.
- 나를 손상시키고 다른 사람도 손상시킵니다.
- 거절감, 열등감 분노가 치유되지 않습니다.
- 용서의 대상을 주목하고 묵상하므로 정서적으로 그의 노예가 됩니다.
- 정서적 감옥에 갇히므로 안식과 자유가 없습니다.
- 기도가 응답되지 못합니다.
- 자기가 하나님의 용서를 경험하지 못하므로 어두움 가운데 머물 수밖에 없습니다.
- 용서하지 않으면 자신도 동일하게 상처를 줄 수 있고 그 대상이 없어져도 그 영향력은 결코 사라지지 않습니다.
- 성령의 열매를 맺을 수 없습니다.
  ☞ **용서하지 않으면 성령님의 용서를 경험할 수 없습니다.**

왜 용서하지 못할까요

자기를 용서하지 못하기 때문입니다. 하나님의 무조건적인 용서를 경험하지 못하였기 때문입니다.

용서는 마땅한 것

• 내가 용서 받았기 때문입니다.

    서로 친절하게 하며 불쌍히 여기며 서로 용서하기를 하나님이 그리스도 안에서 너희 를
    용서하심과 같이 하라(엡 4:32)

    ☞ 주기도 : 우리가 우리에게 죄지은자를 사하여 준 것 같이

• 1만 달란트라는 과장된 빚의 액수는 우리의 탕감 받은 죄의 크기입니다.

• 용서는 마땅한 것입니다.

    내가 너를 불쌍히 여김과 같이 너도 네 동료를 불쌍히 여김이 마땅하지 아니하냐 하고
    (마 18:33)

용서는 이렇게

• 상대의 잘못을 눈감아 주는 것이 아닙니다.

• 잘못 행한 자의 심리를 분석하여 이해하는 정도도 아닙니다.

• 상대의 잘못을 자신의 잘못으로 돌리는 것도 용서가 아닙니다.

• 일흔 번씩 일곱 번이라도 용서해야 합니다.

• 용서한 대상으로부터 아무것도 기대하지 말고 결과를 하나님께 맡겨야 합니다.

• 용서를 구하지 않더라도 용서하여야 합니다.

• 자기 잘못을 모르더라도 용서하여야 합니다.

• 용서한 사람을 축복하고 잘 되도록 기도하여야 합니다.

• 구체적으로 용서하고 하나님 앞에서 하나님의 용서를 받은 자로서 용서한다고
  선포하여야 합니다.

• 용서한 후 지나간 감정이 떠오를지라도 감정을 믿지 말고 마귀의 참소를 대적하고,
  끝까지 사랑하고 축복할 것을 선포하여야 합니다.

• 용서는 감정이 아니라 의지의 결단이요 순종입니다. 그리스도의 십자가를 통과한

눈으로 사람을 보아야 합니다.

- 자신을 용서하여야 합니다. 자신을 용서하지 않으면 타인을 용서할 수 없습니다.

용서해야 할 이유

- 예수님이 말씀하셨습니다.

  우리가 우리에게 죄 지은 자를 사하여 준 것 같이 우리 죄를 사하여 주시옵고(마 6:12)

- 하나님이 나를 용서하셨습니다.
- 하나님은 지금도 나를 용서하시고 계십니다.
- 용서하지 않으면 자신이 괴롭습니다.
- 다른 사람을 풀어주기 위해서 입니다.

  진실로 너희에게 이르노니 무엇이든지 너희가 땅에서 매면 하늘에서도 매일 것이요 무
  엇이든지 땅에서 풀면 하늘에서도 풀리리라(마18:18)

- 나를 위해, 나의 치유, 나의 자유, 나의 안식을 위하여 용서를 해야 합니다.

  용서하기 힘든 사람, 만나고 싶지도 않은 사람을 어떻게 긍휼하게 여길 수 있을까?

  일대일 관계인 나와 너만의 관계에서는 문제 해결이 쉽지 않습니다.
  [아래 그림]과 같이 나와 하나님과의 관계에서 먼저 봅시다.

십자가를 통과한 눈으로
상대를 보기

상대의 분노에 대하여 같은 영으로 반응하지 말라

악 ↔ 선   분노 ↔ (온유함)

하나님 은 우리를 보실 때에 아들의 생명으로 대가 지불하신 십자가를 통과한 눈으로 보십니다. 그러므로 현재 나 의 모습이 어떠하든지 아들의 생명 값만큼 나 를 소중히 보시고 사랑스럽게 보십니다.

그리하여 나 역시 십자가의 보혈, 완전하신 그 사랑에 의지함으로 담대히 하나님 께 나아갈 수 있게 되는 것입니다.

마찬가지로 하나님 께서 너 (상대)를 보실 때에도 역시 아들의 십자가 보혈을 통과한 눈으로 보시지요. 그러므로 하나님 의 사랑을 받고 있는 나 는 완전하신 그 사랑에 힘입어 너 를 사랑할 수 있게 되는 것입니다.

결국 나 도 너 를 십자가를 통과한 눈으로 바라보게 된다는 뜻이지요.

하나님 의 사랑을 제대로 알고 누린다면 이웃도 사랑하기 쉽다는 뜻입니다.

◆ 자신을 용서하라

나는 하나님의 사랑을 받을만한 자인가?

나는 하나님의 용서를 받을만한 자인가?

가장 큰 사랑은 용서받을 자격이 없는 사람을 용서하는 것이다.

♥ 용서의 목록 ♥

용서할 대상	상처내용 (무슨 일이 있었는가?)	감정과 생각의 영향력 (그것으로 인해 나는 어떤 느낌이 드는가?)	나는 순종하며 결단할 것인가? ☞언제: ☞어떻게:
	예)○○분노로 나에게 상처 주었어. 나를 거절했어.	예)실망감, 견딜 수 없는 마음, 방어하려는 마음, 불편한 마음, 적개심	

* 목록에 기록한 사건을 하나 하나 더듬어 가면서 기도하십시오.
  (상처 받을 때의 느낌을 생생하게 묘사하십시오.)

"하나님, 나는 (   )가 내게 (   ) 한 것에 대해 용서합니다."

* 당신의 상처를 주님이 짊어지시도록 그분의 십자가에 올려드리십시오.

우리가 용서하지 않으면 하나님께서 우리를 용서하심을 경험할 수 없고 하나님의 사랑과 자비, 인내와 긍휼을 경험할 수 없습니다. 또한 용서의 대상을 묵상하므로 정서적으로 타인과 나의 영이 묶여 감옥에 있기 때문에 안식과 자유가 없습니다. 또한, 나도 모르게 내 안의 상처 때문에 생긴 쓴 뿌리가 쓴 물을 내어 다른 사람에게 흘려보내게 됩니다. 하나님은 하나님의 영을 흘려보낼 통로로 우리를 지으셨기 때문에 우리가 용서하지 않으면 하나님의 은혜가 가로막혀 우리에게 닿지 못하게 됩니다. 그래서 하나님은 우리에게 '나 자신을 위해서' 용서하라고 말씀하십니다.

우리는 타인의 악한 영에 대하여 악한 영으로 반응하기 쉽고 사단은 계속해서 그 사람을 정죄하게 만듭니다. 우리가 하나님의 사랑과 자비를 선포하며 용서한다는 것은 그 사람의 결박을 풀어주고 합법적으로 그 사람 가운데 주인으로 일하고 있는 사단의 권세를 끊는 행위입니다. 또한 너희는 죄가 없어서 정죄하느냐고 물으신 예수님의 말씀을 기억해야 합니다. 우리가 남을 정죄하고 있을 때 우리는 사단을 변호하고 있는 것입니다. 정죄하지 않는다는 것, 용서한다는 것은 우리가 아닌 하나님께서 일하심을 믿는 의지와 선택의 결단이며 순종의 자세입니다. 가장 큰 사랑은 예수님께서 보여주신 용서받을 자격이 없는 사람을 용서하는 것입니다.

1. 내가 용서해야 할 가족은 누구입니까?

2. 내가 용서해야 할 이웃은 누구입니까?

3. 내가 용서해야 할 지도자는 누구입니까?

4. 나는 하나님이 나를 용서하셨듯이 (   )를 용서합니다.

나는 이 세상 누구와도 같지 않은 독특한 존재입니다

하나님 안에서 존재화
되어가고 있는 존재

Being in becoming

11강 용서 II
용서의 능력과 그 자유함

보라 너희가 금식하면서 논쟁하며 다투며

악한 주먹으로 치는도다 너희가 오늘 금식하는 것은

너희의 목소리를 상달하게 하려는 것이 아니니라

이것이 어찌 내가 기뻐하는 금식이 되겠으며

이것이 어찌 사람이 자기의 마음을 괴롭게 하는 날이 되겠느냐

그의 머리를 갈대 같이 숙이고 굵은 베와 재를 펴는 것을

어찌 금식이라 하겠으며 여호와께 열납될 날이라 하겠느냐

내가 기뻐하는 금식은 흉악의 결박을 풀어 주며 멍에의 줄을 끌러 주며

압제 당하는 자를 자유하게 하며 모든 멍에를 꺾는 것이 아니겠느냐

또 주린 자에게 네 양식을 나누어 주며 유리하는 빈민을 집에 들이며

헐벗은 자를 보면 입히며 또 네 골육을 피하여 스스로 숨지 아니하는 것이 아니겠느냐 그리하면

네 빛이 새벽 같이 비칠 것이며 네 치유가 급속할 것이며 네 공의가 네 앞에 행하고 여호와의

영광이 네 뒤에 호위하리니 네가 부를 때에는 나 여호와가 응답하겠고

네가 부르짖을 때에는 내가 여기 있다 하리라(사 58:4-9)

11강 용서 II
용서의 능력과 그 자유함

모든 사람과 더불어 화평함과 거룩함을 따르라 이것이 없이는 아무도 주를 보지 못하리라 너희는 하나님의 은혜에 이르지 못하는 자가 없도록 하고 또 쓴 뿌리가 나서 괴롭게 하여 많은 사람이 이로 말미암아 더럽게 되지 않게 하며(히 12:14-15)

용서를 통하여 관계 안에 이루어져야 할 하나님의 나라

여기 보면 여러분이 쓴 뿌리가 나서 괴롭게 하고, 또 많은 사람이 이로 말미암아 더러움을 입을까 두려워하라고 말씀하십니다. 우리는 관계를 떠나서는 살 수 없잖아요? 다른 어떤 괴로움보다 관계 안에서 오는 고통이 제일 힘든 것 같습니다. 우리는 하나님과의 관계를 떠나서도 살 수 없고 사람과의 관계를 떠나서도 살 수 없습니다. 우리가 이 사람이 싫어서 떠나보면 우리가 다른 관계 안에서도 찔림이 있습니다. 그런데 성경에서는 하나님 나라는 여기 있다 저기 있다 못하리니 어디 있다 말씀하십니까? 우리 안에 있다고 하십니다. 내 맘속에 이루어진 하나님 나라가 우리에게 임하셨다고 하시잖아요? 그런데 하나님 나라가 우리 관계 안에서도 흘러가야 하는데 하나님 나라가 우리 관계 안에서 흘러가지 못하는 것을 느낄 수 있습니다. 모든 사람으로 더불어 여러분 화평하시죠? 주님이 우리에게 부탁하신 화평함과 거룩함이 없으면 우리 안에서의 하나님 나라를 온전히 누릴 수가 없습니다. 우리는 하나님의 백성이기 때문에 하나님의 백성으로 누리는 것이 우리 삶에 있어서 당연한 것입니다. "화평함" 나는 모든 사람하고 화평한데, '딱 저 한 명 때문에 나는 너무 힘들어.' 근데 딱 한 명이지만 우리는 그 사람 때문에 너무 힘듭니다. 시어머니가 이미 돌아가셨는데도 지금의 현재는 과거처럼 고통스럽습니다. 그 사람이 내 곁에 없는데도 너무 힘듭니다. 관계 안에서의 화목이 없으면 우리안에 하나님의 나라가 설 수 없습니다. 그래서 오늘은 하나님께서 "너희가 정말 하나님 나라를 누리길 원하는데 그 막힘을 내가 좀 풀고 싶다"라고 말씀하고 계시는 것입니다.

천국은 용서로 이루어진다

그 때에 베드로가 나아와 이르되 주여 형제가 내게 죄를 범하면 몇 번이나 용서하여 주리이까 일곱 번까지 하오리이까 예수께서 이르시되 네게 이르노니 일곱 번뿐 아니라 일곱 번을 일흔 번까지라도 할지니라 **그러므로 천국은** 그 종들과 결산하려 하던 어떤 임금과 같으니 결산할 때에 만 달란트 빚진 자 하나를 데려오매 갚을 것이 없는지라 주인이 명하여 그 몸과 아내와 자식들과 모든 소유를 다 팔아 갚게 하라 하니 그 종이 엎드려 절하며 이르되 내게 참으소서 다 갚으리이다 하거늘 그 종의 주인이 불쌍히 여겨 놓아 보내며 그 빚을 탕감하여 주었더니 그 종이 나가서 자기에게 백 데나리온 빚진 동료 한 사람을 만나 붙들어 목을 잡고 이르되 빚을 갚으라 하매 그 동료가 엎드려 간구하여 이르되 나에게 참아 주소서 갚으리이다 하되 허락하지 아니하고 이에 가서 그가 빚을 갚도록 옥에 가두거늘 그 동료들이 그것을 보고 몹시 딱하게 여겨 주인에게 가서 그 일을 다 알리니 이에 주인이 그를 불러다가 말하되 악한 종아 네가 빌기에 내가 네 빚을 전부 탕감하여 주었거늘 내가 너를 불쌍히 여김과 같이 너도 네 동료를 불쌍히 여김이 마땅하지 아니하냐 하고 주인이 노하여 그 빚을 다 갚도록 그를 옥졸들에게 넘기니라 너희가 각각 마음으로부터 형제를 용서하지 아니하면 나의 하늘 아버지께서도 너희에게 이와 같이 하시리라(마 18:21-35)

마태복음 18장 말씀은 여러분들이 많은 설교를 들었을 것이고 잘 알고 있는 말씀입니다. 그런데 21절 보시면 베드로의 질문에 대해서 형제가 내게 죄를 범하면 몇 번 용서해 줄까요? 그렇게 물었을 때에 베드로는 일곱 번 용서해 줄까요? 라고 말했습니다.

베드로는 일곱 번이라고 했을 때 자신으로서는 아주 넉넉한 마음을 가지고 이야기했을 것입니다. 그런데 예수님께서는 일곱 번이 아니라 일곱 번을 일흔 번까지라도 할지니라고 말씀하십니다.

23절에 그러므로 천국은... 이라고 말씀하시고 그 비유를 설명하고 있습니다.

용서가 없는 곳에는 하나님 나라가 있을 수가 없습니다. 그러므로 천국은 이렇게 해야만 이루어질 수 있다.

그러므로 천국은 이런 것이다 라고 하십니다. 한 임금이 종들과 결산하려고 할 때에 한 종이 일만 달란트 빚을 졌습니다. 그래서 '네 처자와 네 재산과 네가 가지고 있는 모든 것과 네 몸까지 팔아서 갚게 하라'고 하나 그 종이 갚을 능력이 없습니다. 그런데 그는 '참아주소서. 내가 갚으리다.' 얼마나 불쌍하겠어요? '주여! 자비를 베푸소서. 주님! 내가 갚을 능력이 없습니다.' 이렇게 말하지 않고 '내가 갚으리다' 이렇게 하였어요. 그러자 임금이 보니까 갚을 능력이 없는데 갚겠다고 하니 어쨌든 임금이 그 빚을 모두 탕감해 주었습니다. 그리고 이 탕감 받은 종이 밖으로 나왔는데 누구를 만났습니까? 자기에게 백 데나리온 빚진 자기 동료를 만났습니다. 저기 보니 오고 있어요. '너 잘 만났구나.' 우리가 마음에 항상 빚이 져 있는 사람을 보면 그게 제일 먼저 생각나잖아요? '저기 오고 있구나!!'

그래서 만나자마자 **붙들어 목을 잡고** '너 빚 갚아' 이렇게 이야기했죠? 그러니까 백 데나리온 빚진 동료가 똑같이 얘기했습니다. 엎드려 간구하여 이르되 '나에게 참아주소서. 갚겠습니다.' 그런데 허락지 아니하고 어디에 보냈습니까? 옥에 가두어버렸습니다. 이 사실을 다른 동료가 듣고 임금에게 알렸어요. 그러니까 임금이 불러오너라 하고 '이 악한 종아! 네가 빌기에 내가 네 빚 전부를 탕감하여 주었는데, 네가 너에게 백 데나리온 빚진 동료 하나를 불쌍히 여기는 것이 마땅하지 아니하냐?' 하고 임금이 그를 옥졸들에게 넘겨버렸습니다.

나의 죄값의 크기

여기에 담긴 하나님의 비밀을 우리가 잘 알아야 합니다. 1달란트는 노동자 15년 품 삯입니다. 그러면 1만 달란트는 15만 년 일해야 벌 수 있는 액수입니다. 이것이 우리의 죄의 크기입니다. 그런데 여기서 또 말씀하시기를 백 데나리온은 그냥 평범한 직장인이 100일 정도 일을 하면 갚을 수 있는 그런 빚입니다. 근데 우리는 그 많은 일만 달란트를 탕감받았음에도 얼마나 큰 은혜를 입었는지를 우리가 잘 실감하지 못하는 것 같습니다. 액수가 너무도 많아서 실감이 안 나는지는 모르겠지만 우리는 그큰 1만 달란트도 탕감받은 자들입니다. 주님 말씀하시기를 내가 너희들에게 탕감해 준 액수는 일만 달란트다. 그리고 너희끼리 짓는 죄는 백 데나리온이다.

주님이 용서하지 않는 우리에게 그렇게 말씀하고 계십니다. '이 악한 종아!' 우리가 용서하지 않으면 하나님 보시기에 악하다고 하셨습니다. 여러분! 왜 악한지 말씀을 다 듣고 난 뒤에 알게 될 것입니다. 우리가 '나는 이 죄지었구요. 이 죄지었구요'라고 회개하는데 내가 용서해 주지 않은 영혼들에 대해서는 크게 마음의 죄라고 생각하지 않고 억울하다고만 생각하고 있습니다.

용서하지 않으면 정서적 종이 됩니다

그런데 여기서 주님이 말씀하시기를 악한 종아! 내가 너의 빚을 탕감해 주었으면 너도 탕감해 주는 것이 마땅하다. 너는 왜 그러지 않았느냐 하고 옥졸에게 같이 붙여버렸습니다. 하나님이 우리에게 하시는 말씀은 우리가 사람을 용서하고 있지 않으면 우리가 그 사람의 노예가 된다고 말씀하시는 것입니다.

우리가 용서하지 않고 있을 때에 그 사람이 '나는 저 사람 때문에 상처 입었어. 저 사람은 나에게 빚을 졌어.' 우리 마음에는 나도 모르게 많은 사람의 목을 잡고 있습니다. '너 나에게 빚졌어, 갚아야 돼' 아프면 그 생각이 납니다. 무엇을 잘해줘도 '너 나한테 앞으로 갚을 거 있어. 너 나한테 잘못한 거 진짜 많아.' 무의식 속에서도 어떤 사람에 대해서 사랑한다고 말하지만 우리의 깊은 내면에는 빚에 대해서 따~악 목을 잡고 있습니다. '너 갚아야 돼. 너 이렇게 잘못했어.' 우리도 모르는 사이에 이런 마음이 들어있습니다. 그 악한 행위를 한 사람에 대해서 우리가 용서하지 않으면 그 영에 대해서 같이 사로잡히게 되어있습니다. 우리는 같이 정서적으로 노예가 되어있습니다. 우리가 용서하지 않고 있으면 나도 모르는 사이에 그 사람의 행위와 얼굴이 떠오르면서 괘씸하고 밉고 했던 말이 생각납니다. 우리가 다른 사람을 용서해 주지 않고 있으면 우리가 그 사람의 정서적인 노예가 됩니다. 그래서 같이 옥졸에게 붙여집니다. 그것은 영의 원리입니다. 하나님께서 말씀하시기를 탕감받았기 때문에 그것을 풀어주지 않으면 우리는 같이 감옥에 들어가게 되는 것입니다. '그래. 나 감옥에 들어가도 좋다. 같이 가서 있자. 네가 한 행위를 생각하면 너도 감옥에 있고 나도 있자.' 우리는 그러고 싶을 수도 있습니다. '내가 좀 힘들어도 너 좀 고생하는 것 보고 싶다.' 우리 심보가 그러고 싶습니다. 내가 조금 뒤에 용서하고 싶고 조금 더 애를 먹이고, 그의 목을 조금 더 더 흔들고 싶은 심보가 우리에게 있습니다.

용서하지 않으면 기도가 응답되지 않습니다

우리가 정서적으로 같이 묶여 있으면 서로의 영이 묶여 있기 때문에 우리가 하는 기도가 응답되지 않습니다. 그게 하나님의 원리입니다. 네가 전심으로 형제를 용서하지 아니하면 나도 너희에게 이와 같이 할 것이다. 하나님께서 듣지 않겠다고 말씀하고 있습니다. 그러면 우리는 상처 입은 것도 억울한데 하나님께 기도 응답도 받을 수 없습니다.

용서하지 않으면 하나님의 성품을 경험할 수 없습니다

하나님은 우리를 사랑하시고 자비하시고 오래 참으시고 긍휼이 많으시지만 우리가 상대방을 용서하지 않을 때 하나님의 용서하심을 경험할 수가 없습니다. 우리가 그런 상처를 받고 용서하지 않을 때는 동일한 상처를 상대방에게 주기 쉽습니다. 우리가 상처를 받았으면 상처준 그 사람에게 '난 당신 때문에 이렇게 상처를 받았어요' 하고 가만히 있는 것이 아니라 나도 모르게 생긴 쓴뿌리가 다른 사람에게 또 쓴물을 내게 되어있습니다. 그래서 동일한 죄를 또 다른 사람에게 흘려보낼 수가 있습니다. 그러면 나로 인하여 상처받은 사람이 또 나를 향해 묶어 놓는다면 우리는 이중적으로 묶이는 것입니다. 우리가 용서하지 않았을 때 하나님께서 용서하라고 하면 억울합니다. '주님 나 너무 억울해요.' 이것을 바로 용서하기에는 나는 너무도 억울합니다.

나 자신을 위해서도 용서해야만 합니다

그러나 주님은 우리를 향해서 너를 위해서 **제일 먼저 너를 위해서** 하라고 말씀하고 계십니다. 우리는 너무 억울하고 아픕니다. 그런데 주님은 그렇게 하지 않으면 우리가 더 다치고, 우리에게 하나님의 긍휼과 자비가 흐르지 않고, 우리가 더 상하는걸 아시기 때문에 우리를 위해서 하라고 말씀하십니다. '아버지의 자비하심으로 용서해라. 네가 너무 상한다.' 그렇게 말씀하고 계십니다. 하나님이 우리를 위해서가 제일 먼저다 하시는데 '억울해요 하나님 풀어주라니요' 그럴 수 있습니까? 요나는 니느웨 성에 가서 회개를 선포하라니까 아버지는 자비롭고 은혜롭고 인애 하시고 노하기를 더디 하시고 분명히 회개하면 용서해 줄 것이다. 그래서 다시스로 가버렸습니다. 우리 안에는 요나와 같은 심보가 있을 수 있습니다. 그럴지라도 **'제일 먼저 너를 위해서다'**라고 하시는 아버지의 사랑으로 우리가 받아들이면 좋겠습니다.

주께서 가르쳐주신 기도에서도

우리 그리스도인들이 거의 매일 하고 있는 주기도문을 보면 '하늘에 계신 우리 아버지여 이름이 거룩히 여김을 받으시오며 나라가 임하시오며 우리가 우리에게 죄 지은 자를 사하여 준 것 같이 우리 죄를 사하여 주시옵고~'에서 너에게 잘못한 사람에게 용서를 구해라 그게 아니고 매일 우리에게 반복해서 주신 기도문이 나에게 피해 준 사람을 용서하라고 말씀하고 계십니다.

영의 원리에서 죄는 빚입니다. 여러분, 제가 만약 집사님에게 돈을 백만 원을 빌렸으면 '집사님 요즘 저의 사정이 어렵거든요. 좀 없던 걸로 해주세요. 제가 사정이 어려우니까 백만 원 안 빌린 걸로 해주세요.'라고 제가 아무리 얘기해도 집사님이 '안돼요. 나도 어려워요.'하고 내놔라 하면 저는 내놔야 됩니다. 이유가 없는 것입니다.

치유와 회복의 열쇠는 피해자에게 있습니다.

그런데 이것은 열쇠가 피해를 받은 우리에게 있다고 말씀하시는 것입니다. 우리가 먼저 풀어주지 않으면 **자유**할 수가 없다는 것입니다. 그것이 원리입니다. 우리가 그 사람을 용서해주는 것이 용서의 법칙의 **첫 번째** 입니다. 우리가 우리에게 죄 지은 자를 사하여 준 것 같이 우리 죄도 사하여 주옵소서. 이렇게 기도하라고 말씀하셨습니다. 우리에게 앞부분을 무시하고 용서해라 그렇게 말씀하지 아니하고 주님이 열쇠가 우리에게 있다고 말씀하시는 것입니다. '용서해줘. 너에게 달려 있다.' 그렇게 말씀하고 계시는 거예요.

우리가 하나님이 우리에게 주신 용서를 흘려보내지 않을 때에는 하나님의 성품을 경험할 수가 없습니다. '예수 믿으세요. 하나님께서 우리 죄를 **용서하셨어요.**'라고 용서의 복음을 외친다는 것은 우리 삶 가운데에 아버지의 자비하심이 나타나지 않으면 주님의 용서의 복음을 우리 입으로 말하는 것만으로는 너무도 불충분합니다. 이 땅에 진리의 말씀은 너무도 많이 쏟아져 나오고 있지만 하나님의 성품을 이 땅에 가진 자가 그리 많지 않다는 생각을 제가 가지게 되었습니다. 얼마나 많은 정보들이 있고 좋은 메시지가 많습니다. 하지만 은혜가 충만한데 정말 아버지의 마음을 가진 자가 이 땅에 얼마나 있을까요?

우리 인간은 사랑을 먹지 않으면 사람이 될 수 없도록 만드셨습니다. 우리가 사람이 된다는 것은 하나님의 영을 받지 않으면 사람은 결코 변화될 수가 없습니다. 그런데 우리는 많은 진리로 판단합니다. '이것은 옳습니다. 당신은 틀렸고 이렇게 해야 됩니다.' 그러나 많은 판단이 그 사람을 깨우치고 살릴 수 있는 것은 아닙니다.

하나님의 영을 만나야 합니다. 하나님을 만나는 통로로 우리를 부르셨습니다. 그래서 용서의 영이 우리를 통해 흘러가야 됩니다. 잔소리로는 변화되지 않습니다. 우리는 말로 말미암아 변화되지 않는다는 것입니다. 하나님의 성품을 우리가 가로막고 있기때문에 우리도 하나님의 성품을 경험할 수가 없습니다.

'은혜롭고 자비하시고 인애하시고 긍휼이 크신 하나님!' 우리는 이렇게 말은 하지만, 하나님을 어떤 분으로 알고 있습니까? 사랑의 하나님인 것 같은데 사랑은 안 느껴지고 긍휼의 하나님을 부르지만 긍휼이 무엇인지 잘 모릅니다. 그래서 '여호와의 선하심을 맛보아 알지어다' 그렇게 말씀하십니다. 그것은 우리가 흘려보낼 때 흘러오게 됩니다. 우리가 용서하지 않을 때는 하나님과의 관계가 막혀있을 수밖에 없습니다. 우리는 하나님과 통하지 않으면 너무너무 고통스럽습니다. 그 사람 때문에 나와 하나님과의 관계가 막히고 모든 관계도 막힌다면 너무 억울하잖아요. 그렇기 때문에 하나님은 풀어 줘라 내가 너에게 나의 선하심을 맛보게 해주고 싶다고 말씀하십니다. 그래서 우리가 용서하지 않으면 노예가 될 뿐만 아니라 하나님을 경험할 수 없고, 동일한 범죄 가운데 있게 됩니다. 또 **요한일서**에 보면 **네가 형제를 사랑하노라 하고 그 형제를 미워하면 어둠 가운데에 있고 어둠이 그 사람을 막아서 다닐 길을 알지 못하느니라** 말씀하셨습니다. 너희가 입으로 아무리 형제를 사랑하고 네가 나를 사랑한다 할지라도 네 가운데 보이는 형제를 사랑하지 않으면 거짓말이다. 그 빛이 차단되어서 어둠 가운데 다닌다고 했습니다. 이것은 놀라운 진리입니다. 우리가 이 땅에서 개인적으로 많이 기도하고 애쓰고 부르짖고 기도 제목들을 올리지만 무엇인가 갑갑하고 풀리지 않는 것이 있습니다. 그 이유는 우리 가운데에 하나님의 은혜의 강물이 흐르지 못하게 하는 어떤 무엇인가 있다는 것입니다. 그래서 하나님이 우리에게 용서하라고 말씀하십니다.

우리가 용서할 때에 어떤 능력이 일어날까요? 용서하고 싶지만 우리의 힘으로는 잘되지 않습니다. 성경에서도 하나님의 영으로 말미암지 않고는 하나님의 말씀에 굴복할 수 없다고 말씀합니다. 그래서 우리 힘으로 할 수 없습니다. 용서는 하나님의 영입니다. 우리가 하고 싶어서 '내가 해야지' 하고 해보지만 잘되지 않습니다. 이것은 거룩하신 하나님의 영입니다.

상처를 주고 받는다는 것은

그 사람에게 죄를 입힌다는 의미입니다. 우리가 어떤 죄를 지을 때 그 죄는 사단이 활동할 수 있는 합법적인 기반을 깔아주는 것입니다. 누군가에게 상처를 주는 행위는 사단이 합법적으로 그 사람 가운데에 들어와서 일할 수 있는 권리를 제공하는 결과가 됩니다.

한 사람이 죄 가운데 있을 때 우리가 그것을 허락하면 사단이 우리 교회 가운데 들어와서 합법적으로 우리를 더럽히게 되어있습니다. 이것이 영의 원리입니다. 만약에 나 혼자 우리 가정에서 믿고 내가 어떤 지역, 영역에 들어갔고 나머지 모두가 어둠의 영역일 때도 똑같은 원리가 적용됩니다. 그래서 아무리 어둠이 많다 할지라도 내가 들어가서 나의 권리를 주장할 수 있다고 선포하면서 이 영역과 이 사람 안에서 나는 하나님 나라가 이루어지게 할 것이다 선포할 때 그것이 능력이 되는 것입니다.

우리가 어떤 사람을 용서해준다는 것은 그 사람의 결박을 풀어주는 행위입니다.

어떤 사람이 죄를 지으면 사단이 합법적으로 그 사람 가운데 권위가 생기기 때문에 그 사람은 죄의 올무에 들어가게 됩니다. 우리가 한두 번 짓는 죄에 의해서 상처를 입게 되지만, 우리가 반복해서 죄를 지으면 이 사람 가운데 하나의 묶임이 생깁니다. 그 사람이 죄를 지었기 때문에 사단이 합법적으로 그 사람 가운데에서 주인으로서 일하게 되어 있습니다. 그래서 이 사람 안에는 묶임이 있습니다. 우리가 그 사람을 용서해 줄 때 그 묶임이 풀어진다고 말하고 있습니다. 똑같은 원리입니다.

풀어놓아 다니게 하라

묶여 있는 자는 스스로 풀 수 없습니다.

반복적으로 죄를 짓는 사람에 대하여 변화를 요구 하지만 잘 되지 않습니다. 사실은 이 묶임이 나중에 가면 자기로서도 어떻게 할 수 없습니다. 우리가 그 사람에게 있어서 빚을 내놓으라고 할 때에 그 사람에게는 당장 갚을 수 있는 능력이 없습니다. 우리가 기다려주고 이 용서의 능력 권세를 가지고 나아가야 합니다. 우리는 잘못을 저지르고 있는 사람을 사랑으로 대하기가 쉽지 않습니다. 어둠이 그 사람을 씌우고 있기 때문입니다. 우리가 뭐가 씌였다는 말을 하죠? 어둠이 그 사람 가운데에 권위를 가지고 있기 때문에 어둠의 영으로 인하여 그 사람을 사랑으로 대할 수 없습니다. 자꾸 밉습니다. 참 미운 사람이 있습니다. 죄를 지으면 악한 영이 그 사람 가운데에 주인으로 권위를 차지하고 있기 때문에 우리가 같은 영으로 반응하기가 쉽습니다. 저 사람이 탁하면 우리도 탁 튀고 싶은 것은 영적인 영향력입니다. 이 사람이 그런 영에 묶여 있기 때문에 우리가 하나님의 긍휼로 다가가기가 쉽지 않습니다. 그렇기 때문에 사단은 계속해서 그 사람을 정죄하게 만듭니다. '봐! 또 봐라 또 했다!' 이런 맘이 우리 안에 들어올 수 있습니다. 그 사람의 영적상태입니다.

천국을 여는 우리의 권세

　그럴 때 우리가 주장할 수 있는 권리를 선포하는 것입니다. "이 사람을 정죄하던 어둠의 세력들아! 예수 그리스도의 십자가의 피가 이 사람을 자유롭게 하였다! 내가 이 사람에 대해서 나도 정죄하지 않는다!" 선포하면 사단이 이 사람 가운데에 묶었던 모든 권리에 대해서 포기하고 결박과 사단의 권세가 끊어지게 됩니다. 단지 **용서한다는** 차원이 '네 잘못을 봐줄게. 다시 기억을 하지 않을게.' 그 차원이 아니라 **그 사람 가운데에 역사하고 있는 사단의 활동을 꺾는 행위가 되는 것입니다.** 우리는 꺾었다가도 다시 반복적으로 일어날 수 있습니다. 그렇기 때문에 계속적으로 용서를 선포해야 합니다. 이 묶여 있었던 결박이 꺾여 졌지만 사단이 쉽게 떠나지 않습니다. 그래서 반복적으로 그 사람에 대해서 자꾸 선포하고 하나님이 그 사람을 자유롭게 해주셨다고 선포해야 됩니다.

묶고 푸는 권세

　내가 천국 열쇠를 네게 주리니 네가 땅에서 무엇이든지 매면 하늘에서도 매일 것이요 네가 땅에서 무엇이든지 풀면 하늘에서도 풀리리라 하시고(마 16:19)

묶고 푸는 법칙이 땅에서 먼저 풀면 하늘에서도 풀겠다고 말씀하고 있습니다. 예수님이 부활하시고 나서 제자들에게 오셔서 숨을 내쉬고 가라사대 **'성령을 받으라. 네가 누구의 죄든지 사하면 사해지고 그대로 두면 그대로 있으리라.'** 하셨습니다. 이것이 우리에게 주신 권세요 놀라운 권위입니다. 우리가 죄에 대해서 풀어주면 사하여질 것이라고 하셨습니다. 네가 풀어야 하늘에서도 푸신다 이것이 영의 원리입니다. '하나님 이것 해주세요.' 기도해도 우리가 묶고 있기 때문에 결코 그 일이 일어나지 않는다는 것입니다. 그래서 매고 푸는 권세가 우리에게 주어졌습니다. 그래서 예수님께서 천국 열쇠를 누구에게 준다고 얘기했습니까? 천국 열쇠는 우리에게 있습니다. 여러분!

천국 열쇠 가지고 있습니까? 우리는 '아파트 열쇠 잘 넣었나? 차키가 잘 있나?' 확인은 하면서 천국 열쇠는 어디 있는지 잊어버리고 살 때가 더 많습니다. '천국열쇠를 내가 너희에게 준다. 열어라, 네가 땅에서 열면 하늘에서도 열릴 것이다. 네가 묶으면 묶일 것이다.' 풀어줘야 됩니다. 그래서 용서하면 그 결박이 풀릴 것이라고 아버지께서 말씀하셨습니다. 위대한 아버지께서 우리에게 주신 권세입니다. 그래서 여러분 우리가 용서할 때 그 사람의 묶임이 풀려진다는 것입니다. 그래서 어둠에 씌인 그들을 향해서 요구하지 마세요. 그들은 갚을 능력이 없습니다. 그러나 우리가 풀어주고 기다려주면 갚을 수 있습니다. 우리가 일만 달란트는 갚을 수 없지만 백 데나리온은 우리가 기다려주고 긍휼을 베풀어주면 그 사람도 회복됩니다. 기다려주는 것이 결박을 풀어준다고 성경이 말하고 있습니다.

> 서기관들과 바리새인들이 음행중에 잡힌 여자를 끌고 와서 가운데 세우고 예수께 말하되 선생이여 이 여자가 간음하다가 현장에서 잡혔나이다 모세는 율법에 이러한 여자를 돌로 치라 명하였거니와 선생은 어떻게 말하겠나이까 그들이 이렇게 말함은 고발할 조건을 얻고자 하여 예수를 시험함이러라 예수께서 몸을 굽히사 손가락으로 땅에 쓰시니 그들이 묻기를 마지 아니하는지라 이에 일어나 이르시되 너희 중에 죄 없는 자가 먼저 돌로 치라 하시고 다시 몸을 굽혀 손가락으로 땅에 쓰시니 그들이 이 말씀을 듣고 양심에 가책을 느껴 어른으로 시작하여 젊은이까지 하나씩 하나씩 나가고 오직 예수와 그 가운데 섰는 여자만 남았더라 예수께서 일어나사 여자 외에 아무도 없는 것을 보시고 이르시되 여자여 너를 고발하던 그들이 어디 있느냐 너를 정죄한 자가 없느냐 대답하되 주여 없나이다 예수께서 이르시되 나도 너를 정죄하지 아니하노니 가서 다시는 죄를 범하지 말라 하시니라(요 8:3-11)

죄 없는 자가 돌로 치라!

간음한 여자와 예수님 사이에서 돌을 놓고 비켜주십시오. 당신이 하나님의 자리에 있지 말고 예수님께서 그 여자만 대면하도록 하십시오.

우리가 정죄의 돌을 들고 있는 한 주님은 일하시지 않습니다.

용서에 관한 간증입니다.

남의 일처럼만 보였던 일이 우리 가정에 일어났다. 결혼 13년에 두 딸을 둔 작은 아주버님이 가출하였다는 것이다. 그것도 두 아이의 엄마인 유부녀와 눈이 맞아 도망을 갔다는 소식에 식구들 모두 믿기지 않은 충격 속에 분노하였다.

평소에 자신의 심한 열등감과 부드럽지 못한 아내에 대한 불만이 많았지만 이렇게까지 일을 벌일 줄은 상상도 못했다.

마냥 착한 아들로만 여겼었던 시부모님들은 실망과 분노의 배신감으로 괴로워했고 부부가 서로 자녀양육권을 포기하며 서로 원망하며 원수가 되어가는 상황으로 인해 가족 모두는 원망과 근심의 어두움에 눌리게 되었다.

집을 나가는 날부터 아주버님은 형제들에게 전화하여 돈을 요구해오자 속는 셈 치고 조만간에 돌아오리라는 기대로 인해 몇 차례 돈을 보내기도 했지만 시간이 갈수록 변화의 기미는커녕 더 완고해져 가는 태도에 진절머리를 치는 가족들도 두 손을 들고 이젠 더 이상 이 문제에서 손을 떼기로 가족 모임에서 결정했다.

상대방 남편은 간통죄로 고발을 했고 작은 동서도 포기한 채 밤낮 두 아이의 학비와 생활비를 위해 새벽부터 늦은 밤까지 공장에 나가 일을 하며 남편에 대한 증오를 키워가고 아이들의 아버지에 대한 불신은 높아져만 가고 있었다.

어느 날 작은 동서에게 가정의 소중함과 하나님 없는 인간은 결국 이럴 수밖에 없는 완악한 죄인임을 설명하며 형님께서 기다린다면 꼭 돌아오실 거라고 확신 있게 설득하자 그때까지 기다릴 수 있을지 모르겠다며 고마워하였다.

아비에 대한 죗값을 받는 듯 죄 없는 두 아이마저 미움의 대상으로 전락하자 우리 부부는 어떻게 해야 할지 하나님께 묻게 되었고 믿은 지 얼마 되지 않은 시어머님께도 아들을 용서하는 것은 하나님께서 일하실 수 있도록 기회를 드리는 일이라고 말씀드리고 우리가 중보 기도하도록 이 말씀으로 인도하여 주셨다.

마태복음 6장에 간음하다 현장에서 붙잡혀온 여인을 향해 돌로 칠 준비를 하고는 예수님을 시험하려고 당당히 나아와 '이 여자가 간음하다 현장에서 잡혀 왔으니 당신은 어찌하려느냐?'라고 묻는 무리에게 주님은 '죄 없는 자가 돌로 치라' 하시고 이 말에 어른에서부터 젊은이까지 하나씩 하나씩 물러가고 **오직 예수님과 여자만 남았더라** 그때에야 비로소 예수님께서 그 여인을 향해 '여자여! 너를 정죄하던 자가 어디 갔느냐? 나도 너를 정죄하지 아니 하노니 다시는 죄를 범하지 말라'

누가 먼저 돌을 놓고 물러가야 하는지 분명한 음성이었다. 너희 중에 나의 자비가 필요하지 않는 자가 돌로 치라는 것이다. 자비가 필요없는 사람인 것처럼 온 가족이 돌을 들고 정죄하고 있었다.

오직 예수님과 죄인이 일대일로 서도록 우리 모두는 물러나야 한다.

그때에야 비로소 '아들아! 나도 너를 정죄하지 않는다. 다시는 죄를 범하지 말라' 는 음성을 들을 수 있고 그 음성만이 그를 변화시킬 수 있는 것이다.

어느 날 들려온 시어머니의 눈물 섞인 한 마디는

"아들이 돌아왔단다." 우울증에 걸려 죽어가던 동서형님도 회복되어 살도 찌고 성격도 부드러워지고 부부관계가 회복되어지니 정신과 치료가 필요했던 아이들도 회복되었어요.

주님은 말씀하십니다. "나와 그 간음한 자와 일대일로 만날 수 있도록 자리를 내어주겠니?" 우리가 용서한다고 말하고 있지만 사실은 용서가 마음속에 되지 않고 있습니다. 조금 참아주는 것입니다. '내가 여섯 번 참았다', '내가 여섯 번이나 참았는데 이젠 못 참아' 여섯 번 참은 것은 여섯 번 동안 돌을 들고 이를 갈고 있었던 것입니다. 그 일곱 번째는 여섯 번까지 쌓아 두었던 용서가 아니고 칼을 갈고 있는 것입니다. 돌멩이를 꼭 쥐고 일곱 번째 던질 때는 가속도가 붙습니다. 쏘아대는 것입니다. 폭발합니다. 하나님이 그 사람 가운데서 일하길 원하지만 우리가 정죄의 돌멩이를 쥐고 있는 한은 주님이 일하시지 않는다는 것입니다.

'나는 영적으로 성숙해. 나는 잘 믿고 있어.' 그렇게 말할 수 있다는 것은 한 사람의 있는 모습 그대로를 내가 얼마만큼 품을 수 있고 내가 용납할 수 있는가와 비례합니다. 이것이 내 신앙의 성숙도입니다. 우리가 하나님 앞에서 아무리 믿음이 있고 천사의 말을 하고 예언하는 능력이 있고 산을 옮길 만한 믿음이 있다 할지라도 그 안에 사랑이 없으면 아무것도 아니라고 말씀하셨습니다. 사랑은 하나님께 속하였기 때문에 이 사랑의 능력은 사람을 품고도 남을 수 있습니다.

> 빛 가운데 있다 하면서 그 형제를 미워하는 자는 지금까지 어둠에 있는 자요 그의 형제를 사랑하는 자는 빛 가운데 거하여 자기 속에 거리낌이 없으나 그의 형제를 미워하는 자는 어둠에 있고 또 어둠에 행하며 갈 곳을 알지 못하나니 이는 그 어둠이 그의 눈을 멀게 하였음이라(요일 2:9-11)

용서하지 않는 자는 어두움 가운데 있는 자요 그의 형제를 미워하는 자는 그 미움이 자신에게 올무가 되어 그 자신의 눈을 멀게 하므로 갈 곳을 알지 못하고 헤매는 자가 되게 합니다. 하나님의 용서를 받은 자는 용서하고 하나님의 사랑을 받은 자는 사랑해야 마땅한 일입니다.

> 믿음이 강한 우리는 마땅히 믿음이 약한 자의 약점을 담당 하고 자기를 기쁘게 하지 아니할 것이라(롬15:1)
> 그러므로 그리스도께서 우리를 받아 하나님께 영광을 돌리심과 같이 너희도 서로 받으라 (롬 15:7)

여기 롬15:1에서 믿음이 강한 자가 약한 자의 약점을 "담당"하고 라는 말씀은 이사야 53장 6절 말씀에 우리 무리의 죄악을 그에게 "담당"시키셨도다는 말씀과 동일한 단어입니다. 실상은 그가 많은 사람의 죄를 "지며"(사53:12)라는 말과도 동일합니다. 이 담당하다 죄를 지다 라는 말씀은 용서의 또 다른 중보자적 의미이며 믿음이 강한 자는 약한 자의 약점을 담당하고 자기를 기쁘게 하지 말라고 말씀하십니다.

롬15장7절 말씀에서 그리스도께서 우리를 받으셨다는 말씀은 그리스도께서 용서하시므로 죄를 짊어지셨다는 뜻이며 곧 주께서 우리를 용서하시므로 하나님께 영광을 돌리심과 같이 너희도 서로 용서하라(곧 받으라)고 말씀하십니다.

1. 죄 없는 자가 돌로 치라는 말씀은 당신에게 어떤 메시지로 다가옵니까?
2. 내가 예수님과 누구와의 사이에서 돌을 들고 있습니까?
3. 내가 풀어 놓아 다니게 해야 할 사람은 누구 입니까? 내가 목을 붙잡고 있는 대상은 누구 입니까?

나는 나의 능력과 소유에 상관없이 소중한 존재입니다

하나님 안에서 존재화
되어가고 있는 존재

Being in becoming

12강
여성의 존재론적 정체감
부부연합의 비밀

*내 아들아 네가 혼자 있는 것이 좋지 않구나.

내가 너를 위해 너와 교제할 배필을 만들어 주겠다.

너와 닮았지만 네가 아닌 그런 존재를 말이다.

너 자신의 열정을 쏟아 부을 대상을 너에게 줄 텐데,

이것을 하려면 방법은 하나 밖에 없구나.

그것은 너에게서 일부를 떼어 또 다른 존재인 그녀가 생겨날 것이다.

그녀는 '또 다른 형태의 너'가 될 것이고 억제할 수 없는

너의 열정이 흘러나갈 대상이 될 것이다.

너는 그녀를 사랑하는 존재가 되고 그녀는 너의 사랑을 받을 존재가 될 것이다.

실로, 네가 내 열정을 너에게 돌려주었듯이

그녀도 너 자신의 열정을 너에게 다시 돌려주게 될 것이다.

(창 2:18 / 롬 5:14 / 엡 5:31~32)

* 『영원에서 지상으로』 대장간, 프랭크바이올라, 45p

12강 여성의 존재론적 정체감
부부연합의 비밀

여성의 창조적 정체성

이 책은 하나님의 나라의 삶을 여러 주제들로 접근하고 있습니다만 결국 또 중요한 핵심 중 한 가지는 '나는 누구인가' 입니다. 내가 누구인가 하는 정체성의 기초는 '남성', '여성' 이라는 성 정체성입니다. 성 정체성은 인간의 관계형성과 삶에 중요한 근간입니다.

사랑하는 여성 여러분! 여러분은 자신의 여성됨을 자랑스럽게 생각하십니까?

남성 여러분은 자신의 남성됨을 좋아하십니까?

이 강의에서 다루는 여성의 정체성 안에 남성의 정체성을 굳이 말하지 않아도 남성의 정체성이 이미 함축된 내용입니다.

많은 여성들은 자신의 여성됨을 좋아하지 않습니다. 그래서 저는 여성학, 창조적 여성의 정체성을 강의하는 것을 신나게 생각합니다.

여성의 존재론적 탁월성

하나님의 최후의 걸작품. 여성!! 그는 누구인가?

아침 빛 같이 뚜렷하고 달 같이 아름답고 해 같이 맑고 깃발을 세운 군대 같이 당당한 여자가 누구인가(아 6:10)

"그가 곧 나입니다." 라고 크게 선포해 봅시다.

그가 곧 나입니다!

에제르

> 여호와 하나님이 이르시되 사람이 혼자 사는 것이 좋지 아니하니 내가 그를 위하여 돕
> 는 배필을 지으리라 하시니라 여호와 하나님이 흙으로 각종 들짐승과 공중의 각종 새를
> 지으시고 아담이 무엇이라고 부르나 보시려고 그것들을 그에게로 이끌어 가시니 아담
> 이 각 생물을 부르는 것이 곧 그 이름이 되었더라 아담이 모든 가축과 공중의 새와 들의
> 모든 짐승에게 이름을 주니라 아담이 돕는 배필이 없으므로(창 2:18-20)

여기서 **돕는 배필인 에제르 케네그도**는 마주보며 돕는 사람을 뜻하며 보조자나 곁
에서 돕는 자가 아니라 '그 사람과 동등한, 그에게 적절한'을 나타내는 뜻입니다. 그리
고 배필인 에제르(ezer)는 돕는 자, 구원자, 보호, 물에 떠내려가는 자를 건져 준다는 뜻
이지요.

에제르는 주로 **하나님이 인간을 도우실 때 사용**하는 단어로 구약 성경에 총 21회 중
18회는 **구원자**이신 하나님을 지칭할 때 창세기 2장 18, 20절 **여자**를 가리켜 2회 사용
되었습니다. (나머지 1회는 민족을 가리켜 사용되었습니다.)

> 사람이 **혼자 있는 것이 좋지 않으니** 내가 그를 위하여 마주보며 돕는 배필을 지으리라
> (창 2:18)   ㄴ,〈포도나무가 끊겨서 열매를 맺을 수 없는 상태를 말합니다.〉

하나님은 이러한 불완전한 상태에 있는 **아담을 위하여 놀라운 구원의 동반자**를 준비
하십니다. 이렇게 볼 때 배필, 에제르는 하나님께서 사람을 도우실 때 쓰셨던 신적인 단
어입니다.

이 말씀을 다르게 표현하면 **내가 그를 위하여 돕는 성령을 지으리라**라고 표현할 수
있습니다. **여자는 남자를 온전케 하는 존재, 남자를 살리는 자로 지음을 받았습니다.**

> 아담이 그의 아내의 이름을 하와라 불렀으니 그는 모든 산 자의 어머니가 됨이더라
> (생명) (창 3:20)

이렇듯 하나님께서 여자에게 살리는 영을 부어 주셨습니다.

그러나 하와의 범죄로 인류 전체가 죄인이 되었습니다. 그렇다 할지라도 하나님은 기회를 주십니다. 아담은 에덴에서 쫓겨나면서 아내의 이름을 **하와, 산 자의 어미**라고 지어 줌으로 하나님이 여성에게 부여하신 생명의 능력을 붙드는 것으로 보여집니다. 성령 충만한 여성이 이 역할이 가능합니다.

에드실보소는 그의 책 *[여성, 하나님의 특별한 계획]*에서 여자는 남자보다 더 완전한 존재로 창조되었음은 여자에 대한 하나님의 계획과 관련 있음을 말하고 있습니다.

최초의 영적 싸움에 여자가 등장한다

내가 너로 여자와 원수가 되게 하고 네 후손도 여자의 후손과 원수가 되게 하리니 여자의 후손은 네 머리를 상하게 할 것이요 너는 그의 발꿈치를 상하게 할 것이니라 하시고. 또 여자에게 이르시되 내가 네게 임신하는 고통을 크게 더하리니 네가 수고하고 자식을 낳을 것이며 너는 남편을 원하고 남편은 너를 다스릴 것이니라 하시고(창 3:15-16)

남자와 여자의 전쟁

창 3:16의 공동 번역에서는 **"너는 남편을 마음대로 주무르고 싶겠지만 도리어 남편의 손아귀에 들리라."** 현대어 성경은 "너는 남편을 너 마음대로 하고 싶겠지만 남편은 너를 지배하게 될 것이다"

이와 같이 창조적부터 부여받은 지혜와 탁월성은 범죄로 인하여 이기적 욕망으로 바뀌면서 아내는 남편을 자기 욕망을 따라 주무르려 하고, 남편 또한 결코 지지 않고 군림하고 지배하려는 죄성과의 격전으로 대치하면서, 남자와 여자의 전쟁은 아직도 계속되고 있습니다.

이 전쟁은 인류 역사를 통하여 여자를 억압하고 무시하는 성차별로 이어져 왔습니다. 특히 이슬람 문화권에서의 여성학대, 유교문화의 가부장적 전통, 남존여비 사상 등으로 여자는 무시되고 차별되어 왔습니다. 그리하여 많은 여성들의 여성성의 인정은 어려워졌습니다. "자신의 여성됨을 기뻐하는가?" 라는 질문에 절반 이상의 여성들이 부정적인 대답을 합니다.

여성의 정체감 회복의 필요성

인간의 정체감의 근원은 성 정체감이 기초입니다. 성 정체감의 기초가 부실하면 정체감의 근본이 흔들릴 수밖에 없습니다. 당신의 여성됨을 받아들입니까? 여성됨을 기뻐합니까?

하나님은 이 땅에 여성이 태어날 때마다 심히 기뻐하십니다.

하나님의 온전한 형상 회복

남자와 여자는 온전히 화해되어야 하나님의 영광이 드러납니다. 남자와 여자의 관계 회복을 위해서 여성의 정체감 회복이 절대적으로 우선되어야 합니다.

예수님은 이 일에도 구원자로 오셨습니다.

여성의 회복!

이러므로 많은 가정들이 정서적 이혼 상태로 살아가고 있습니다. 저는 사역의 현장에서 수많은 여성들의 외로움의 눈물을 봅니다.

남성 역시 깊은 고독 가운데 살고 있습니다. 이러한 깨어진 관계 속에서 남성은 친밀함을 잃어버렸고 여성은 남성에 대한 존경을 잃게 되었습니다. 부부 안에서 채워지지 않는 친밀함을 외부에서 찾으려고 헤매고 있는 것이 결혼의 현실입니다. 그러나 하나님만이 이 갈망에 대한 답을 가지고 계십니다.

하나님의 구원이 남편과 아내의 관계 속으로 임하여야 합니다.

부부의 회복 가운데 온전한 하나님의 영광이 찬란히 드러납니다.

남편과 아내 속에 각각 나누어 들어 있는 하나님의 남성성과 여성성이 부부의 온전한 연합으로 인하여 마음껏 드러나게 되는 것이 부부 연합의 비밀입니다.

창조사역에서의 여성

창조에 대한 하나님의 평가는

세 번이나 **보시기에 좋았더라**(창 1:4, 18, 25) 하셨고

아담의 혼자 있는 모습에 대하여 **보시기에 좋지 못하니**(창 2:18)

그래서 하와를 창조하신 후에는 **보시기에** 심히 **좋았더라**(창 1:31) 말씀하십니다.

하나님의 창조 사역의 완전함에도 불구하고 여성의 아름다움은 에덴의 아름다움의 완성이었습니다. 에덴에서의 최초의 결혼식 때의 **이는 내 뼈 중의 뼈요 살 중의 살** 이라는 고백을 통한 하나됨은 에덴을 하나님의 영광으로 빛나게 하였습니다.

> 여호와 하나님이 흙으로 각종 들짐승과 공중의 각종 새를 지으시고 아담이 무엇이라고 부르나 보시려고 그것들을 그에게로 이끌어 가시니 아담이 각 생물을 부르는 것이 곧 그 이름이 되었더라 아담이 모든 가축과 공중의 새와 들의 모든 짐승에게 이름을 주니라 아담이 **돕는 배필이 없으므로**(창 2:19-20)

여호와 하나님이 흙으로 각종 들짐승과 공중의 새를 지으시고 아담과 다른 짐승을 창조하신 것처럼 흙으로 짓지 않으시고 여성은 뼈라는 더 진보된 재료로 특별 맞춤 제작하셨습니다.

아담은 하나님께서 이끌어 오시는 모든 동물들을 보면서 그들 중에는 그 어느 것도 자신과 마음을 나눌 진정한 동반자가 없음을 알게 하십니다.

그러나 하나님께서 아담 자신의 일부로 창조하신 하와의 손을 잡고 아담에게로 이끌어오셨을 때 아담은 여자의 모습을 보고 넋이 나갔을 정도로 황홀했을 것입니다.

냉대와 몰이해로 얼어 붙은 여인들의 영혼이여, 이제는 하나님의 기쁨이 그대들에게 충만하여 따뜻한 온기가 그대들의 영혼의 나뭇잎을 하나 하나 부드럽게 스치도록 하십시오. 처음 여자가 창조되었을 때 하나님이 기뻐 웃으셨고 당신의 창조사역에 가산점을 더하셨습니다. 지금도 여자가 태어날 때마다 하나님은 그와 같이 하고 계시며 이같은 사실을 성령님이 선포하실 때 여러분의 내적 깊숙한 곳을 향해 확신을 주시는 성령님의 음성에 귀를 기울이도록 하십시오. 하나님의 비범한 창조사역의 표현이 무시당하거나 멸시를 당하는 것보다 사단을 더 기쁘게 하는 것은 없습니다. 이것은 사단이 여자의 신분을 격하시키기 위해 사용하는 전략의 핵심입니다.

창조사역의 결정체인 하와가 하나님의 기쁨 지수를 몇 단계 높였다는 사실을 여성은 꼭 알아야 한다. 지구상에 생물이 창조된 이후 지금까지 하나님을 크게 만족시켜온 존재가 여자이다. 여자는 추가된 존재가 아니며 만물의 영장이라 불리는 남자를 유익하게 하는 도구 정도로 창조된 존재도 아니다. 만약 남자가 하나님의 피조물 가운데 왕관이라면 여자는 거기에 박혀 있는 보석일 것이다.

– 에드 실보소 –

그녀는 사랑스러움을 입기 위해 하늘과 땅이 부여할 수 있는 모든 것들로 단장하였다.

– 밀턴 –

진정한 미스 유니버스 그녀가 온 이유는 에덴의 완전함조차
아담의 필요를 채워주지 못했기 때문이다. **여성은 가정의 성령이다.**
성령 그분은 가리어 있으면서도 전체를 비추는 빛, 조명등이다.
성경에 성령이 하시는 일을 찾아보라. 이제 그 일은 여성. 그대가 하여야 한다.

– 잭 하일스 –

하나님의 동역자, 여성

여성은 생명을 잉태하고 양육하는 생명 사역을 하는 하나님의 동역자입니다.

또한 예수님의 탄생 비밀을 마리아에게 알리시고 맡기셨습니다.

여성은 예수님의 최초의 보호자였고 하나님이 인간의 몸을 입고 오셨을 때 그분의 필요를 들어주기 위해 예비된 사람이었습니다. 예수님에 대해 마리아처럼 상세히 아는 사람은 아무도 없었을 것입니다. 하나님은 어린 아이의 몸을 입으시므로 피조물 가운데 하나인 여자의 보살핌에 의지하셨습니다.

> 반역한 딸아 네가 어느 때까지 방황하겠느냐 여호와가 새 일을 세상에 창조하였나니 곧 여자가 남자를 둘러 싸리라(렘 31:22)

하나님이 아들을 보내시는 새 일을 창조하십니다. 전무후무한 새로운 관계를 맺으실 것을 상징하는 표현으로, 부자 관계에서 더 친밀한 부부관계로 하나님과 그 백성의 새로운 연합(부부관계로)의 길목에서 여성은 중요한 역할을 맡았습니다.

십자가 곁에서 끝까지 있었던 자들도 여자들이요.

고난을 앞둔 예수님의 마음을 만진 자도 막달라 마리아이며,

초대 교회의 든든한 구심점인 브리스길라는 가정을 교회로 만들었으며, 아볼로에게 말씀을 가르친 자였습니다.

모든 남자는 수태되어 여자의 자궁 내에 10개월 머물고 모유를 먹고 보살핌을 받고 엄마의 목소리를 들으며 어머니의 가르침과 양육을 받으며 성장합니다.

어머니와 아들의 관계는 아버지와 아들의 관계보다 훨씬 친밀합니다. 그러므로 남자는 결혼할 때 이미 여자와 영적으로 연결되어 있기 때문에 아내로부터 받는 인정은 절대적인 영향을 미칩니다.

그러므로 여자가 남편에게 순종하기만 하면 그들의 변화에 막대한 영향력이 될 수 있습니다. 남자의 소망은 아내에게 존경받는 것입니다. 존경의 욕구가 채워지지 않으면 여자에게 조언을 구하지 않으며 조언하면 신경질적 반응을 하게 됩니다.

남자는 인격 세계보다 사물 세계에서 훨씬 편안함을 느낍니다. 그 이유는 여성의 민감한 감정적 요구를 피할 수 있기 때문입니다. 남성은 인간 본성 중 가장 인간적인 속성이 박탈된 존재라고 표현하기도 합니다.

하나님이 직접 설계하신 가정의 신비

여성에 대하여 말하려면 남성을 말하지 않을 수 없고 여성과 남성을 이야기하려면 하나님의 창조사역을 이해해야 합니다.

영광스러운 주님의 교회 (몸, 공동체)

교회가 영광스러운 주님의 몸이라면 부부는 더 핵심적인 영광스러운 주님의 몸의 실체이지 않을까요?

교회는 그의 몸이니 만물 안에서 만물을 충만하게 하시는 이의 충만함이니라(엡 1:23)

그러므로 여성은 하나님의 경륜에서 결코 빠트릴수 없는 중요한 존재입니다.

하나님의 비밀

그러므로 사람이 부모를 떠나 그의 아내와 합하여 그 둘이 한 육체가 될지니 이 비밀이 크도다 나는 그리스도와 교회에 대하여 말하노라(엡 5:31-32)

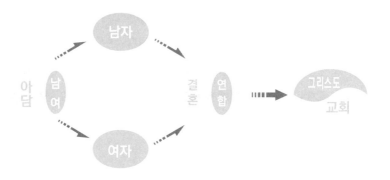

남자와 여자는 하나님의 형상을 반영해 주는 존재입니다.

> 하나님이 이르시되 우리의 형상을 따라 우리의 모양대로 우리가 사람을 만들고 그들로
> 바다의 물고기와 하늘의 새와 가축과 온 땅과 땅에 기는 모든 것을 다스리게 하자 하시
> 고(창 1:26)

아담 안에는 하나님의 남성됨과 하나님의 여성됨이 들어 있었습니다.
아담은 혼자이지만 그 안에는 둘이며, 결혼은 둘이지만 하나가 되는 것입니다.

남자와 여자

여자라는 존재는 남자 안에 숨겨진 비밀입니다.

여자라는 존재는 특별한 과정을 거쳐야만 나타나는 존재이며 하와의 탄생은 교회가
세워진 과정의 예표입니다. 아담을 죽음같은 깊은 잠에 빠지게 한 후, 즉 아담의 죽음
이라는 대가 지불을 통해서 여자가 나왔습니다. (성경에서는 잠과 죽음은 같은 의미)

그것과 마찬가지로 예수 그리스도의 죽음을 통하여 교회가 탄생한 것입니다.

아담은 창조된 존재임에 비해 하와는 아담의 존재로부터 지어진 존재입니다.

이러한 창조의 과정은 여자를 향하신 하나님의 원대한 계획과 관계가 있습니다.

하나님의 비밀 중의 비밀

남자와 여자를 따로 창조하지 않고 남자 안에 여자로 만드셨습니다.

아담 안에 숨겨진 형태로 하나인데 나중에 아담 몸 밖으로 나온 형태로 하나, 전에도, 후에도 똑같이 하나이긴 하지만 확장된 하나입니다.

그리스도의 옆구리에서 교회가 나왔으므로 그리스도의 DNA와 교회의 DNA는 같다고 볼 수 있듯이 아담의 DNA와 하와의 DNA가 같다고 볼 수 있지 않을까요? 교회는 그리스도의 몸입니다.

교회와 그리스도의 연합을 통해서 복음의 본질이 나타납니다.

이 비밀이 크도다 나는 그리스도와 교회에 대하여 말하노라(엡 5:32)

이 말씀을 읽을 때마다 전율을 느낍니다. 도대체 그 비밀이 무엇이길래?

이 비밀이 크도다! 내가 그리스도와 교회에 대하여 말하노라. 나의 결혼 이야기는 나와 예수님과의 결혼 이야기이며 나의 결혼 갈등은 나와 예수님하고 관계의 갈등이라는 것입니다.

결혼식에서의 성찬식은 부부 연합이 곧 그리스도와의 연합이란 의미이며 교회인 부부가 예수님과의 한 몸 됨에 동참하는 것입니다.

결혼 이야기로 시작해서 결혼 이야기로 마감되는 성경

창세기에서 결혼(아담과 하와)이야기로 시작된 인류의 역사는 말라기 암흑시대에 이르러 결혼의 깨어짐의 극치를 보여줍니다. 신약에서 예수님의 첫 번째 이적을 가나의 혼인 잔치에서 행하심은 놀라운 복음의 비밀입니다. 물로 포도주를 만드셔서 결핍된 결혼을 온전케 하신 예수님의 이적은 예수님이 부부 공동체의 회복자로 오셨음을 나타낸 것입니다.

성경의 마지막인 요한 계시록에서 어린 양의 혼인(예수님과 교회인 신부) 잔치로 마감한 것은 완전한 결혼에 대한 연합을 표현한 것입니다.

또한 구약에서는 하나님과 이스라엘의 관계를 남편과 아내로 묘사하고 있습니다. 이스라엘이 우상을 섬기고 하나님을 떠나 이방 나라들을 의지할 때 '음란하게 행하였다'라는 표현을 사용하여 책망하고 심판하십니다. **복음의 진정한 본질을 부부의 원리로 설명하고 있으며 부부 연합의 비밀은 그리스도와 교회의 연합으로 말씀하고 있습니다.**

그러므로 복음의 진정한 본질인 나와 하나님과의 관계는 부부의 결혼 이야기가 아니면 설명되지 않습니다.

이 연합의 신비는 그리스도와 나와의 연합의 실체이기 때문입니다.

"이 비밀이 크도다 나는 그리스도와 교회에 대하여 말하노라."

그리스도와 교회와의 관계

프랭크 바이올라는 자신의 책 *[영원에서 지상으로]*에서 아래와 같이 말하고 있습니다.

아담에게 일어난 일은 바로 하나님의 아들이 겪는 일이었습니다.

아들 그리스도께서 죽으므로 그 옆구리에서 신부인 교회가 나왔습니다.

영화의 예고편처럼 교회(여자)는 성경의 비밀 중의 비밀이라고 말합니다.

프랭크 바이올라는 그러므로 여성은 하나님의 걸작품이라 말합니다.

하나님과의 관계 회복

즉, 신인 공동체의 회복을 위해서 여성의 존재론적 회복이 필요합니다.

죄가 들어오면서부터 부부의 관계가 깨어지고 여성에 대한 차별이 시작되었습니다. 여성에 대한 차별로 인하여 분열되어지고 하나님의 형상이 훼손되었습니다. 이제 그리스도의 구원은 부부의 연합으로 나아가야 합니다.

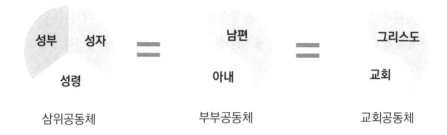

창조에서 하나님의 공동체적 존재의 특성이 사람에게 투영되었으며 삼위 하나님의 존재 방식과 부부의 존재 방식은 동일합니다.

창세기에서 결혼이야기로 시작한 인류의 역사는 말라기에서 결혼의 깨어짐에 대한 이야기로, 예수님의 첫 번째 이적은 가나의 혼인잔치에서 결혼의 회복으로 그리고 요한계시록에서 어린 양의 혼인잔치로 마감됩니다.

그러므로 가나의 혼인잔치의 포도주 사건은 결혼의 결핍을 온전케하는 부부 공동체의 회복자이심을 확인하는 의미입니다.

교회는 그리스도의 몸

그러나 나는 너희가 알기를 원하노니 각 남자의 머리는 그리스도요 여자의 머리는 남자요 그리스도의 머리는 하나님이시라(고전 11:3)

각 남자의 머리 ------- 그리스도

여자의 머리 ------- 남자

그리스도의 머리 ------- 하나님

여자는 남자에게서 나왔고 남자는 그리스도에게서 나왔고 그리스도는 하나님에게서 나왔습니다. 부부는 그리스도와 한 몸 공동체입니다. 결코 부부는 각기 한 개체로 따로 존재하지 않습니다. 놀라운 비밀을 소유한 영광스러운 주님의 몸입니다.

> 그 안에는 신성의 모든 충만이 육체로 거하시고 너희도 그 안에서 충만하여졌으니 그는 모든 통치자와 권세의 머리시라(골 2:9-10)

하나님의 모든 충만은 → 그리스도 안에 거하고 → 그리스도의 모든 충만은 → 그리스도의 영인 성령 안에 거하고 → 성령 안에 하나님의 모든 충만은 그리스도의 몸(교회=부부)에 거하고 마침내 그리스도의 몸 안에 있는 나라가 확장됩니다.

그러므로 **부부는 이 땅에서의 충만의 기초 통로인 것입니다.**

> 말씀이 육신이 되어 우리 가운데 거하시매 우리가 그의 영광을 보니 아버지의 독생자의 영광이요 은혜와 진리가 충만하더라(요 1:14)

우리가 그 영광을 보니

내 안에 있는 하나님의 영광을 보십시오.

부부 안에 있는 하나님의 영광을 보십시오.

> 그러나 주 안에는 남자 없이 여자만 있지 않고 여자 없이 남자만 있지 아니하니라.
> 이는 여자가 남자에게서 난 것 같이 남자도 여자로 말미암아 났음이라 그리고 모든 것은 하나님에게서 났느니라(고전 11:11-12)

하나님과 인간의 연합은 기독교의 본질이며, 남자와 여자에게 각각 나뉘어 있는 남성성과 여성성이 결혼으로 인해 연합하는 것이 곧 그리스도와의 연합입니다. 여자는 남자에게서 나왔고 남자는 그리스도에게서 나왔고 그리스도는 하나님에게서 나왔기 때문입니다. 삼위 하나님의 존재 방식과 부부의 존재 방식은 동일합니다. 1더하기 1은 하나입니다. 예수님은 결혼의 회복자로 오셨습니다. 물로 포도주를 만드셔서 결핍된 결혼을 온전케 하신 예수님의 이적은 예수님이 부부 공동체의 회복자로 오셨음을 나타낸 것입니다. 또한 성경의 마지막인 요한 계시록에서 어린 양의 혼인 잔치로 마감한 것은 완전한 결혼에 대한 연합을 표현한 것입니다. 부부는 이 땅에서의 하나님 나라의 가장 기본 단위입니다. 부부의 회복 가운데 온전한 하나님의 영광이 드러납니다.

오늘 날 깨어진 하나님과의 관계 회복을 위해 여성의 존재론적 회복이 필요합니다. 죄가 들어오면서부터 부부 관계가 깨어지고, 여성에 대한 차별로 인하여 분열되었으며, 하나님의 형상이 훼손되었습니다. 이에 대한 해결책으로 하나님은 여성을 가정의 성령으로 지으셨습니다. 남편들이 갈망하는 것은 아내의 존경이며, 아내의 존경을 받은 만큼 남편을 회복시킬 수 있습니다. 그러므로 아내가 남편에게 복종하는 것은 남편을 치유시키는 길이며, 자신을 기꺼이 낮추어 섬기는 헌신적인 행위의 결단입니다. 복종은 성령의 능력 안에서 행하여야 가능하며, 영적인 수준이 높은 사람이 낮은 사람을 섬길 수 있는 것입니다.

하나님은 그리스도와의 연합을 도와줄 특별한 도구로 우리에게 배우자를 주셨습니다. 우리에게 필요한 사랑이 그리스도 안에서 채워지면 배우자가 우리의 필요를 채워주지 못하더라도 계속하여 섬김의 목표를 향해 나아갈 수 있습니다. 우리가 하나님께 가까이 간 만큼 배우자와의 거리는 좁혀집니다. 배우자의 연약함을 자기의 것으로 담당하는 것이 그리스도께서 우리에게 보여주신 사랑입니다.

1. 당신은 당신의 여성됨을 기뻐하십니까?

2. 이 강의를 통하여 당신의 여성됨의 정체감을 수정할 수 있겠습니까?

3. 어떤 말씀이 당신의 여성으로서의 정체감을 회복케 합니까?

4. 당신의 결혼 이야기가 예수님의 결혼 이야기라는 것을 설명해 보십시오.

5. 그렇다면 당신이 배우자를 대하는 태도를 어떻게 바꿀 수 있겠습니까?

상담코너

당신은 하나님의 영광입니다

본래대로
BEING IN
BECOMING

현재 누리고 있는 은혜 충만한 삶을 어떻게 하면 계속 유지할 수 있는가?

Question

저는 지난 학기 동안 상담과 치료 프로그램에 참석하면서 앞의 지면에서 간증한 것과 같은 말할 수 없는 은혜를 많이 누리고 있습니다. 그 치료과정 중 한 번 넘어진 적이 있었는데 앞으로 또 그렇게 되지는 않을까 약간의 두려움이 있습니다. 이 은혜 충만한 삶을 잃어버리고 싶지 않습니다. 이 신나는 천국 삶을 잃어버리고 싶지 않습니다. 도움의 말씀 부탁드립니다.

Answer

자매님을 그 깊은 수렁에서 건지시고 치료하신 하나님을 찬양합니다. 자매님, 참 중요한 질문을 해 주셨습니다. 자매님께 지금 중요한 한 가지는 지금 누리고 있는 은혜를 잘 유지해 가는 것입니다.

그러기 위해서...

영적인 공급의 통로가 계속 있어야 합니다.

자매님은 새로 태어난 어린 아이와 같습니다. 아이는 육체의 필요만큼 젖을 먹어야 자라날 수가 있습니다. 그러니 지금 자매님이 그렇게 말씀의 젖을 먹는 일을 일정한 음식을 먹음같이 계속 하십시오.

지원 그룹이 필요합니다.

치료되고 회복되는 과정은 아이가 자라가는 과정입니다. 그러므로 넘어질 수도 있습니다. 그러나 실망하지 마십시오. 하나님은 자매님께 온전한 일을 행하셨습니다. 그러므로 그 사실을 믿으십시오. 사단은 하나님의 행하신 일을 속이고 도적질하는 것이 주 특기거든요. 우리는 항상 영적으로 고조된 상태에만 있지 않습니다.

성숙의 과정에서는 때로 침체되고 실망스러울 수 있습니다.

지원 그룹은 우리가 스스로 이러한 문제들에서 자유로워질 수 있는 성숙의 단계에 이르는 과정에서 자신의 실패와 좌절을 나누고 격려와 지원을 받을 수 있는 확대된 가족입니다. 자매님의 경우뿐만 아니라 지도자들에게도 지원 그룹은 영적 진보와 상속에 큰 영향을 주는 유익이 있습니다.

교회 안에서 이러한 그룹이 있으면 더욱 좋습니다. 독불장군은 없습니다. 우리 모두는 연약함을 지닌 존재입니다. 서로를 세워주며 서로를 기도로 섬기는 그룹에 참여하는 것은 **치료와 상상**에 있어서 중요합니다. 요즈음 많은 교회들이 가정교회 형태로 바꾸어 가는 이유 중에는 지원 소그룹 안에 이러한 생명의 능력이 있기 때문입니다.

사단의 속임을 조심하십시오.

사단은 감정이나 환경을 통하여 하나님이 행하신 일을 무효가 된 것처럼 속입니다.

'그럼 그렇지. 내게 무슨 좋은 일이 계속 되겠어...., 하나님은 너에게 아무 일도 하지 않았어.' 라고 속삭입니다. 이럴 때 많은 이들이 절망하기도 하죠.

그리스도인은 더 이상 육체대로 믿는 자들이 아닙니다. 조심해야 합니다. 감정이나 현실을 보고 느껴지는 대로 믿으면 사탄의 전략이 성공하는 것입니다.

담대히 하나님이 주신 약속을 선포하십시오.

"사단아, 나는 너에게 속지 않겠다, 나의 실패와 연약함을 예수님이 십자가에 가져 가셨다. 내가 죄인이기 때문에 주님이 필요하다. 주님의 보혈은 나의 연약함과 절망을 구원하시기에 능하시다. 너 속이는 자는 떠나라"

라고 명령하십시오!

철저한 말씀 묵상과 나눔을 가지십시오.

주님의 말씀은 우리 발의 등이며 가는 길에 빛이십니다.

영적 수준에 맞는 책을 읽고 나누는 독서 치료가 필요합니다.

이러한 훈련들은 자신을 정직하게 보게 합니다.

영적 성숙에는 속성과(科)는 없습니다.

자람에는 시간과 훈련이 필요합니다. 단번에 모든 것에 온전해지려고 하지 마십시오. 주님의 손을 잡고 한 걸음씩 그분의 길을 걸으며 그분의 때를 기다리는 연습을 하십시오.

모든 일에 감사하십시오.

감사는 사단의 일을 막습니다.

감사는 하나님의 주인 되심을 인정하는 행위입니다.

감사는 우리를 **겸손케 합니다.**

감사는 구원의 기적을 일으킵니다.

감사하는 것은 하나님의 뜻대로 사는 삶입니다.

지긋지긋한 아들과의 전쟁 어찌할까요?

Question

좀 도와주십시오. 저는 아들과의 싸움에 신물이 납니다. 이젠 지칠대로 지쳐서 곁에 오는 것 조차도 싫습니다.

저는 사흘이 멀다하고 싸웁니다. 아들은 겨우 대학을 졸업했지만 이곳 저곳 아르바이트 비슷한 일을 하지만 오래 버티지 못합니다. 중학교 때부터 시작된 반항이 지금도 여전합니다. 중고등학교 때 무단결석, 왕따, 가출 등 애를 태운 일이 말할 수 없이 많았습니다. 저와 둘이서 말만 시작했다하면 대화가 안되고 싸우고 폭력까지 이어지게 됩니다. 동생 반만 닮으라고 하면 미친 듯이 고래고래 소리를 지릅니다. 아이가 반항적으로 반응하면 저도 분노가 일어나서 견딜 수 없습니다. 그래서 서로 폭력적인 다툼이 됩니다. 제가 어떻게 해야 할까요? 우리 관계에 희망이 있는 것일까요?

Answer

어머니, 상담 중 여러 얘기를 드렸지만 중요한 골자를 말씀드리려고 합니다. 아들은 어머니와 좋은 관계를 가지기를 원하는 마음이 많이 있습니다. 어머니도 물론 마찬가지겠지요.

지금 아이는 어머니에게 사랑받고 싶은 주린 마음으로 가득합니다. 즉 이해받고 싶은 것이지요. 어머니에게 말로 안 지려고 하는 것은 이해받고 싶은 강한 욕구입니다. 지금 그 정도의 극한 상황에서는 일단 어머니께서 큰 어른이 되셔야 합니다. 아이는 자신의 이해받고싶은 간절한 소원이 충족되지 않으면 결코 변화를 기대하기 어렵습니다. 지금은 아이의 상한 감정을 만져 주기 위해서는 우선 어머니께서 그렇게 난폭한 행동을 하는 그 아이의 내면에서 어머니를 향하여 소리치고 있는 그 아우성의 소리를 들을 수 있어야 합니다.

지금 이 아이의 버릇없는 말들과 공격적인 행동들은 사랑을 얻기 위한 데모라고 생각하시고 그 상한 감정을 잘 받아 주기만 하면 아이는 숨통이 트일 것입니다. 진정 부드러워질 것입니다.

어머니의 자녀를 대하는 태도의 변화는 자녀를 치료할 수 있는 귀한 치유 열쇠가 될 수 있습니다.

우선 골자를 몇 가지 말씀드리겠지만 무엇보다 어머니 자신도 하나님의 위로와 치유를 경험하시는 것이 우선입니다. 내가 가지지 않은 것을 줄 수는 없습니다. 아무리 좋은 길을 말씀드릴지라도 그 방법을 행하는 것은 주님의 은혜가 아니면 할 수 없습니다.

인간의 변화는 성령님만이 가능케 합니다. 그러므로 성령님께서 아이와의 관계에서 일할 수 있도록 철저히 하나님의 구원을 간구하므로 이 상황에서의 구체적인 은혜가 공급되어야 합니다. 어른과 아이는 싸우지 않습니다. 어머니께서 어른이시지만 자신의 내면 속에 사랑받아야 하는 상처입은 아이를 바라보시고 먼저 하나님 긍휼을 구하여 보십시오.

☞ 동생을 비롯한 그 누구와도 자녀를 비교하지 마십시오

★ 지금 아이는 자신보다 모범생인 동생과 늘 비교되므로 열등감이 많습니다. 그로 인해 그 아이는 자신감을 잃게 되고 또 친구들과 어울리지 못하고 외톨이가 되게 하는 원인이 될 수 있습니다.

★ 지금 아이는 겉으로는 아이가 어머니를 포기했다고 말하지만 아이의 내면에는 어머니와의 관계를 회복하고 싶은 적극적인 욕구가 있는데 그것이 이러한 행동들로 나타나고 있는 것을 이해하시기 바랍니다.

★ 그러므로 아이의 말을 끝까지 경청해 주십시오. 이해할 수 없고 터무니없는 말일지라도 본인의 상처 입은 감정이 표출되는 거니까 적극적으로 수용하십시오. 말을 듣고 있는 도중 어머니는 화가 많이 나서 견딜 수 없는 상황을 만날 수도 있습니다. 그럴 때는 아이에게 양해를 구하고 어머니도 속에 아픔이 있어서 힘이 좀 드니까 조금만 기다려 달라고 부드럽게 얘기하고 잠깐 휴전 협정을 가진 뒤, 자리를 옮겨서 분노를 좀 다스릴

시간을 가지십시오.

★ 매 순간을 성령님께 위탁하면서 굳이 어머니가 해답을 주려고 하지 마십시오.

★ 어머니께서 기억하셔야 할 것은 아이의 감정을 받아 주는 것이 지금 가장 급한 과제라는 것입니다. 귀를 기울이시고 너의 그 화난 감정, 슬픈 감정, 아픈 감정을 이해한다는 것을 몸짓으로 충분히 표현하여 주십시오.

★ 아이의 말을 주의 깊게 듣는다는 것은 아이를 크게 칭찬해 주는 것과 같습니다. 아이는 가출을 통하여 어머니에게 충격을 줌으로써 사랑을 받고 싶고 나도 소중하다고 인정해 달라는 큰 메시지를 던졌습니다. 그러나 그러한 행동이 자신이 문제아로 낙인 찍히는 계기가 된 것에 아픔을 갖고 있습니다.

★ 사람은 사랑하면서 동시에 미워할 수도 있습니다. 아이의 이러한 행동은 "엄마, 사랑해"라는 말을 뒤엎은 것과 같습니다.

★ 잠시 화풀이의 대상이 되어 준다고 생각하세요. 끓는 감정은 불 위에 얹힌 주전자와 같아서 뚜껑을 열어 김이 빠져나가도록 조금만 도와주면 "나를 이해해 주는구나"라고 느끼게 되고 곧 그 감정은 "나를 사랑하는구나"라는 개념으로 전달됩니다.

★ 그러한 감정이 언제까지나 계속되리라고 생각지 마십시오. 주께서 우리를 받아 주셨듯이 받아 주기만 하면 구원이 보일 것입니다.

조급한 마음을 버리고 아이의 약함을 통하여 나를 다루시는 하나님의 손길을 경험하십시오.

모든 문제는 나를 향한 하나님의 프로포즈랍니다.

친정어머니의 폭발적 분노 어떻게 도울까요?

Question

친정아버지와 어머니는 오랫동안 갈등의 세월을 보내면서 서로 심히 원망하며 살아가고 있었습니다. 아버지는 70년의 세월을 술과 함께 살아오며 폭력과 폭언을 가족에게 특히 어머니에게 많이 행했습니다. 어머니는 자식들에게 무척 헌신적이었지만 다른 형제들보다 저에게 대한 애정의 끈을 놓지 못하고 결혼 초부터 사사건건 간섭할 뿐만 아니라 외할아버지를 닮은 둘째 아이와 남편을 못마땅해 했습니다. 어머니는 저희 집에 오셔서 이틀만 지나면 남편의 모든 행동에 시비를 걸며 폭발을 합니다. 그래도 자주 오십니다. 그리하여 저의 결혼 생활은 어머니의 간섭과 남편에 대한 시비로 극단으로 치닫은 상황도 있습니다. 어머니 안에 아버지에 대한 원망과 분노 불평을 듣고 있으면 저도 모르게 가슴이 답답하게 조여 옵니다. (저의 가정은 그간의 상담으로 많이 좋아져 안정을 찾아갑니다만) 이런 어머니를 제가 도울 길은 없을까요?

Answer

자신이 행복한 사람은 남을 괴롭히지 않습니다. 지금 자매님의 어머니는 주림과 분노 속에서 고통하고 있네요. 충분히 사랑을 받았던 사람은 가족을 사랑할 줄 알지요.

사람은 누군가로부터 사랑을 받든지 그렇지 못하면 자신이 누군가를 사랑해서라도 그 비어 있는 공간을 채우려 합니다. 어머니는 남편으로부터 받지 못한 친밀함을 채울 수 있는 대상으로 자녀가 가장 적합했던 것이지요. 본능적인 사랑의 명분이 자신의 내면의 결핍으로 인해 오히려 그 숭고한 사랑이 소유하고 집착하려는 성향으로 바뀔 수 밖에 없는... 말하자면, 자녀가 심리적인 대리 배우자인 셈이지요. 남편에게 충분한 사랑을 받지 못한 아내는 자녀와 깊이 결탁될 수 밖에 없습니다. 누군가가 이 자리를 메워줘야 하니까요.

성경에 나오는 인물 중 아내 라헬을 일찍 잃은 야곱도 그러했습니다. 야곱과 베냐민의 관계를 "아이의 생명과 아비의 생명이 서로 결탁되었거늘"이라고 표현합니다. 결탁이란, 서로 독립되지 못하고 묶여있는 관계를 말합니다. 이러한 관계는 자녀를 결혼시켜도 아들이든 딸이든 떠나보내지 못하게 되죠. 흔히들 경험하는 고부간의 갈등이 곧 자매님의 어머니에게는 사위에 대한 반감과 같은 원리죠. 사위는 딸을 빼앗아갔기 때문에 예뻐 보일 수가 없죠.

이러한 관계였기에 남편도 힘들었지만 중간에서 자매님은 더 힘들었던 것이죠. 손자와의 관계도 그러합니다. 특히 둘째 아이를 지나치게 미워하는 이유는 내면에 있는 분노의 대상과 겹쳐지기 때문입니다.

이렇게 온 가족과의 관계에서 어머니를 바꿀 수 없다는 것이 가장 곤란한 일이지요. 어머니는 자신의 문제를 인정하기보다는 내면의 상처를 상대방의 문제나 주변 탓으로 돌리니까요. 그러나 자매님이 먼저 치유된다면 가족 안에 치유의 통로가 되는 문을 여는 것입니다. 문제의 당사자가 그 문제를 인정하고 해결의 의지를 가지면 길이 보이는데 대체로 장본인은 상대를 탓할 뿐 결코 자기 문제를 인정하지 못하기에 늘 안타깝습니다.

☞ 어머니의 치료를 위하여 몇 가지를 안내해 드립니다.

1. 먼저 자매님이 친정어머니와 하나님과의 사이에 서는 일입니다. 하나님께서 어머니를 만질 수 있도록 어머니를 대신하여 어머니의 상처, 분노를 다 주님께 올려 드리시고 성령께서 자매님을 통해서 어머니를 만져주시도록 하나님께 나아가십시오.

2. 어머니와 넉넉한 여유를 가지고 만나셔서 아버지나 나, 손자, 사위에 대한 원망과 분노를 터뜨릴 때 적극적으로 경청하십시오. 감정은 도덕적이지도 논리적이지도 않습니다. 흘러갈 통로를 만들어 주는 일이 중요합니다. 비난이나 설득이나 이해시키려는 어떠한 마음도 내려놓고 무조건적으로 그 감정의 자리까지 내려가서 적극적으로 수용하다보면 어머니는 더 신나게 원망과 분노를 쏟아낼 것입니다. 그 속에 담긴 상처는 표출되어야만 없어집니다. 수용하고 긍휼히 여기는 자세로 받아줄 때 치료가 시작됩니다. 단번

에 되지는 않지만 물꼬만 트여지면 주님께서 일하실 것입니다. 그때에 어머니 속에 있는 사랑받지 못한 내면의 아이를 주님이 만지시도록 또 자매님도 동일한 마음으로 응수해 보십시오. 담겨 있던 분노를 감당하시려면 자매님이 딸로서가 아니라 상담자로서 객관적인 눈을 가져야 하므로 그러한 준비도 필요하지요.

분노 흘려보내기

감정은 논리적이거나 윤리적이거나, 신앙적이지 않습니다.

1. 적극적으로 상대의 지원자가 되겠다는 대범한 마음을 가지십시오.

2. 판단하거나 정죄하지 않으면서 마음의 팔로 안으십시오.

3. 잠깐 미워하도록 내버려두십시오.

4. 해답을 주려고 하지 마십시오. 그러면 더 화가 납니다.

5. 분노의 감정은 논리적이지도 윤리적이지도 않습니다.

6. 그저 귀를 기울이고 적극적으로 도와주어야 합니다.

　'당신의 화난 감정, 슬픈 감정, 이해합니다.'라는 표현을 몸짓으로 충분히 하세요.

7. 상대의 말을 주의 깊게 듣는다는 것은 그를 크게 칭찬해 주는 것과 같습니다.

8. 우리 모두는 화를 낼 권리가 있습니다.

　그 우선권을 상대에게 양보한다는 생각하고 들어주십시오. '충분히 화가 나겠군요.'

9. 그런 감정이 언제까지나 계속 되리라고 생각지 마십시오. 작은 빈틈만 있어도

　그 감정은 새어 나갈 수 있습니다. 감정을 흘려보낼 수 있도록 뚜껑을 열어주십시오.

10. 사람은 사랑하면서도 동시에 미워할 수 있습니다.

11. 잠시 화풀이의 대상이 된다고 생각하세요.

　☞ 분노는 불 위에 얹힌 끓는 주전자 같아서 뚜껑을 열어 에너지를 흘려보내도록 도와주어야 합니다. 자신의 마음을 이해하고 감정을 받아준다고 느끼면 분노는 치유되어갈 것입니다.

12. 조급한 마음을 버리고 어머니의 약함을 통해 나를 다루시는 하나님의 손길을 기억하세요.

13. 모든 문제들은 나를 향한 하나님의 프로포즈라고 합니다.

Question

저는 28세의 신앙인으로 오랫동안 교제해 오는 자매와 결혼을 약속했습니다. 결혼을 약속하고 나니 저희 둘 사이는 더 가까워져야겠다고 생각했고 자주 만나게 되었습니다.

어느 날 둘만이 있는 시간이 있었는데 저는 자매와 페팅의 선에서 머물려 했었는데 그만 넘지 못할 선을 넘어버렸습니다. 그것으로 인해 심한 죄책감에 시달리며 하나님께 회개했지만 늘 저의 마음이 무거웠고 그 죄책감은 떠나지 않았습니다. 그러면서도 결혼할 사이인데 어떠냐 하면서 그 이후로는 만날 때마다 그러한 행위를 반복하게 되었고, 서로가 떨어져 있는 동안에 자매는 불안해하기까지 합니다.

공부를 하고 있기 때문에 결혼을 할 수 있는 형편도 안 되고... 그러지 않아야지 하면서도 서로의 욕망을 이기지 못하여 넘어지는 제 모습이 한심하기도 합니다.

때로는 이런 생각이 들기도 합니다. 이렇게 갈등하고 있으니 차라리 편하게 지내고 싶은 생각이 들기도 합니다. 혼전순결은 꼭 필요한 것입니까? 결혼할 것인데 어떻습니까?

Answer

형제님의 고통받고 있는 모습이 참 안타깝습니다. 형제님 속에 지금 갈등이 있다는 것은 하나님 안에서 바르게 행하고 싶은 소원이 있기 때문입니다.

한 가정사역자의 설문조사에 의하면 "결혼 전 꼭 하지 말았어야 할 한 가지가 무엇이냐?"라는 조사에 그 첫 번째가 혼전 성관계라는 대답이었다고 합니다.

형제님, 과감하게 상담해 오신 용기에 격려를 드립니다. 우리의 현실 속에 이제는 너무도 가까이 보고 듣는 소식들이 구체적으로 예를 들지 않아도 우리를 경악하게 하고 있습니다. 우리나라의 1년 낙태수가 150만 명이나 되며 전 세계에서 한 해에 태어나는 신생아 수는 9천만 명인데 그중 낙태되는 수가 5천5백만 정도라고 합니다.

우리나라에서도 '바캉스베이비', '크리스마스베이비' 라는 말이 생길 정도로 많은 사람들이 성에 대하여 무지와 혼돈 상태에서 고통하고 있습니다. 이러한 때에 우리 그리스도인들이 성에 대한 확실한 성경적 이해가 필요함을 절감합니다.

하나님은 남자에게 여자가 필요하도록 여자에게 남자가 필요하도록 창조하셨습니다. 인간이라 하면 성적인 요소를 포함합니다. "아담이 독처하는 것이 좋지 못하니..."라고 하신 하나님께서 아담에게 하와를 지어 주시고 하나님이 지으신 모든 것들을 보시니 "보시기에 심히 좋았더라"고 하셨습니다.

성은 이 우주에서 가장 순결한 분으로부터 지어진 것이며 거룩한 것입니다. 하나님은 인체의 모든 부분을 창조하셨습니다. 히브리서 13장 4절에서 '**모든 사람은 결혼을 귀히 여기고 침소를 더럽히지 않게 하라**' 라는 말씀 중 여기서 '**침소(Koite)**'는 결혼한 부부가 침대에서 경험하는 관계인데 즉 거룩한 교제라는 것입니다. 성교는 부부관계에서 자기표현의 온전한 커뮤니케이션입니다. 바울은 에베소서 5장에서 아내와 남편의 관계를 이야기하다가 나중에 그리스도와 교회에 대한 이야기로 연결 짓습니다.

> 그러므로 사람이 부모를 떠나 그의 아내와 합하여 그 둘이 한 육체가 될지니 이 비밀이 크도다 나는 그리스도와 교회에 대하여 말하노라(엡 5:31-32)

부부의 육체적 관계는 단순한 충동적 관계가 아니라 영적 연합을 기초한 대화의 극치라는 것입니다. 부부의 성행위에 하나님이 개입하십니다. '**아담이 그의 아내 하와와 동침하매 하와가 임신하여 가인을 낳고 이르되 내가 여호와로 말미암아 득남하였다 하니라**'(창 4:1) 하나님은 성을 창조하셨을 뿐 아니라 성 찬성론자이십니다. 부부의 성행위는 하나님의 찬성을 받습니다. 이와 같이 성경은 결코 성에 대하여 반대하지 않습니다. 성경이 주장하는 중요한 것은 오직 결혼 관계 속에서만 가능하다는 것입니다.

형제님! 긴음이란 결혼 외의 성관계를 말합니다 (출 20:14, 고전 6:18)

결혼이 결혼 전의 죄를 씻어주지는 않습니다. 아무리 결혼을 약속한 사이라도 혼전 성관계는 결혼 밖의 관계입니다. 우리는 모든 것에서 청지기이듯 성의 청지기입니다. 어떤 욕구든지 충족될수록 자라게 됩니다. 성은 결혼 관계 속에서 인간을 섬기기 위한 수단이지 인간의 주인이 아닙니다. 성은 통제되고 훈련될 수 있습니다. 우리가 돈이나 시간이나 식욕을 관리하듯 말입니다. 성충동에 대하여 무조건 억제하라거나 없는 것으로 간주하라는 뜻이 아닙니다. 성충동은 하나님이 주신 자연스러운 본능입니다. 사람이 그것에 의하여 지배되는 것이 아니라 그것을 다스려야 한다는 말이죠.

형제님, '페팅'이란 말은 미혼 남녀들에 의한 부정한 전희를 묘사하는 재치있는 용어입니다. 페팅은 전희이기 때문에 결혼관계에서만이 행해져야 할 것입니다. 그리고 절제되지 않는 성충동은 항상 그 다음 단계를 추구하도록 하는 힘이 있습니다. 사람은 믿을 수 있지만 사람의 감정은 믿기 어려운 것입니다. 훔쳐먹는 떡이 맛이 있다고 한 것처럼 사탄은 언제나 거짓말쟁이입니다. 혼전 성경험은 두 사람을 가깝게 하는 것이 아닌 거짓 근접감입니다. 인간의 인격적인 문제에 대하여 늘 육체적인 해결책을 제시함으로 육체가 성적 흥분으로 취해 있을 때 인간 갈망의 만족이 최고점에 도달한 것처럼 더 이상의 쾌락이 없는 것처럼 설득해 옵니다. 그래서 젊은이들에게 깊은 고독에 대한 처방처럼 다가와서 인간을 속입니다.

참 사랑은 오래 참는 것입니다. 참 행복은 하나님의 때에 하나님의 방법으로 주어지는 것입니다. 결혼 때에 풀어보아야 할 귀중한 선물을 미리 풀어보는 것은 중간기의 아름다움과 기다리는 설레임을 잃어버리게 됩니다. 혼전 성교는 하나님이 결혼을 통하여 주실 축복을 미리 도적질하는 행위입니다.

> 청년이여 네 어린 때를 즐거워하며 네 청년의 날들을 마음에 기뻐하여 마음에 원하는 길들과 네 눈이 보는 대로 행하라 그러나 하나님이 이 모든 일로 말미암아 너를 심판하실 줄 알라 (전 11:9)

형제님, 이미 잘못을 몇 번 저질렀더라도 하나님 앞에 형제님의 죄악을 들고 나아가십시오. 그리고 고백하십시오. 형제님의 몸은 하나님의 성전입니다. 자신의 몸을 더럽히는 행위는 예수님의 몸을 더럽히는 것입니다. 예수님의 십자가는 형제님의 잘못을 씻기에 충분합니다.

하나님이 형제님의 죄를 기억도 하지 않으신다는 사실, 즉 하나님의 용서를 받아들이십시오. 또한 형제님 자신도 자신을 용서하셔야 합니다. 그리고 용서하심에 대하여 감사하십시오. 사탄은 형제님의 용서 받음에 대하여 참소할 수 있을 것입니다. "너는 이런 놈이야!"라고 그러나 속지 마십시오. 하나님의 용서하심에 담대히 거하십시오. 그리고 결혼하는 그날까지 순결을 지켜갈 것을 예수님의 이름으로 결정하고 선포하십시오.

형제님의 몸을 의의 병기로 드려 그분의 은혜로 살아가는 것을 연습하십시오. 아내 사랑하는 것을 지금부터 훈련해 가십시오. 결혼하는 그날까지 남편 될 자는 아내 될 자를 보호하고 지켜주며 참아주는 사랑이 필요합니다. *월터트로비쉬*는 "서로의 욕구의 손길을 가볍게 물리치는 것이 깊숙한 입맞춤보다 더 큰 사랑의 증거"라고 말합니다.

'사랑은 언제나 오래참고 무례히 행치 아니하며...' 형제님의 자매님과의 교제에 하나님의 씻으심의 새로운 축복이 있으시길 바라며, 아름답고 거룩한 결혼으로 잘 준비되며 하나님을 섬기는 기쁨이 점점 자라 서로를 아름답게 섬겨가는 **훌륭한 파트너**가 되세요.

죄가 너를 원하나 너는 죄를 다스릴지니라(창 4:7)

과거의 죄로 인한 정죄감 때문에 외출조차 하기가 두렵습니다

Question

이제 저의 삶이 완전히 변했지만 한 가지 두려운 것은 저를 아는 분들을 만날까봐 바깥을 나가고 싶지 않습니다. 생각만 해도 부끄러운 지난날들로 인해 사람들이 손가락질하는 것 같아서 너무 부끄럽습니다.

Answer

자매님, 십자가의 구원은 온전한 구원입니다. 자매님의 과거를 구원하신 하나님은 자매님의 현재와 미래를 구원하시기에 능하십니다. 자매님의 과거를 씻으시고 자매님을 자유케 하신 보혈의 능력은 지금 현재 그 죄와 관계된 사람들의 보는 눈을 구원하실 수 있습니다. 자매님은 새로운 피조물이 되었습니다. 하나님이 정죄치 않으시기 때문에 자매님에 대하여 그 누구도 정죄할 권한이 없습니다. 죄가 있는 곳에는 사단이 합법적으로 정죄의 권한을 행사합니다. 그러나 예수님이 그의 고귀한 피로 행하신 일 앞에 사단은 정죄의 권세를 잃어버렸습니다. 하나님의 아들의 영을 가진 당당한 자녀로서의 권세를 행사하십시오. 자매님은 어두움의 일을 벗어버렸고 이제 빛의 갑옷을 입었습니다. 누구도 정죄할 수 없습니다.

> 누가 능히 하나님께서 택하신 자들을 고발하리요 의롭다 하신 이는 하나님이시니(롬 8:33)

자매님의 과거를 아는 사람들의 눈을 주님은 보혈로 구원하셨습니다. 그러므로 이제 그들은 빛의 갑옷을 입은 하나님의 아들을 정죄할 수 없습니다. 안심하시고 보혈의 옷을 입고 담대히 자유로운 삶을 연출해 가십시오.

예수님이 십자가에서 벌거벗은 수치를 당하심으로 자매님의 수치를 다 가져가 지셨습니다. 예수님이 십자가에서 정죄를 받으시므로 의롭다고 인치셨습니다. 그가 징계를 받으므로 자매님은 완전한 나음을 입었습니다. 주님은 자매님을 바라보는 그들의 눈을 구원하셨습니다. 예수님의 보혈의 능력을 삶 속에 구체적으로 실제적으로 적용하십시오. 보혈의 능력을 믿으십시오.

자매님을 아름답게 하신 그리고 계속 아릅답게 하실 하나님을 찬양합니다.

개정판 1쇄 출간을 준비하면서 먼저 드는 생각은 이미 읽으신 독자들에게 참 부끄럽고 죄송하다는 생각이 많이 들었습니다. 이렇게 다듬어지지 않고 거친 원고를 치유와 회복을 경험하면서 많은 은혜를 받고 있다니... 한편 신기하고 놀라웠습니다. 오직 독자와 세미나 수강생을 향하신 하나님의 특별한 사랑과 은혜일뿐입니다.

이 책은 강의 녹취록이다 보니 그야말로 글이 아니고 말이었습니다. 말을 책처럼 글로 다듬어 보려고 하니 엄두가 나지 않았습니다. 그래서 다듬지 못한 이대로 책 나눔의 현장에서 사용하기에 필요한 부분만 보태고 살짝 수정하여 아직도 민낯을 그대로 내놓습니다. 독자 여러분께서 그 강의 현장에 계시다는 생각으로 이 책을 읽어 주시기를 부탁드릴 뿐입니다. 독자 여러분이 책나눔의 현장에 계시든지 혼자 조용히 독서를 하고 계시든 그 자리가, 하나님을 대면하는 임재 충만한 지성소가 되기를 소원하며 여러분의 그 문제와 고통이 곧 오실 주님을 설레이는 맘으로 기다리게 하는 하나님의 사랑의 프로포즈임을 감사할 수 있기를 간절히 기도합니다.

저자 김성옥

참고도서

- 감옥 생활에서 찬송 생활로 (⊕ 보이스사 / 멀린 캐로더스 저)

- 공동체 신학 (⊕ 예영커뮤니케이션 / 김현진 저)

- 나는 왜 그럴까 (⊕ 치유와 영성 / 김종주 저)

- 내면 세계의 질서와 영적 성장 (⊕ IVP / 고든 맥도널드 저)

- 내적 치유 (⊕ 두란노 / 이성훈 저)

- 방언 기도 Ⅰ (⊕ 영성의 숲 / 정원 저)

- 보혈 (⊕ 규장 / 마헤쉬 차브다 저) 본서 63p ~ 65p ∥ 참고도서 211p

- 부르짖는 기도 Ⅰ (⊕ 영성의 숲 / 정원 저) 본서 184p ∥ 참고도서 103p

- 비폭력 대화 (⊕ 바오 / 마셜 B. 로젠버그 저)

- 사랑과 우정의 비결 (⊕ 크리스챤다이제스트 / 알렌로이 맥기니스 저)

- 상한 마음을 찾으시는 하나님 (⊕ 두란노 / 이성훈 저)

- 새생활세미나 – 이동원(소책)

- 성령님을 만나세요 (⊕ 두란노 / 잭 하일스 저)

- 신자가 소유한 놀라운 권세 (⊕ 베다니 / 찰스크래트 저)

- 여성이 된 기쁨 (⊕ 생명의 말씀사 / 잉그릿 트로비시 저)

- 여성 하나님의 특별한 계획 (⊕ 예수전도단 / 에드실보소 저) 본서 283p ∥ 참고도서 36p, 38p, 41p

- 열등감 (⊕ 두란노 / 임영수 저) 손 안에 책 1권

- 영원에서 영원으로 Ⅰ (⊕ 대장간 / 이재철 저) 본서 285p ~ 286p ∥ 참고도서 57p, 62p

- 영원에서 지상으로 (⊕ 대장간 / 프랭크 바이올라 저) 본서 289p ∥ 참고도서 62p

- 지금 이 공간에 임하시는 주님 (⊕ 영성의 숲 / 정원 저)

- 천국의 중심 원리 (⊕ 영성의 숲 / 정원 저)

- 축복의 언어 (⊕ 프리셉트 / 존트렌트, 게리스몰리 저)

- 치유의 빛 (⊕ 한국 양서 / 아그네스 샌포드 저) 본서 84p ~ 85p, 165p, 193p ∥ 참고도서 102p ~ 104p, 188p

- 하나님을 바라보라 (⊕ 한국 양서 / 아그네스 샌포드 저)

- 혀의 창조적 능력을 사용하라 (⊕ 베다니 / 찰스캡스 저)

당신은 하나님의 영광입니다

행복

BEING IN
BECOMING